Thomas Söding

Das Christentum als Bildungsreligion

Thomas Söding

Das Christentum als Bildungsreligion

Der Impuls des Neuen Testaments

HERDER

FREIBURG · BASEL · WIEN

MIX
Papier aus verantwor-
tungsvollen Quellen
FSC **FSC® C083411**
www.fsc.org

© Verlag Herder GmbH, Freiburg im Breisgau 2016
Alle Rechte vorbehalten
www.herder.de
Umschlaggestaltung: Finken & Bumiller, Stuttgart
Satz: Barbara Herrmann, Freiburg im Breisgau
Herstellung: CPI books GmbH, Leck
Printed in Germany
ISBN 978-3-451-37503-3

Inhalt

Vorwort

Das Christentum ist eines gewiss nicht: eine Religion nur für die Gebildeten. Aber es ist eine Religion, die auf Bildung setzt. Denn es ist eine Religion des Glaubens. Es setzt darauf, dass Menschen vom Glauben überzeugt werden und die Sache Gottes – unter guter Anleitung, aber aus freien Stücken – zur Sache ihres Lebens machen. Es zielt auf eine Formung des gesamten Lebens, die von den Einsichten und Erfahrungen des Glaubens geprägt ist. Es setzt auf die Weitergabe des Glaubens durch Lehren und Lernen, von Generation zu Generation. Es kennt einen Ritus, der nicht nur zelebriert, sondern aus innerer Anteilnahme gefeiert wird. Es erzählt eine Geschichte, die nicht nur wiederholt, sondern erinnert und darin aktualisiert wird. Es formt ein Bekenntnis, das nicht nur mit den Lippen, sondern mit dem Herzen gesprochen werden soll. Es äußert sich in einer Praxis, die Nächsten- und Gottesliebe vereint und darin nicht nur Tradition ist, sondern Ausweis und Antrieb eines neuen Denkens.

Als Religion des Glaubens setzt das Christentum notwendig auf Bildung. Darin nimmt es ein jüdisches Erbe auf, das es sich anverwandelt: Die Heiligen Schriften müssen gelesen werden – von möglichst vielen; nur dann können sie als die eigenen Schriften bejaht werden. Die Zeichen des Glaubens müssen gedeutet werden – von möglichst vielen; nur dann können sie den eigenen Horizont erweitern und die eigene Ausdrucksfähigkeit bereichern. Die Geschichten des Glaubens müssen erzählt, die Gebete und Gebote des Glaubens müssen gelernt und verstanden, anverwandelt und übertragen werden – von möglichst vielen; nur dann können sie als die eigenen Geschichten, Gebete und Gebote erzählt, gesprochen und befolgt werden. Die Früchte des Glaubens in den Werken der Liebe müssen geerntet werden – von möglichst vielen; nur dann kommen sie anderen zugute, ohne dass sie gedemütigt werden.

Das Christentum als Bildungsreligion zu sehen, ist die These dieses Buches. Sie richtet sich gegen jede noch so sublime Form des

Fundamentalismus. Sie richtet sich ebenso klar gegen eine Position, die Religion aus dem Bildungsdiskurs heraushalten will, sei es mit Berufung auf die Neutralität des demokratischen Staates oder der akademischen Wissenschaft, sei es mit der Anklage, die Kirche setzte auf die Unfreiheit der Menschen, ihre Bindung an ein Dogma, ihre Einpassung in ein rigides Moralsystem, oder mit dem Desinteresse an einer Religion, die zwar weltweit wächst, im »christlichen Abendland« aber ihre besten Zeiten hinter sich zu haben scheint.

Die These, das Christentum sei eine Bildungsreligion, ist nicht selbstverständlich, sondern strittig. Deshalb habe ich dieses Buch geschrieben. Es bündelt eine Reihe von Studien, die ich seit meiner Antrittsvorlesung in Bochum 2009 getrieben und teils bereits veröffentlicht, aber für diese Publikation gründlich überarbeitet und um wesentliche neue Kapitel erweitert habe. Es soll deutlich machen, wo die Weichen für eine bildungsfreundliche oder bildungsfeindliche Einstellung im Christentum gestellt werden, welche Gefahren lauern und welche Chancen sich ergeben: dort, wo der christliche Glaube sich seiner selbst bewusst wird und sich auf den Weg macht, »alle Völker zu Jüngern«, heißt: zu Schülerinnen und Schülern Gottes zu machen (Mt 28,19). Es soll von theologischer Seite her helfen, die Schnittstellen zur Erziehungswissenschaft und zur Bildungspolitik zu markieren. Es soll umgekehrt das Gespräch mit der Pädagogik nutzen, um wesentlichen Aspekte dessen zu erschließen, was die Theologie an den Verbindungen der Menschen mit Gott und der Welt, in der sie leben, zu suchen hat, und wie eine Theologie aussehen kann, die den Bildungshunger nicht einfach sättigt, sondern zuerst weckt.

Der Blick richtet sich auf das Neue Testament – nicht, weil dort ausgearbeitete Bildungskonzepte zu finden wären, die man heute verwenden könnte, sondern weil dort die entscheidenden Impulse gesetzt werden, dass die christliche Religion auf Bildung setzt, und weil dort, im Kontext der ganzen Bibel, grundlegend geklärt wird, was in einem christlichen Sinn als Bildung gelten darf. Das Neue Testament fußt auf dem Alten. Ohne das Judentum, das auf seine

Weise eine Bildungsreligion ist, lässt sich das Urchristentum nicht verstehen. Aber durch die tiefe Irritation des »törichten« Kreuzestodes und der unglaublichen Auferstehung, durch den missionarischen Aufbruch ins Weite, im Kern durch die Verkündigung des Gottesreiches, dessen Nähe Jesus verkörpert, entstehen neue Bezüge, in denen sich der christliche Bildungsgedanke auszuprägen beginnt.

Meinem Lehrstuhlteam in Bochum danke ich für zahlreiche Hilfen und Korrekturen, namentlich Esther Brünenberg-Bußwolder und Elisabeth Koch, aber auch Julia Dietsch, Anita Greinke und Katharina Kirchberg. Äußerst inspirierend waren eingehende Gespräche mit Kolleginnen und Kollegen vor Ort in verschiedenen Forschungsprojekten zum Thema Religion und Bildung, die weitergeführt werden.

Bochum, 7. April 2016   *Thomas Söding*

1. Eine Tour d'horizon: Bildung im Spiegel des Neuen Testaments

Das Thema Bildung ist in aller Munde. Aber was geht in den Köpfen und in den Herzen der Menschen vor, wenn von Bildung gesprochen wird? Betreuung ist jedenfalls noch keine Bildung. Bildung ist auch nicht nur Kompetenzerwerb und Wissenserweiterung. In der Bildungsdebatte geht es um das Bild des Menschen und um die Kultur des Sprechens, des Diskutierens und Reflektierens, der Arbeit und der Muße, des Versagens und der Vergeblichkeit, der Umkehr und des Neuanfangs. Es geht also um Freiheit und Verantwortung, um das Verhältnis von Können und Sollen, von Gerechtigkeit und Liebe, von Ichstärke und Kommunikationsfähigkeit.

Beim Glauben geht es um Gott und sein Bild des Menschen, wie Menschen es erfahren, ersonnen und erkannt haben. Bei der Bildung geht es um das Bild des Menschen, wie er selbst sich sehen will und sehen soll, bezogen auf Gott oder nicht, auf gesellschaftliche Erwartungen und kulturelle Standards oder deren Alternativen, auf selbstbestimmte Erziehung und schulisches Lernen, das die Persönlichkeit prägt, oder auf die Absage an alle Erziehungsmaßnahmen. Die Spannung zwischen beidem ist groß. Ob sie einen Bogen aufbauen kann, ist die Frage.

a) Die Leitfragen

Ohne dass man einen neuen Streit der Fakultäten vom Zaune brechen muss, ist keineswegs von vornherein klar, in welchem Verhältnis der christliche Glaube zur Idee und Praxis der Bildung steht. Zwei korrespondierende Leitfragen werden aufgeworfen:
1. Gehört Glaube zur Bildung?
2. Gehört Bildung zum Glauben?

Als Glaube sei in diesen Fragekonstellationen vorläufig das verstanden, was die persönliche und gemeinschaftliche Gottesbeziehung zum prägenden Faktor des Lebens macht: Erfahrung und Vertrauen, Erkenntnis und Bekenntnis, Praxis und Zeugnis. In dieser prinzipiellen Bestimmung ist der Glaube nicht als Korrelat für »Religion« gebraucht, sondern als Hauptbegriff des Christentums, das seinerseits soziologisch als »Religion« verstanden, aber nicht unterschiedslos mit anderen »Religionen« vereint werden kann.

Als Bildung sei vorläufig das verstanden, was eine Persönlichkeit heranwachsen lässt: durch reflektierte Eindrücke und Einflüsse von außen, durch integriertes Wissen und soziale Kompetenz, durch eigene Überlegungen und Entscheidungen, durch Zugehörigkeit zu einer Kultur und durch individuelle Lebensgestaltung, die auf Einsicht und Überzeugung zurückgeht. In dieser begrifflichen Prägung kommt es nicht so sehr darauf an, Bildung von Erziehung zu unterscheiden (was ohnedies nur auf Deutsch gelingen kann). Vielmehr hilft der deutsche Begriff, dasjenige, was auf Griechisch *paideia* und auf Lateinisch *educatio* oder *eruditio* heißt, in einer anthropologischen Konstellation zu verstehen, die beim Wissenserwerb und beim Fertigkeitsgewinn die Persönlichkeitsbildung als entscheidend ansieht und bei den Entwürfen eines Subjekts, das sich zu sich selbst verhalten und seiner gewiss werden will, die Verarbeitung der Eindrücke betont, auf die es reagieren muss.

Diese Bildungsidee gilt der Neuzeit als typisch modern, weil sie sich die Entdeckung des Subjekts zuschreibt und politisch eine Bildungsorganisation aufbaut, die vielen, tendenziell allen jungen Menschen Zugang zu Schulen ermöglicht. In diesem Sinn definiert der Historiker Reinhart Kosellek drei wesentliche Merkmale des Bildungsbegriffs, der in seiner gegenwärtig relevanten Prägung erst seit etwa 1800 denkbar sei: erstens den Anspruch des autonomen Subjekts, »die Welt sich selbst einzuverwandeln«, zweitens den Anspruch einer Gesellschaft, sich im wesentlichen selbstreferentiell, nämlich »primär durch ihre mannigfaltigen Eigenbildungen« begreifen zu können, ohne auf religiöse Autoritätsbegründungen angewiesen zu sein, und drittens die Bindungen der »kulturellen Ge-

meinschaftsleistungen« an die »persönliche Binnenreflexion«.[1] Für
das deutsche Bürgertum, besonders das preußischer Prägung, dem
Koselleks Interesse gilt, ist eine solche Definition zweifellos treffend.
Sie führt dazu, mit Hegel Bildung als moderne Form der Religion
zu verstehen[2]. Aber die Wurzeln des Bildungsbegriffs reichen tiefer,
wie ja die Programmatik des humanistischen Gymnasiums selbst
erkennen lässt. Ein Blick auf Südeuropa und Amerika würde zeigen,
dass dort bis heute nicht die Gesellschaft – oder der Staat – der
letzte Horizont des Bildungsgedankens ist, sondern dass die Familie
und die Kirche eine ganz andere Bedeutung gewinnen. Schon in
den stärker katholisch geprägten Regionen Deutschlands müssten
im 19. Jahrhundert stärkere Spannungsmomente zur Definitions-
hoheit der Politik berücksichtigt werden, und zwar nicht nur die
kulturellen Milieus, die als traditionell erscheinen können, sondern
gerade der Eigensinn, der sich durch Dialekt und Heimatliebe,
durch Frömmigkeit und Erfindergeist ausdrückt.

Entscheidend ist allerdings die systematische Frage, ob die Religion aus dem Bildungsbegriff ausgeblendet werden kann, ohne dass
seine Orientierungskraft für das pädagogische Denken und das politische Handeln abnimmt, und was passiert, wenn sie eingeblendet
wird. Man kann mit guten Gründen – aber nicht ohne Gegenkritik –
argumentieren, Bildung würde bereichert.[3] Aber Religion lässt sich
nicht nur als Aspekt eines im Übrigen feststehenden Bildungsbegriffs integrieren, sondern prägt diesen selbst durch eine reflektierte Theozentrik. Darin wäre der Ansatz einer Bildungskritik
gesetzt, die aus theologischer Sicht im Namen eben jener Mensch-

---

[1] *Reinhard Kosellek,* Einleitung: Zur anthropologischen und semantischen Struktur
der Bildung, in: ders. (Hg.), Bildungsbürgertum im 19. Jahrhundert. Teil II: Bildungs-
güter und Bildungswesen, Stuttgart 1990, 11–46, hier: 14f.
[2] *Gottfried Wilhelm Friedrich Hegel,* Phänomenologie des Geistes (1807), hg. v. Gerhard Göhler, Frankfurt/Main ²1973, 298: »Religion« trete »als der Glaube der Welt der
Bildung auf«. Der Satz ließe sich auch ideologiekritisch lesen.
[3] So in seiner hervorragenden Studie, die ich bei der Zusammenführung meiner früheren Beiträge zu dieser Monographie mit großem Gewinn habe studieren können,
Friedrich Schweitzer, Bildung (Theologische Bibliothek), Neukirchen-Vluyn 2014.

lichkeit vorgetragen wird, der er sich verdankt; diese Kritik müsste sich in der anthropologischen Integration sowohl der Kontingenz erweisen, die nicht nur auf definitive Grenzen, sondern auch auf konstitutive Bedingungen der Selbstverwirklichung verweist, als auch der Transzendenz, die auf der sozialen Ebene für den Bildungsgedanken konstitutiv ist und durch Religion nicht von der spirituellen Dimension abgeschottet würde. Umgekehrt ist es aber nur sinnvoll, heute von religiöser Bildung zu sprechen, wenn die Kriterien der personalen Autonomie, der sozialen Systemlogik und der kulturellen Lebensprägung erfüllt werden. Damit wird jede Religion auf den Prüfstand gestellt, ob und wie sie bildungsfähig, bildungsfreundlich, bildungsförderlich ist.

(1) Gehört der Glaube zur Bildung?

Die erste Frage, ob der Glaube zur Bildung gehört, betrifft das Verhältnis von Religion und Vernunft. Es scheint unwichtig zu sein, wenn man mit Wilhelm von Humboldt Bildung als »Verknüpfung unseres Ichs mit der Welt« versteht.[4] Eine solche Definition hat ihr relatives Recht, erweckt aber den Eindruck, als sei Gott selbstverständlich oder entbehrlich. Tatsächlich liegt der Fokus des großen Bildungsreformers auf einem Selbst, das Gottes nicht zu bedürfen scheint, um es selbst zu sein. Die Ausblendung der Religion ist der Zeit geschuldet, kostet aber einen hohen Preis. Die Fokussierung auf das Selbstbewusstsein ist für einen Idealismus typisch, der jedes Scheitern nur als Ansporn neuer Anstrengung verstehen will und den Tod als Schicksal nur akzeptiert, wenn ein Mensch, biblisch gesprochen, »alt und lebenssatt« sterben kann. Darin ist er die Konsequenz eines gesteigerten, aber gespaltenen Humanismus, der

---

[4] *Wilhelm von Humboldt*, Theorie der Bildung des Menschen. Bruchstück (1793), in: Gesammelte Schriften, hg. v. d. Preußischen Akademie der Wissenschaften, Bd. I, Berlin 1903, 282–287, hier 284. Die Religionsskepsis spiegelt sich in seiner Schrift: Ideen zu einem Versuch, die Grenzen der Wirksamkeit des Staates zu bestimmen (1792), in: ders., Schriften zur Anthropologie und zur Geschichte (Werke in fünf Bänden, hg. v. Andreas Flitner u. Klaus Giel, Bd. I), Darmstadt ²1980, 234–240.

zwar eine enorme Motivation zur Organisation politischer und persönlicher Bildung entfalten kann, aber erhebliche Fragen aufwirft: Angesichts der selbst- oder fremdverschuldeten Brüche des Lebens muss er trostlos erscheinen, weil er sie nur als Versagen zu begreifen vermag; angesichts der selbsterrungenen oder glücklichen Bildungserfolge scheint er ratlos zu bleiben, weil er das Subjekt mit ihnen alleine lässt. Die Abkoppelung der Bildung von der Religion gilt gleichwohl vielen als Erfolgsrezept, was im 19. Jahrhundert angesichts des katholischen Antimodernismus und des evangelischen Pietismus nicht zu verwundern braucht. Dennoch könnte es sich um eine optische Täuschung handeln, wenn vorausgesetzt wird, dass die Bildungsarbeit freier und effektiver werde, wo sie von Gott los komme.

Die gegenwärtige Gesprächskonstellation hat sich gegenüber dem 19. Jahrhundert verändert, weil nicht nur die Säkularisierung zugenommen hat, sondern auch die Religiosität, ganz zu schweigen von den mörderischen Ideologien des 20. Jahrhunderts. Der Münchener Disput 2004 zwischen Jürgen Habermas und Joseph Ratzinger[5] hat der Frage, ob Glaube zur Bildung gehört, neues Interesse verschafft. Denn wenn sinnvoll von religiöser Bildung gesprochen werden soll, stellt sich das Problem, welcher Zusammenhang zwischen Glauben und Verstehen, Frömmigkeit und Einsicht, Gottesfurcht und Weisheit besteht. Wird die Vernunft durch den Glauben, wird der Glaube durch die Vernunft erhellt oder verdunkelt, gereinigt oder beschmutzt, erweitert oder beengt? Die Antworten der Gebildeten sind – seit der Antike – oft skeptisch. Im griechischen und römischen Altertum gilt Religion als zwar notwendig, aber unvernünftig.[6] Die Idee, Glaube sei Aberglaube, hat sich seit der Aufklärung weit verbreitet. Jürgen Habermas plädiert jedoch dafür, das kulturelle Wissen, das die Religionen speichern, in den Diskurs der Moderne einzuspeisen, um ihm Tiefgang zu geben. Joseph Ratzin-

---

[5] *Jürgen Habermas – Joseph Ratzinger,* Dialektik der Säkularisierung. Über Vernunft und Religion, hg. v. Florian Schuller, Freiburg i. Br. [6]2006 ([1]2004).
[6] Vgl. *Bernhard Linke,* Antike Religion, München 2014.

ger hat die Verpflichtung auf die Suche nach Wahrheit als gemeinsames Projekt der Theologie wie der Philosophie (und jeder Wissenschaft) unterstrichen, aber gefragt, ob die Wahrheit, ohne deren Voraussetzung jedes Gespräch unsinnig bliebe, unbestimmt bleiben dürfe oder sich nicht vielmehr ausweisen müsse, um erkannt und vermittelt, aber auch bezweifelt und verworfen werden zu können. Die erste Leitfrage kann deshalb nicht beantwortet werden, ohne dass der Glaube sein eigenes Verhältnis zur Bildung, zur Freiheit der Kritik und zur Selbstverwirklichung der Menschen klärt und ohne dass diejenigen, die von Bildung sprechen, Auskunft geben, in welchem Maße sie die Selbst-Bildung durch den Bezug auf andere Größen – am Ende auch die Größe aller Größen: Gott – bestimmt sein lassen wollen.

(2) Gehört Bildung zum Glauben?

Die zweite Frage, ob Bildung zum Glauben gehört, betrifft das Verhältnis von Christentum und Kultur, das seit der Regensburger Vorlesung 2006 wieder mit neuer Intensität diskutiert wird.[7] Denn im Hellenismus stößt das Christentum, das aus dem Judentum geboren wurde, auf einen *way of life*, der erstmals die Ahnung einer globalen Zivilisation hat entstehen lassen. Die Idee der Bildung steht bei Griechen und Römern hoch im Kurs; Gymnasium, Akademie und Lyzeum sind symbolischer und realer Ausweis. Platon versteht in seinem Buch über den Staat die *paideia* als Anleitung zur Huma-

---

[7] *Joseph Ratzinger/Benedikt XVI.*, Glaube, Vernunft und Universität. Die Regensburger Vorlesung. Vollständige Ausgabe. Kommentiert von Gesine Schwan, Adel-Theodore Khoury, Karl Kardinal Lehmann, Freiburg i. Br. 2006. Vgl. *Knut Wenzel* (Hg.), Die Religionen und die Vernunft. Die Debatte um die Regensburger Vorlesung des Papstes, Freiburg i. Br. 2007; *Christoph Dohmen* (Hg.), Die »Regensburger Vorlesung« Papst Benedikts XVI. im Dialog der Wissenschaften, Regensburg 2007; *Heinz Otto Luthe – Carsten-Michael Walbiner* (Hg.), Anstoß und Aufbruch. Zur Rezeption der Regensburger Rede Papst Benedikt XVI. bei Juden und Muslimen (Aufbrüche I), Bochum 2008; *Claude Ozankom*, Einander in der Wahrheit begegnen. Die Regensburger Vorlesung Papst Benedikt XVI. und der interreligiöse Dialog, Regensburg 2008.

nität und Menschlichkeit, die zu verantwortlichem Handeln führt; dies sei die Weise, die Welt und das eigene Ich philosophisch zu sehen, das heißt: in seinem Verhältnis zum Logos, zum Wort, zur Sprache, zum Sinn.[8] Wird der genuin jüdische und jesuanische Glaube durch die Begegnung mit der sokratischen Metaphysik und der platonischen Pädagogik verfremdet oder veredelt? Führt die Theologie die Philosophie wie die Pädagogik in die Irre oder zu sich selbst?

Im Vordergrund der Debatte über die Regensburger Vorlesung stand die Frage, ob der Islam sein Verhältnis zur Gewalt klären müsse und durch eine vernünftige Religionskritik klären könne. Diese Herausforderung ist in ihrer Größe inzwischen erkannt und in ihrer Tiefe auch – wenigstens ansatzweise – angegangen worden. Aber im Hintergrund der Auseinandersetzung steht die Anfrage, wie sich die Moderne zur Religion und die Religion zur Moderne verhält. Die zweite Leitfrage kann deshalb nicht beantwortet werden, ohne dass die Agenten der Moderne ihr Verhältnis zum Glauben[9] und die Protagonisten des Glaubens ihr Verhältnis zur Gegenwart mit ihrer Säkularität und Pluralität klären.

(3) Die Spannungsbögen zwischen Glaube und Bildung

Die beiden Fragen, ob Glaube zur Bildung und Bildung zum Glauben gehören, stellen die Spannungen zwischen Glaube und Bildung klar vor Augen.[10] Wo immer in der Welt des Glaubens von Heilung und Heiligung gesprochen wird, kann nur auf Gottes Willen, Gottes Macht und Gottes Güte vertraut werden; wo immer aber Bildungsfragen erörtert werden, muss von Kompetenz und Kenntnis die

---

[8] Eine treffende Skizze fertigt *Klaus Held*, Treffpunkt Platon. Philosophischer Reiseführer, durch die Länder des Mittelmeeres, Stuttgart 2001, 187–199.
[9] Einen starken Anstoß gibt *Volker Gerhardt*, Der Sinn des Sinns. Versuch über das Göttliche, München 2015.
[10] Vgl. *Hermann Flothköter*, Glauben ohne Bildung?, in: Michael Faßnacht (Hg.), Im Wandel bleibt der Kern. Reflexionen – Ansätze – Ankerpunkte, Münster 2007, 164–171.

Rede sein, vom Mut, sich des eigenes Verstandes ohne Anleitung anderer zu bedienen (freilich ebenso von der Demut, sich von anderen belehren zu lassen), aber auch von Individualität und Personalität, von Gesittung und Gesinnung, von Herz und Verstand. Wie aber kann man begreifen, ergriffen zu sein? Wie kann Gott einen Menschen ergreifen, dass er sich selbst begreift? Wie verhalten sich Bekehrung und Belehrung[11] zueinander? Führt eine christliche Pädagogik zur Moralisierung des Evangeliums?[12] Zerstört die Glaubenswahrheit das Bildungsideal? Welchen Ort hat die Katechese für den Glauben?

All diese und weitere Fragen haben ihr eigenes Recht. In einer neutestamentlich orientierten Abhandlung können sie nur als Fragen markiert und von ihrem theologischen Kern her reflektiert werden. Sie brauchten den Dialog mit den Erziehungswissenschaften, um in die Tiefe zu gehen. Die Exegese kann freilich ein Gesprächsangebot machen.

b) Der Glaube in der Bildungslandschaft

In Zeiten der Globalisierung, des religiös motivierten Terrorismus und der grassierenden Säkularisierung kann die Bildungsdebatte von der Gottesfrage schwerlich absehen, so wie umgekehrt die Religionen auf Bildung setzen müssen, wenn sie ihre zivilisatorischen Kräfte bündeln wollen. Die Bildungsfrage öffnet in anthropologischer Perspektive den Blick für die sozialen und kulturellen Dimensionen des Glaubenslebens, weil sie von der Theorie zur Praxis führt, von der Idee zur Realität, von der Vorstellung zur Verwirk-

---

[11] Vgl. *Pierre-Yves Brandt*, Die Bildung einer neuen Identität. Bekehrung und Berufung im Licht göttlicher Inspiration, in: Gerd Theißen (Hg.), Erkennen und Erleben. Beiträge zur psychologischen Erforschung des frühen Christentums, Gütersloh 2007, 57–72.

[12] Problematisierung bei *Dietrich Korsch*, Bildung und Glaube. Ist das Christentum eine Bildungsreligion?, in: Neue Zeitschrift für Systematische Theologie 36 (1994) 190–214.

lichung. Ein Glaube, der auf mangelnde Bildung setzte, wäre von vornherein als Ideologie entlarvt. Eine Bildungsidee, die den Glauben neutralisiert, bringt ihn nicht zum Verschwinden, wie vielfach gemutmaßt wurde, sondern drängt ihn in den Untergrund, wo er sein Unwesen zu treiben droht.

(1) Die religiöse Dimension der Bildungsfrage

Der Glaube verknüpft die Bildungs- mit der Gottesfrage. Diese Verknüpfung ist originär. Den typisch deutschen Begriff der »Bildung«[13], für den es so schnell kein englisches, französisches, spanisches oder italienisches Äquivalent gibt, hat Meister Eckhard geprägt[14]. Es bietet sich nicht ohne weiteres als Übersetzung aus den biblischen Sprachen Hebräisch, Aramäisch und Griechisch an. Es ist ein damals neuer, ein inspirierender und prägnanter Begriff, der Schule gemacht hat. Er formuliert einen hohen persönlichen Anspruch, der bis heute Theologie, Philosophie und Pädagogik herausfordert. Als gebildet gilt dem mittelalterlichen Mystiker, wer das richtige Vorbild gefunden hat und sich von ihm prägen lässt. Das beste Vorbild aber, so der Theologe, ist Jesus Christus. Denn er ist *das* Ebenbild Gottes (2Kor 4,4; Kol 1,15); »nach« diesem Bild ist der Mensch geschaffen, wenn man der griechischen und lateinischen Übersetzung des Buches Genesis folgt und sie mit christlichen Augen liest (Gen 1,26f.); »nach« ihm werden die Menschen, die, aus dem Paradies vertrieben, jenseits von Eden leben müssen, »neu« geschaffen, so der neutestamentliche Brief an die Kolosser, der auch den entscheidenden Impuls der christlichen Bildung nennt – Erkenntnis:

---

[13] Vgl. *Ernst Lichtenstein,* Zur Entwicklung des Bildungsbegriffs von Meister Eckhard bis Hegel (Pädagogische Forschungen 34), Heidelberg 1996.
[14] Werke, hg. v. Niklaus Langier; Bd. I: Predigten. Texte und Übersetzung von Josef Quint, Frankfurt/Main 2008; Bd. II: Predigten – Traktate. Texte und Übersetzungen von Ernst Benz, Frankfurt/Main 2008. Vgl. *Stefanie Brembeck,* Der Begriff der Bildung bei Meister Eckhart, Diss. Passau 1998.

>»Ihr habt den neuen Menschen angezogen, der erneuert wird zur Erkenntnis – nach dem Bilde dessen, der ihn schuf.« (Kol 3,10)[15]

Im Römerbrief ist dieses Motiv vorbereitet – aber es hat dort eine andere Färbung. Von Gott heißt es, als Schlussfolgerung des rettenden Glaubens an den Tod und die Auferweckung Jesu:

>»Die er im Voraus gekannt hat, hat er auch im Voraus ausersehen, mit dem Bild seines Sohnes gleichgestaltet zu werden, damit er der Erstgeborene unter vielen Brüdern sei.« (Röm 8,29)[16]

Der Blick richtet sich hier auf die Zukunft, die bereits begonnen hat. Die entscheidende Präposition ist nicht »nach«, sondern »mit«. Gott behandelt die Gläubigen nicht wie Marionetten, sondern als Menschen, denen er ein Ziel vor Augen stellt: »mit« seinem Sohn Jesus Christus »gleichgestaltet« zu werden, also ihn nachzuahmen und, mehr noch, sein Leben zu teilen, das er ihnen schenkt.

Nach dem Römer- und dem Kolosserbrief ist Bildung ein Veränderungsprozess, der Ästhetik und Ethik verbindet, Spiritualität und Solidarität, Gottesglaube, Nächstenliebe und Selbstbewusstsein. Bildung setzt bei einem Eindruck an, der eine Einsicht ermöglicht und zu einer Haltung führt. Bildung ist das Geschehen einer Freiheit, die sich beeindrucken lässt: Man wird nicht gebildet, wie Ton von einem Töpfer geformt wird, sondern bildet sich, wie ein Sportler seine Form findet. Dieser Bildungsprozess ist zutiefst human, weil er im Menschen Jesus, dem auferweckten Gekreuzigten, die Ikone Gottes entdeckt, die jeden Menschen als Gottes Ebenbild erkennen lässt; er führt zu einer Praxis, die Selbstbestimmung mit dem Einsatz für Menschlichkeit verknüpft, weil der Geist Gottes beides zusammenführt.[17]

---

[15] Vgl. *Ingrid Maisch*, Der Brief an die Gemeinde in Kolossä (ThKNT 12), Stuttgart 2003, 224ff.

[16] Vgl. *Ulrich Wilckens*, Der Brief an die Römer (EKK VI/2), Zürich – Neukirchen-Vluyn 1980, 163f. (mit Verweis auf die Tauftheologie von Phil 3,10 und die Eschatologie von Phil 3,21 und 1 Kor 15,49).

[17] Vgl. *Alois Maria Haas*, Meister Eckhart als normative Gestalt geistlichen Lebens (Kriterien 31), Einsiedeln 1979.

Freilich ist die Theologie selbst uneinig ob eines derart integrierten Bildungsbegriffs.[18] Zwei Positionen seien markiert, die das Spektrum ermessen lassen, eine neuprotestantische und eine aus dem Reformkatholizismus der Zeit zwischen den Vatikanischen Konzilien.

Schleiermachers Ansatz

Friedrich Schleiermacher, der einflussreichste evangelische Theoretiker des 19. Jahrhunderts, hat sich intensiv mit Pädagogik befasst.[19] Er setzt bei den Generationenkonflikten an, die entstehen, weil die Älteren erziehen wollen und müssen, die Jüngeren aber nicht so leben wollen und können wie die Älteren. Er koppelt die Erziehungsziele von Utopien eines idealen Staates und von Projektionen einer idealen Persönlichkeit ab; in der europäischen Neuzeit steht für das eine Konzept die »Utopie« von Thomas Morus, der über Schul- und Arbeitspflicht, über Ausbildung und Begabtenförderung, auch über verbindlichen Religionsunterricht, den idealen Staat garantieren will[20], für das andere die »Emilie« von Jean-Jacques Rousseau, der Bildung als Freisetzung des Menschen in seiner originären Güte von allen gesellschaftlichen Zwängen versteht und deshalb auch eine religiöse Erziehung als verfehlt ansieht.[21] Schleiermacher hingegen verankert die Erziehungslehre in der realen Kulturgeschichte und bezieht sie auf lebendige Menschen, mit großem Sinn für Individualität. So entwirft er die Päda-

---

[18] Eine problemorientierte, informative und anregende Darstellung der Geschichte liefert *Friedrich Schweitzer,* Bildung 83–131. Im Folgenden geht es lediglich um die Pointierung eines Kontrastes, der das theologische Problem anschärfen soll.

[19] *Friedrich Schleiermacher,* Pädagogik. Die Theorie der Erziehung von 1820/21 in einer Nachschrift, hg. von Christiane Ehrhardt und Wolfgang Virmond, Berlin 2008; *ders.,* Gedanken zu einer Theorie der Erziehung, Aus der Pädagogik-Vorlesung von 1826, besorgt und eingel. von Horst Friebel, Heidelberg 1965.

[20] *Thomas Morus,* De optimo rei publicae statu deque nova insula Utopia, Basel 1519. Nachdruck Düsseldorf 1990 (1918).

[21] *Jean-Jacques Rousseau,* Émile ou de l'éducation (Amsterdam 1762), Paris 2009.

gogik als Theorie der Erziehungspraxis. Er analysiert ihr Agieren als Dialektik von unterstützenden und zügelnden Maßnahmen.

Der hermeneutische Primat der Praxis ist bei Schleiermacher theoretisch begründet: erstens durch eine Anthropologie, die durch eine protestantisch gefärbte Schöpfungs- und Erlösungslehre bestimmt ist, und zweitens durch eine Soziologie, die der lutherischen Zwei-Reiche-Lehre verhaftet ist. Beide konfessionellen Theorien werden von Schleiermacher zwar erheblich verändert, aber auf diese Weise reformuliert. Sie haben die Bildungsdebatte nachhaltig beeinflusst. Nach Schleiermacher verlangt die göttliche Bestimmung angesichts der sündigen Natur des Menschen eine Erziehung, die Selbstbildung erst möglich macht, und zwar im Erziehungssystem, wie er es staatlicherseits vorfindet und theologisch nicht dominieren, sondern unterstützen will.

An beiden Stellen entstehen aus exegetisch-theologischer Sicht Rückfragen. Die Abkoppelung des Bildungssystems von einem normativen Menschenbild hat gewiss eine entideologisierende und damit realitätsfreundliche Wirkung. Sie leistet aber auch der evangelischen Grundannahme Tribut, dass Gottes Gnade dem Menschen, wie er nach Adams Fall jenseits von Eden lebt, letztlich fremd ist, so dass auch die Gläubigen sich im Blick auf sich selbst immer nur als Sünder und allein im Blick auf Gott als Gerechte betrachten können. Schleiermacher entwickelt diesen Ansatz allerdings nicht so wie viele Bildungsskeptiker, die mit Verweis auf das radikal Böse Selbstbildung in Freiheit als theologische Unverfrorenheit hinstellen, sondern als liberaler Protestant mit dem Postulat, Gott bestimme den Menschen zur Selbstbestimmung. Aber diese Dialektik bleibt so lange aporetisch, wie das Verhältnis von Gnade und Freiheit nicht als ein Entsprechungsverhältnis gedacht und Bildung nicht mit wechselseitiger (asymmetrischer) Anerkennung verbunden ist. Ähnlich ist die Problemlage auf dem politischen Gebiet. Schleiermacher tut alles, was in seinen Kräften steht, um mit Hilfe seines Bildungskonzepts die staatliche Bildungspolitik zu fördern. Aber er begnügt sich mit deren Etablierung und Optimierung; eine Kritik politischer Bildungsmacht, die erst eine freie Teilhabe möglich macht, fehlt im Ansatz. Schleiermacher nimmt mit theologischen Gründen die Theologie aus dem Spiel der Bildungsdebatte und fokussiert sie nur auf den Spezialbereich des Religionsunterrichtes. Das ist eine Paradoxie, die nur aufgelöst werden kann, wenn gezeigt wird, dass das Reich Gottes und die Reiche dieser Welt nicht nur unterschieden, sondern auch verbunden sind.

Dieselbe Paradoxie prägt das, was er zur religiösen Bildung sagt.[22] Schleiermacher bestimmt Religion (gemeint ist die christliche) als »Anschauung und Gefühl«; das erste bestimmt er in berühmten Formeln als »Sinn und Geschmack für das Unendliche«, das zweite als »Gefühl der schlechthinnigen Abhängigkeit«. Religion gehört für ihn – ein klassischer Topos christlicher Anthropologie – zur Bildung und Erziehung, weil der Mensch von Natur aus, heißt: durch den Schöpfer, eine religiöse Anlage hat; durch religiöse Bildung werde sie dem Menschen bewusst. Als Kunstlehre könne Erziehung den Kunstsinn des genuin religiösen Menschen pflegen; aber weder kann sie ihm das Unendliche erschließen noch ein Gefühl beibringen. »Abhängigkeit« wäre auch kein gutes Korrelat für Bildung, so sehr die relationalen Bezüge für jeden Menschen wesentlich sind. Religiöse Bildung trifft nach Schleiermacher, das ist seine Stärke, den inneren Menschen; die Bezüge zum »äußeren« bleiben ebenso offen wie die zur Kirche. Schleiermacher unterscheidet als anthropologische Dimensionen »Metaphysik«, die der Erkenntnis, »Moral«, die dem Handeln, und »Religion«, die dem Empfinden zugeordnet seien. So grandios diese (zeitbedingte) Trias ist – weil Religion wesentlich als Sensibilität begriffen wird, bleiben viele Fragen offen. Traditionell gilt Religion eher als – von Gott angeleitete – Praxis; der Katholizismus hat immer stark betont, dass auch der christliche Glaube religiös ist, also Symbol, Ritus, Kult und Sakrament umfasst, aber ebenso die Kenntnis des großen Narrativs, für den die Bibel steht; zum Bildungsgedanken passt dies gut.

---

[22] *Friedrich Schleiermacher,* Über die Religion. Reden an die Gebildeten unter ihren Verächtern (1799). Mit einem Nachwort von Carl Heinz Ratschow (RUB 8313), Stuttgart 2003.

Die starke Wirkung Schleiermachers, die vor allem in der Förderung individueller Bildung und in einer post-aufklärerischen Rekonstruktion der alten Koalition von Bildung und Religion besteht, gehört zu den großen Leistungen seines Denkens. Sie kann aber nicht verdecken, dass sie einer Aufspaltung des theologischen und des pädagogischen Bildungsdiskurses Vorschub geleistet hat. Das hat tiefe Ursachen. Schleiermacher gelangt zum Postulat einer doppelten Wahrheit, von der die protestantische Antwort auf die Aufklärung im 19. Jahrhundert zutiefst bestimmt ist.[23] Wenn aber Religion (wie im Falle des seiner selbst bewussten Christentums) im Kern Erkenntnis und Verhalten ist, Prägung und Umkehr, Sorgfalt und Aufgeschlossenheit, findet der Bildungsgedanke eine stärkere Gründung als Brücke zwischen Gott, Ich und Welt.

Guardinis Ansatz

Die Chancen und Grenzen des Pädagogikkonzeptes, das der katholische Religionsphilosoph Romano Guardini hundert Jahre später vorgelegt hat[24], entsprechen spiegelbildlich denen Schleiermachers. Auch Guardini setzt praktisch an. Er beobachtet auf den verschiedensten Ebenen Gegensätze (z. B. zwischen Herkunft und Zukunft, Beruf und Neigung, Stellung und Ambition) und beurteilt sie als lebensgeschichtlich essentiell.[25] Sie können nicht aufgelöst, aber als Energiepotential einer Entwicklung genutzt werden. Die Kunst und Wissenschaft, diese Prozesse methodisch zu gestalten, ist für Guardini die Pädagogik; ihr Ziel ist Bildung. Bildung ereignet sich, wenn es ein »Bild« gibt, das sich ein Mensch von sich selbst macht,

---

[23] *Friedrich Schleiermacher*, Der christliche Glaube nach den Grundsätzen der evangelischen Kirche im Zusammenhange dargestellt. Zweite Auflage (1830/31). Erster und zweiter Band, hg. v. Rolf Schäfer, Berlin – New York 2008.

[24] *Romano Guardini*, Grundlegung der Bildungslehre. Versuch einer Bestimmung des Pädagogisch-Eigentlichen (Weltbildung und Erziehung 1), Würzburg [7]1965 (1953). Die kleine Schrift wurde 1928 konzipiert.

[25] *Romano Guardini*, Der Gegensatz. Versuch zu einer Philosophie des Lebendig-Konkreten. Mit einem Nachwort von Hanna-Barbara Gerl, Mainz [3]1985 (1925).

worauf hin er sich entwickeln will. Dieses Bild entsteht nicht ohne den reflektierten Einfluss anderer, gewinnt aber prägende Bedeutung nur dann, wenn es sich ein Mensch als eigenes Vorbild zur Anschauung bringt. Ohne ein solches Bild bliebe er triebgesteuert, umweltabhängig, zufällig, Die Pädagogik ist die Kunst und Wissenschaft, ein solches Selbstbild des Menschen anzubieten und anzuregen, zu formen und zu gestalten, zu reflektieren und zu entwickeln. Guardini beobachtet, dass in der Neuzeit die Ethik das Menschenbild und damit auch die Pädagogik dominiert. Das führe zu einer Fremdbestimmung, weil kein Jenseits eines Wertesystems mehr erkennbar sei, von dem aus eine freie Entscheidung für die Moral möglich werden könne. Hier komme der Glaube zum Durchbruch. Denn im Glauben könne sich ein Mensch als Ebenbild Gottes betrachten. Bildung ist dann die Arbeit an der Verwirklichung der Gottesebenbildlichkeit in den Grenzen von Raum und Zeit, unter den Bedingungen einer Kultur und Geschichte, eines Milieus und eines Umfelds. Sie ist verortet im freien Willen eines endlichen Menschen. Die Theozentrik begründet Freiheit, weil das Selbstbild nicht nur zweidimensional in den sozialen, sondern dreidimensional unter Einschluss der Transzendenz entworfen werden kann, die Unabhängigkeit gegenüber allen Umwelteinflüssen und Erziehungsmaßnahmen zu begründen vermöge.

Der phänomenologische Grundzug seiner Philosophie führt Guardini dazu, die Kontingenz menschlichen Lebens nicht als Beeinträchtigungen, sondern als Orte der Bildung zu betrachten. Durch die personal gewendete Anthropologie der Gottesebenbildlichkeit kann er den Dualismus überwinden, die Bindung an Gott behindere die menschliche Freiheit. Durch seine theologische Anthropologie will er klarstellen, dass sich kein Mensch selbst erschafft, indem er sich selbst bildet; gerade dadurch wahrt er die Freiheit der Bildung und schützt diejenigen, die kein Bewusstsein ihrer selbst entwickeln, vor dem Verdacht, keine Menschenwürde zu haben.[26]

---

[26] Das muss gegen den Utilitarismus verteidigt werden, machtvoll vertreten von *Peter Singer*, Effektiver Altruismus. Eine Anleitung zum ethischen Leben, Berlin 2016.

Indem er aber durch seine theologische Anthropologie gleichfalls klarstellt, dass die Erschaffung durch Gott ein Selbstverhältnis begründet, klärt er den theologischen Rang von Bildungsprozessen als angewandter, zur Anschauung kommender Gnade. Religion, jedenfalls die christliche, befreie die Pädagogik zu sich selbst, weil sie den Glauben – Guardini zitiert Paulus – als Entdeckung des Ich vor dem Du Gottes und in der *imitatio Christi* betrachte, inspiriert vom Heiligen Geist.

Trotz dieser biblischen Rückbindung des Bildungsbegriffs gibt es aus exegetischer Sicht Rückfragen; sie sind komplementär zu denen bei Schleiermacher. Zum einen hat Guardini zwar zu Recht Konzepte einer pädagogischen Autonomie kritisiert, die sich von einer relationalen Anthropologie und Theologie abschneiden wollen; aber er hat nicht das Wahrheitsmoment der Autonomie erkannt, das sich gerade im Kontext der Theonomie ergibt, wenn anders Gott der Schöpfer und Erlöser, das ewige Du der endlichen Menschen ist, der sie über ihre Grenzen hinauszuführen vermag. Aus diesem Grund erklärt sich, dass Guardini das Auseinanderdriften von Pädagogik und Theologie nicht überwunden hat und in der Allgemeinen Erziehungswissenschaft wenig rezipiert wird. Zum anderen hat Guardini nicht scharf genug reflektiert, was es heißt, Bildung im Machtbereich der Sünde zu denken, zu fördern und zu gestalten, die sich nach Paulus in einer tödlichen Selbstreferenz zeigt und nicht auf moralisches Fehlverhalten zu reduzieren ist, sondern eine Unheilsmacht umfasst, die niemanden zwingt, aber alle zutiefst beeinflusst, die immer in den Verhältnissen mitmachen, die von anderen durch deren Fehlverhalten mitbestimmt sind, das durch den guten Willen und die guten Taten, deren es zweifellos nicht wenige gibt, nicht aus der Welt zu schaffen sind. Aus diesem Grund fließt bei Guardini ineinander, was bei Schleiermacher getrennt wird, so dass bei ihm nach kritischer Differenzierung gefragt werden muss, wo bei jenem eine kritische Integration ansteht.

(2) Die politische Bildungsdebatte

Ob der theologische Begriff der Bildung, mag er auch noch so aus-
gefeilt sein, mit dem zu tun, was in der politischen Debatte der
Gegenwart als Recht auf Bildung[27] diskutiert wird, ist nicht von
vornherein klar, weil öffentlich nicht über die *imitatio Christi* gesprochen wird, sondern über den Zugang zu Schulen und Hoch-
schulen, über Fördern und Fordern, über Curricula und Zertifikate,
über Wissensvermittlung und Kompetenzerwerb. Es herrscht der
Primat der Funktion im gesellschaftlichen System der Bildung, das
sich zwar nicht mehr, wie noch in der amerikanischen Verfassung,
das Glück, aber wenigstens den Erfolg, die Teilhabe am Meinungs-
bildungsprozess, die Berufsfähigkeit der Menschen auf die Fahnen
geschrieben hat. In diesem Sinn formalisiert Heinz-Elmar Tenorth
Bildung als Technik zum Erwerb einer Art eiserner Ration im Be-
teiligungswettbewerb der Gesellschaft und als Ermöglichung von
Selbstverwirklichung.[28]

Die Zielsetzung, elementar Partizipation und Selbstorganisa-
tion, ist schlichtweg überzeugend und geradezu selbsterklärend.
Aber die Funktionalisierung führt zu einer Krise des Bildungsbegriffs selbst. Während er den einen als Formalbegriff leer und
als Leitbegriff konservativ wie affirmativ erscheint, wird er von
seinen Verteidigern als Hebel in der Bildungspolitik, als Schnittstelle der Pädagogik zur Weltkultur und als Katalysator der Individualisierung angesehen.[29] Die Bildungsidee ist im 19. Jahrhundert
mit dem Versprechen aufgebrochen, Menschen unabhängig von
äußeren Einflüssen, insbesondere von der Macht der Kirche, zu
sich selbst kommen zu lassen, ist aber selbst eine Macht geworden,

---

[27] Vgl. *Axel Bernd Kunze*, Das Recht auf Bildung. Anforderungen an die rechtliche
und politische Implementierung, Münster 2013.
[28] *Heinz-Elmar Tenorth*, »Alle alles zu lehren«. Möglichkeiten und Perspektiven All-
gemeiner Bildung, Darmstadt 1994, 168. Der paulinisch inspirierte Titel (vgl. 1Kor
9,22) verweist auf Comenius.
[29] Vgl. *Dietrich Benner*, Hauptströmungen der Erziehungswissenschaft. Eine Systematik traditioneller und moderner Theorien, Weinheim ³1991.

die damit nicht als solche schlecht ist, aber klug gebraucht werden will.[30]

Die Kritik macht den Bildungsgedanken nicht obsolet, sondern neu attraktiv.[31] Er muss aber weiterentwickelt werden. Mit dem Recht auf Bildung verbindet sich die Erwartung kultureller Orientierung und aktiver Partizipation am gesellschaftlichen Leben. Die moderne Emanzipationsgeschichte lässt sich nur als Bildungsgeschichte erzählen und umgekehrt. Die Religiosität kann immer nur ein Teilaspekt der Bildung sein, so wie umgekehrt Bildung immer nur ein Teilaspekt von Religion ist. Doch fragt sich, ob das, was den Bildungsbegriff mit Anschauung verbinden kann, nicht gerade durch Religion vor Augen treten kann, die das Geheimnis Gottes mit den Symbolen, den Erzählungen und der Praxis eines menschlichen Glaubens verbindet, und ob das, was Religion zu einer bestimmenden Größe menschlichen Lebens im Namen Gottes machen kann, nicht gerade durch Bildungsprozesse beschrieben werden kann.

Deshalb müssen die Verhältnisse zwischen Religion und Bildung geklärt werden. Würde es keine essentielle Beziehung geben, wäre ein pädagogischer Laizismus, wie er von Teilen der politischen Elite propagiert wird, nicht ohne Konsequenz.[32] Es würde sich zugleich ein christlicher Spiritualismus breitmachen, der den Bezug zur Lebenswelt verlöre. Positiv: Nur wenn es eine fruchtbare Beziehung gibt, lassen sich aus religiöser Prägung didaktische Konsequenzen ziehen und pädagogische Projekte, wie sie wissenschaftlich konzipiert und politisch organisiert werden, einer theologischen Kritik unterziehen. In der frühen Neuzeit stellt Johann Amos Comenius neben Wissenschaftspropädeutik *(eruditio)* und Ethik *(mores)* auch

---

[30] Vgl. *Norbert Ricken, Die Ordnung der Bildung. Beiträge zu einer Genealogie der Bildung*, Wiesbaden 2006.

[31] Vgl. *Dietrich Benner,* Theorien der Erziehungswissenschaft im 20. Jahrhundert. Entwicklungsprobleme – Paradigmen – Aussichten, Weinheim 2000.

[32] Im einflussreichen »Wörterbuch der Erziehung« (hg. v. Christoph Wulf, München – Zürich 1974 u.a) kommt *Herwig Blankertz* in seinem Artikel »Bildung« (S. 65–69) ohne einen einzigen Hinweis auf Religion aus.

Frömmigkeit *(religio)* auf den Lehrplan.[33] Ähnlich sieht es der Schweizer Volkspädagoge Johann Heinrich Pestalozzi, der sowohl einen Elementarunterricht in Lesen, Schreiben, Rechnen, Zeichnen und Singen als auch eine sittliche Bildung fordert und fördert, die in der Verehrung Gottes kulminiert.[34]

Dass es eine wesentliche Beziehung gibt, ist allerdings keineswegs evident. Auf der einen Seite gibt es von erziehungswissenschaftlicher Seite große Skepsis, ob Religion, insbesondere unter dem Einfluss der (katholischen) Kirche, bildungsrelevant ist; denn die Kirche, die heute den Anspruch religiöser Bildung erhebt, sieht sich dem Vorwurf des Dogmatismus ausgesetzt, von dem die Neuzeit mit ihrer aufgeklärten Bildungsarbeit gerade befreie.[35] Auf der anderen Seite ist auch die Beziehung der Kirche zu Bildungsgütern und Bildungsprozessen seit alters nicht ohne Ambivalenzen. Zwar ist sie die große Bildungsträgerin des Morgen- und des Abendlandes geworden, aber doch lange Jahrhunderte in monastischen und klerikalen Profilierungen, die kaum eine Breitenwirkung entfalten konnten. In der Antike gibt es heiße Debatten, ob und wie christliche Kinder regelmäßig zur Schule gehen sollen, weil zwar einige Theologen die Bildungschancen gesehen, andere aber Gefahren für das Seelenheil befürchtet haben, weil Weltwissen vermittelt werde und zu den Unterrichtsstoffen heidnische Mythen und Riten gehörten.[36] Heute sind es nur noch fundamentalistische Gruppen, die gegen Sexualkunde und Evolutionsbiologie opponieren; aber nicht wenige Kritiker der Kirchen denken, die Fundamentalisten seien die

---

[33] *Johann Amos Comenius,* Didactica magna (1657): Große Didaktik. Übersetzt und hg. von Andreas Flitner. Mit einem Nachwort zur neueren Comeniusforschung von Klaus Schaller, Stuttgart [10]2007.

[34] *Johann Heinrich Pestalozzi,* Sämtliche Werke. Kritische Ausgabe. Begründet von Artur Buchenau, Eduard Spranger, Hans Stettbacher, Berlin – Zürich 1927–1996.

[35] Vgl. *Hans Blumenberg,* Die Legitimität der Neuzeit I–III., Frankfurt/Main 1966, bes. Bd. I: Säkularisierung und Selbstbehauptung.

[36] Auf die Ambivalenzen zwischen Bildungsbeflissenheit und Bildungsfreundlichkeit verweist *Peter Gemeinhardt,* Das lateinische Christentum und die antike pagane Bildung (Studien und Texte zu Antike und Christentum 41), Tübingen 2007.

einzig konsequenten Christen, während die Mehrheit sich in moderner Mimikry übe und den eigenen Glauben längst verloren habe. Beides sind Irrtümer, die auf einem verengten Glaubensbegriff beruhen.

Die Schulpraxis und Schulpolitik ist ein Testfall. Es wäre theologisch widersprüchlich, religiöse Bildung, gar konfessioneller Prägung, zur Pflichtveranstaltung zu erklären, wie dies die katholische Kirche bis weit ins 20. Jahrhundert hinein gemeint hat. Andererseits ist es bildungstheoretisch wie theologisch konsequent, dass religiöse Bildung einen konfessionellen Ansatz haben kann, so wie sie auch einen solchen verweigern können muss und dann reine Information über Religion(en) ist (die es freilich neutral nicht gibt). Nur wo Gott geleugnet wird (wie von der »Humanistischen Union«), müssen im öffentlichen Schulsystem Religion und Bildung möglichst weit auseinandergehalten werden; es müsste dann aber konsequenterweise nicht nur gegen konfessionellen Religionsunterricht, sondern auch gegen öffentliche Religionskunde opponiert werden, da die Schule kein Illusionstheater sein darf; nicht zuletzt müssten die bekennenden Atheisten darauf verzichten, ihr eigenes Bekenntnis zum Unterrichtsgegenstand und -konzept werden zu lassen, es sei denn, sie wollten ihm einen genau solchen dogmatischen Standpunkt wie jenen geben, den sie den Religionen bestreiten. Von einer agnostischen Position aus lässt sich hingegen ein didaktisches Konzept wie »Lebenskunde – Ethik – Religion« oder dergleichen entwickeln, das nicht nur »Werte und Normen« (oder wie die Fächer sonst heißen), sondern auch Religionen zum Gegenstand haben, und zwar nicht nur christliche, sondern auch andere Weltreligionen; von derselben Position aus lässt sich aber auch nichts gegen den Anspruch der konfessionellen Kirchen einwenden, an öffentlichen Schulen Religion nach ihren eigenen Grundsätzen zu lehren, es sei denn, Agnostiker wollten den Kirchen ihre Theologie vorschreiben.

(3) Die Aufgabe der Theologie

Ob es eine gute Beziehung zwischen dem christologischen und dem politischen Bildungsbegriff gibt und wie sie sich auswirkt, muss die Theologie im breiten Spektrum ihrer Disziplinen beantworten: durch eine methodologische Selbstreflexion der Religionspädagogik[37], durch anthropologische Grundlagenforschung, die Bildung fokussiert[38], durch die Erschließung historischer Konstellationen[39], vor allem durch eine Theologie der Didaktik, die sich der Aufgabe widmet, die Rezeption und Produktion von religiösem Orientierungswissen im Unterricht[40], aber auch in der Katechese und der Predigt zu reflektieren.

Der mittelalterliche Bildungsgedanke kann heute nicht kopiert werden, weil die Vorstellungen, was als Subjekt zu gelten hat, ebenso dramatisch sich geändert haben wie das Bildungssystem. Aber die Kurzatmigkeit, unter der die gegenwärtige Bildungsdebatte leidet, weil sie von politischen und ökonomischen Organisationen dominiert wird, die dem Diktat des Funktionalismus erlegen sind, muss kuriert werden. Eine gute Medizin könnte sein, dass Pädagogik, Philosophie und Theologie etwas besser ins Gespräch kommen, und zwar auf einer neuen Reflexionsebene, die durch die Aufklärung und ihre Dialektik, durch das Christentum und seine geschichtlichen Erfahrungen, durch die Religionsgeschichte und die Religionskritik definiert wird, nicht zu vergessen all das, was die Human-, die Sozial- und die Naturwissenschaften in der Zwischen-

---

[37] Vgl. *Rudolf Englert*, Religion gibt zu denken. Eine Religionsdidaktik in 19 Lehrstücken, München 2013.

[38] Vgl. *Bernhard Grümme*, Menschen bilden? Eine religionspädagogische Anthropologie, Freiburg i. Br. 2012.

[39] Vgl. paradigmatisch *Michael Wermke*, Transformation und religiöse Erziehung – Kontinuitäten und Brüche der Religionspädagogik 1933 und 1945. Eine Veröffentlichung des Arbeitskreises für Historische Religionspädagogik (Arbeiten zur historischen Religionspädagogik 9), Jena 2011.

[40] Vgl. *Norbert Mette – Matthias Sellmann* (Hg.), Religionsunterricht als Ort der Theologie (QD 247), Freiburg 2012.

zeit an Informationen über die Psyche und das Verhalten von Menschen, über ihr Lernen und Reifen gesammelt haben.[41]

Europa ist im Laufe einer Geschichte voller Blut, Schweiß und Tränen, aber auch voller Revolutionen und Reformen zu einem Kontinent der pluralistischen Demokratien geworden, der nach Einigung und Orientierung sucht. Zur Demokratie gehören Partizipation und Dialog, zum Pluralismus gehören nicht nur konfessionelle und religiöse Vielfalt, sondern auch Säkularismus, Atheismus und Agnostizismus. Die Idee der europäischen Einigung scheint zwar auf die Garantien ökonomischer Prosperität fixiert zu sein; sie muss aber auch die sozialen Prozesse erfassen. Sie kann nicht nur durch den Druck befeuert werden, zwischen den USA und Russland, gegenüber dem aufstrebenden China und dem zerrissenen Afrika ein Bollwerk der Stabilität zu errichten; sie wird auch, wenn es gut geht, von einer lebendigen Vergangenheit inspiriert, die diesen Kontinent geprägt hat, und von Zukunftsaussichten, die nicht schlecht sind, weil bei allen Krisen, von denen Europa erschüttert wird, bislang immer wieder eine Friedensordnung entstanden ist, die zwar fragil ist, aber keine Friedhofsruhe einkehren lässt, sondern Partnerschaft ermöglicht. Hier stellt sich die Frage einer Orientierung Europas. Nach der Wende des späten 20. Jahrhunderts muss eine Antwort unter neuen Vorzeichen gesucht werden.[42]

Das Christentum spielt in dieser Suchbewegung eine Schlüsselrolle. Einerseits ist Europa – und infolgedessen Amerika – zutiefst durch das Christentum geprägt. Ohne die Mission hätte sich weder die europäische Kultur mit ihren Sprachen und Bildern, ihren Büchern und Gebäuden entwickelt, voran die Kirchen und Klöster, noch das System der Herrscherhäuser und Nationalstaaten. Allerdings wären Europa auch Religions- und Konfessionskriege erspart

---

[41] Einen starken Anstoß aus evangelisch-theologischer Perspektiv gab in den 1960er Jahren *Karl Ernst Nipkow*, Bildung als Lebensbegleitung und Erneuerung, Gütersloh 1990; *ders.* Bildung in einer pluralen Welt. 2 Bde., Gütersloh 1998.

[42] Vgl. *Peter Hünermann* (Hg.), Das neue Europa. Herausforderung für Kirche und Theologie (QD 144), Freiburg i.Br. 1993.

geblieben, deren Aufarbeitung wiederum Politik und Recht inspiriert haben. Zuletzt wäre der Zusammenbruch des kommunistischen Staatensystems ohne die katholisch inspirierte Solidarnosc-Bewegung und ohne den Pontifikat Johannes Paul II. mit seiner aktiven Menschenrechtspolitik kaum vorstellbar gewesen; auch in Ostdeutschland haben die Kirchen, vor allem die evangelischen, der friedlichen Revolution eine Heimstatt gegeben.[43]

Andererseits muss sich das Christentum aber auch der europäischen Gegenwart stellen. Es muss sich konstruktiv und kritisch mit der Aufklärung und ihrer Dialektik[44] auseinandersetzen, die ohne christliche Wurzeln nicht zu denken wäre, aber sich vielfach von diesen Wurzeln lösen will. Es muss mit der Meinungs- und Religionsfreiheit paktieren, die ihm erst die Möglichkeit öffentlicher Präsenz im Haus der Demokratie gibt, die dann aber auch anderen Religionen offen steht, so wie auch deren Verächtern. Das Christentum muss und kann die Herausforderung annehmen, dass Menschen nicht oder anders glauben. Die Bildungsfrage ist ein Schlüssel, weil in ihr die Geschichte lebendig ist und auf die Lebensplanungen von Menschen bezogen wird, die ihre Zukunft gestalten wollen.

(4) Die grundlegende Entscheidung

Die grundlegende Alternative für die Theologie und die Kirche besteht darin, entweder aus dem Prozess der Demokratisierung und Pluralisierung auszusteigen oder genau diesen Prozess als Ort einer Identitätsgewinnung anzunehmen. Die erste Möglichkeit hat die katholische Kirche im 19. Jahrhundert gewählt: durch Immunisierung die Gefahr des Modernismus zu steuern.[45] Diese Strategie hat

---

[43] Vgl. *Agnieszka Zaganczyk-Neufeld*, Die geglückte Revolution. Das Politische und der Umbruch in Polen 1976–1997, Paderborn 2014.

[44] Vgl. *Max Horkheimer – Theodor W. Adorno*, Dialektik der Aufklärung. Philosophische Fragmente (1947), Frankfurt/Main [21]2013.

[45] Vgl. *Émile Poulat*, Histoire dogme et critique dans la crise moderniste, Paris [3]1996 (1962); *Marin R. O'Connel*, Critics on Trial. An Introduction to the Catholic Modernist Crisis, Waco 1994; *Otto Weiß*, Der Modernismus in Deutschland. Ein Beitrag zur

zu einem enormen Aufschwung des katholischen Lebens in Deutschland und vielen anderen Nationen geführt; es hat aber den Anschein, als ob der Zenit dieser Entwicklung weit überschritten sei, weil die Gegner abhandengekommen sind und neue Koalitionen nicht geschmiedet wurden. Die zweite Möglichkeit erfordert einen Reformprozess der katholischen Kirche, der mit dem Zweiten Vatikanischen Konzil angestoßen, aber längst nicht abgeschlossen worden ist.[46] Diese Möglichkeit ist die einzige, die theologisch Zukunft hat, weil sie wahrnimmt, dass Gottes Wort immer »hier« und »jetzt«, »heute« und »vor Ort« gegenwärtig ist, um Vergangenheit, Gegenwart und Zukunft zu erschließen.

Dann aber fragt sich, wie und wo die Herausforderung angenommen und bestanden werden kann. Hier kommt der Theologie eine Schlüsselrolle zu. Sie ist mit dem Erziehungswesen untrennbar verbunden; sie reflektiert die Begriffe des Glaubens und der Bildung. Es gilt, das »Aggiornamento«, das von Papst Johannes XXIII. ausgerufene Schlüsselwort des Zweiten Vatikanischen Konzils, nicht zum Opportunismus werden zu lassen, sondern zur Konkretion des Glaubensverständnisses und der Glaubensvermittlung. Der Zeitgeist muss von den Zeichen der Zeit unterschieden werden, der Glaubenssinn des Gottesvolkes von der herrschenden Mentalität.[47] Es braucht einen neuen Anlauf, die Mission als Dialog, den Heilsdienst der Kirche als Akt der Demut und die individuellen Freiheitsräume des Lebens als Entdeckungsorte des Glaubens zu sehen. Wenn die Theologie auf die christliche Erziehungsarbeit schaut, hat

---

Theologiegeschichte, Regensburg 1995; *Pierre Colin*, L'audace et le soupçon. La crise moderniste dans le catholicisme français (1893–1914), Paris 1997; *Hubert Wolf* (Hg.), Antimodernismus und Modernismus in der katholischen Kirche. Beiträge zum theologiegeschichtlichen Vorfeld des II. Vatikanums, Paderborn 1998.

[46] Vgl. *Joachim Wiemeyer* (Hg.), Dialogprozesse in der katholischen Kirche. Begründungen – Voraussetzungen – Formen, Paderborn 2012.

[47] Vgl. *Thomas Söding* (Hg.), Die Rolle der Theologie in der Kirche. Die Debatte über das Dokument der Theologenkommission (QD 268), Freiburg i. Br. 2015; *ders.* (Hg.), Der Spürsinn des Gottesvolkes Eine Diskussion mit der Internationalen Theologenkommission (QD 281), Freiburg i. Br. 2016.

sie einen Sitz im Leben von höchster kirchlicher, sozialer und persönlicher Relevanz vor Augen, einen Ernstfall ihrer Arbeit.

In Europa haben sich verschiedene Organisationsysteme christlicher Bildungsarbeit entwickelt. Viele Staaten sowohl des westlichen Laizismus wie auch des ehemaligen Kommunismus achten auf eine strenge Differenzierung zwischen öffentlicher Schule und religiöser Bildung. Dann sind die Kirchen selbst gefragt, Bildungsträger zu werden, die in eigener Verantwortung der Orientierung junger Menschen in Glaubens- und Lebensfragen dienen, so dass ihr Weg nicht in eine Nische, sondern auf die Foren der Gesellschaft führt. Andere Länder, wie Deutschland, setzen auf Kooperationen zwischen Staat und Kirche. Dann entwickeln sich Differenzierungen zwischen Religionsunterricht und Gemeindekatechese, die in der Lage sein müssen, die Kompatibilität einer Glaubensorientierung mit den Bildungsprogrammen einer staatlichen Schule, aber auch die Herausbildung christlicher Mündigkeit mit einer aktiven Partizipation am kirchlichen wie gesellschaftlichen Leben zu vermitteln. Üblicherweise wird als Ziel der Gemeindekatechese die Ermöglichung einer freien Entscheidung gesehen, am sakramentalen Leben der Kirche teilzunehmen oder nicht, als Ziel des Religionsunterrichts, eine kompetente eigene Position sowohl zu den von der Bibel und der kirchlichen Tradition geprägten Glaubensinhalten und -formen beziehen zu können als auch zu den Alternativen persönlicher Lebensgestaltung. Es gibt Schnittmengen, aber auch klare Abgrenzungen, die sich aus den unterschiedlichen Kontexten in der Kirche und der Schule ableiten lassen.

In diesem weiten Feld kann eine neutestamentliche Recherche nicht alle Phänomene untersuchen, sondern nur die Grundsatzfrage aufgreifen. Sie hat allerdings die Möglichkeit und die Verantwortung, *back to the roots* zu gehen, zu den Anfängen des Christentums: dorthin, wo die Weichen für die Formulierung und für die Beantwortung der Grundfragen gestellt worden sind. Ob – bzw. wann und wie – der Glaube zur Bildung und die Bildung zum Glauben gehört, entscheidet sich aus theologischer Sicht in der Bibel und formt sich charakteristisch im Neuen Testament.

c) Die Bildung in der Glaubenswelt

Die Gebildeten unter den Verächtern des Christentums haben seit langem die Nase über die Unbildung der »Galiläer« gerümpft – aber sie waren auch, wie nicht erst Friedrich Schleiermacher in seinen »Reden über die Religion« erkannt hat, am ehesten ansprechbar für eine Kritik ihrer Kritik.

(1) Der Vorwurf der Bildungsfeindlichkeit

Tacitus nennt in seinen Annalen, da er vom Kreuzestod Jesu berichtet, das Christentum einen »verderblichen Aberglauben«[48]. Dieses Urteil steht nicht allein. In der Antike wird es oft wiederholt.[49] Der Neuplatoniker Porphyrios, ein hoch gebildeter, differenzierter und kreativer Intellektueller, legt den Finger auf die Wunde, wenn man dem antiken Kirchenhistoriker Eusebius folgen darf, der seine Kritik referiert:

> »Diejenigen, die den Titel Christen beanspruchen, würden zu ihren Ansichten durch einen Glauben kommen, der sich nicht auf den Verstand stützt, sowie durch eine Zustimmung, die der Prüfung entbehrt. Sie behaupten weiter, niemand könne durch einen klaren Beweis eine Bestätigung des Wahrheitsgehaltes der Verheißungen erbringen.«[50]

Damit ist für den Philosophen das Christentum intellektuell nicht satisfaktionsfähig – und tatsächlich bedarf das Verhältnis zwischen Offenbarung und Verstand einer Klärung.

Meistens geht es in der antiken Christentumskritik derber zu. Die Religion des Nazareners sei würdelos[51], pietätlos[52],

---

[48] Tacitus, *annales* 15,44.: *exitiablilis superstitio.*

[49] Einen hervorragenden Überblick verschafft die Quellensammlung von *Michael Fiedrowicz*, Christen und Heiden. Quellentexte zu ihrer Auseinandersetzung in der Antike, Darmstadt 2004. (Diesem Buch sind die folgenden Übersetzungen entnommen.)

[50] Porphyrios nach Eusebios, *praeparatio evangelica* I 1,11.

[51] Caecilius nach Minucius Felix, *Octavius* 8,4.

[52] Caecilius nach Minucius Felix, *Octavius* 6,1; vgl. Clemens Alexandrinus, *protrepticos* 89; Tertullian, *adversus nationes* I 10,3.

stillos[53], atheistisch[54] und amoralisch[55], voller Widersprüche[56] und unbewiesener Behauptungen[57]. Aber auch hier ist der heiße Kern des Bildungsproblems zu erkennen: Das Christentum hat philosophische Ansprüche. Vieles spricht dagegen, insbesondere das Reklamieren einer Inspiration, die das antike Sinnsystem auf den Kopf stellt. Was in der Eucharistie gefeiert wird, löst bei – scheinbar – neutralen Beobachtern Kopfschütteln und Ekel aus; der Verzehr von Fleisch und Blut sei eine monströse Geschmacklosigkeit[58], so der Opponent Caecilius, dem der christliche Apologet Minucius Felix, im Bestreben, den Bildungsgehalt des christlichen Glaubens zu erhellen, das Wort erteilt (um ihn dann zu widerlegen):

> »Wenn im Mittelpunkt ihrer Zeremonien ein für seine Verbrechen mit der härtesten Todesstrafe bestrafter Mensch samt den todbringenden Kreuzes-

---

[53] Augustinus beschreibt in seinen *confessiones* (III 5,9), wie ihn die Bibel bei der ersten Lektüre wegen ihres ungehobelten Stiles abgestoßen habe.

[54] Caecilius nach Minucius Felix, *Octavius* 8,1; Vgl. Justin, *1 apologia* 6,1; Athenagoras, *legatio* 3,1; 4,1s.; Tertullian, *apologeticum* 10,1.

[55] Vgl. Athenagoras, *legatio* 31,1; 35,1; Theopilus, *ad Autolycum* III 4,1. Kaiser Julian macht Jesus selbst den Vorwurf, »Sittenverderber« und »Meuchelmörder« angelockt und so getan zu haben, als sei ihre Schuld einfach mit Wasser abzuwaschen (*Caesares* 336 A-B); ähnlich wird Paulus – mit Verweis auf 1Kor 6,9ff. – kritisiert (*contra Galilaeos* fr. 50).

[56] Die Widersprüche zwischen den Evangelien sind bis hin zu Augustinus *deconsensu evangelistarum* ein ständiges Thema der christlichen Apologetik; vgl. *Oscar Cullmann*, Die Pluralität der Evangelien als theologisches Problem im Altertum, in: Theologische Zeitschrift 1 (1945) 23–42; *Helmuth Merkel*, Die Widersprüche zwischen den Evangelien. Ihre polemische und apologetische Behandlung in der Alten Kirche bis zu Augustin (WUNT 13). Tübingen 1971; *ders.*, Die Pluralität der Evangelien als theologisches und exegetisches Problem in der Alten Kirche (Traditio Christiana 3), Bern u. a. 1978.

[57] Galen, *de differentiis pulsuum* 2,4; *in Hippocratem de natura hominis* (jeweils auf Mose bezogen); Kelsos, nach Origenes, *contra Celsum* 1,9; 3,44; Theophilus, *ad Autolycum* III 4,2.

[58] Porphyrios, *contra Christianos* fr. 69 (Macarius Magnes, *apocriticum* 3,15): »nicht tierisch und absurd, sondern absurder als jede Absurdität und tierischer als jede tierische Wildheit«; Athenagoras (*legatio* 35), Tatian (*oratio* 25,5) und Tertullian (*apologeticum* 7) kontern den Vorwurf des Kannibalismus.

hölzern steht, dann werden damit diesen verlorenen, verbrecherischen Menschen eben die Altäre zugeschrieben, die zu ihnen passen, so dass sie verehren, was ihnen selbst gebührt.«[59]

Die eucharistische Liturgie feiert das »Geheimnis des Glaubens«, das aber gerade den Kern des Problems ausmacht. Dass die Verkündigung eines Gekreuzigten als Messias irrsinnig sei, spiegelt sich bereits im Ersten Korintherbrief des Apostels Paulus (1Kor 1,18–25). Justin zitiert den Juden Tryphon, der durchaus zugesteht, der Messias könne leiden, nicht aber, dass er gekreuzigt werden könne:

»Daran zweifeln wir, ob der Messias aber auch so ehrlos gekreuzigt wurde, denn aufgrund des Gesetzes ist der Gekreuzigte verflucht ... Deutlich ist, dass die Schrift einen leidenden Messias verkündet. Wissen möchten wir aber, ob du beweisen kannst, dass das auch für das im Gesetz verfluchte Leiden gilt.«[60]

Ein Gekreuzigter ist nach dem alttestamentlichen Gesetz ein von Gott Verfluchter (Dtn 21,23). Dass dieser Verfluchte, wie Paulus es auf den Punkt bringt, ein Gesegneter ist, der gerade dadurch Segen spendet, dass er den Fluch auf sich nimmt (Gal 3,13f.), ist ein Ding der Unmöglichkeit, das ein neues Denken fordert.

Nicht besser ergeht es in der antiken Religionskritik dem Auferstehungsglauben. Paulus scheitert mit ihm auf dem Areopag (Apg 17,23). Später wird gefragt, wie man einem »hysterischen Weib« mit seiner aberwitzigen Auferstehungsbotschaft – gemeint ist Maria Magdalena – Glauben schenken könne[61], einer »unscheinbaren Frau vom Lande«[62]? Wer halte es nicht für lächerlich, »von Fischern die Wahrheit über das Seiende zu lernen«[63]? Hergelaufenes Gesindel sei es, das in die Kirchen ströme[64]; eine Religion der Skla-

---

[59] Caecilius nach Minucius Felix, *Octavius* 9,4.
[60] Justin, *dialogus cum Tryphone Judaeo* 89,2.
[61] Kelsos, nach Origenes, *contra Celsum* 2,55–56.
[62] Porphyrios, *contra Christianos* frg. 64.
[63] Referiert von Theodoret von Cyrus, *curatio graecarum affectionum* 1,9ff.
[64] Caecilius nach Minucius Felix, *Octavius* 8,4: »Aus dem untersten Abschaum der Gesellschaft sammeln sich da die Ungebildeten und die leichtgläubigen Frauen.«

ven stelle das Christentum dar, Petrus und Paulus, »kulturlos und ungebildet«, verbreiteten »Lügengeschichten«[65]. Die Skepsis reicht bis ins Neue Testament zurück. Nach der Apostelgeschichte (Apg 4,13) haben die Mitglieder des Hohen Rates über den Freimut des Petrus und des Johannes Zebedäus den Kopf geschüttelt, »hatten sie doch den Eindruck gewonnen, dass es ungebildete und ungelehrte Leute seien« (auf Griechisch: Analphabeten und Idioten). Jesus selbst muss sich nach dem Johannesevangelium die skeptische Frage gefallen lassen:

»Wie kann dieser die Schrift kennen, ohne ausgebildet zu sein?« (Joh 7,15)

Die Neuzeit hat das Spektrum der Skepsis nicht wesentlich ausgeweitet. Den radikalen Aufklärern wie Herman Samuel Reimarus, den Gotthold Ephraim Lessing editiert hat, war die Auferstehungsbotschaft ein reines Phantasieprodukt zur Legitimation der Kirche[66]; Friedrich Nietzsche sah in Paulus den Apostel einer Sklavenmoral, die das Ressentiment gegen die Großen bediene, indem sie die Opferrolle schönfärbe[67]; Arno Schmidt, der bärbeißige Schriftsteller aus Bargfeld mit seinem Zettelkasten, hielt Jesus vor, keinen der Klassiker gelesen und dennoch – oder deshalb – unverschämte Ansprüche (»Ich bin der Weg und die Wahrheit und das Leben«) gestellt zu haben.[68]

---

[65] So Hierokles nach Laktanz, *divinae institutiones* 5,17.

[66] Apologie oder Schutzschrift für die vernünftigen Verehrer Gottes, hg. v. G. Alexander, Frankfurt/Main 1972 II 188–206. 207s. (Buch III/2 §§ 1–9; III/3 § 1).

[67] *Jenseits von Gut und Böse* [1886], in: KSA 5, 9–243, hier: 208–212 (Kapitel 260).

[68] Atheist?: Allerdings!, in: Karlheinz Deschner (Hg.), Was halten Sie vom Christentum?, München 1957, 67f.: »Was würden wir heute sagen, wenn ein junger Mann aus irgendeinem unbedeutenden Zwergstaat käme; einem der immer wieder vorhandenen und nicht nur ›wirtschaftlich unterentwickelten‹ Ostgebiete; keiner der großen Kultursprachen mächtig; völlig unbekannt mit dem, was in Jahrtausenden Wissenschaft, Kunst, Technik, auch frühere Religionen, geleistet haben – und ein solcher stellte sich vor uns hin mit den dicken Worten: ›Ich bin der Weg; und die Wahrheit; und das Leben‹? Wir müßten's uns durch einen herbeigerufenen Dolmetsch erst noch mühsam aus dem barbarischen Dialekt übersetzen lassen – würden wir nicht halb belustigt, halb verständnislos ihm raten: ›Junger Mensch: Lebe erst einmal und lerne: und komme dann in 30 Jahren wieder!‹?«

Die meisten dieser Vorwürfe, könnte man meinen, seien leicht zu kontern, weil sie voller Vorurteile sind und, abgesehen von Nietzsche, voller Ahnungslosigkeit gegenüber der Inspirationskraft des Glaubens. Aber das wäre zu leicht. Der Glaube ist nicht selbstverständlich; er gibt zu denken – aber das Denken muss sich selbst auf den Prüfstand stellen und seine Voraussetzungen bedenken, so wie der Glaube auch.

(2) Dialektik der Weisheit

So hart die Kritik außerhalb der Kirche an der These ist, das Christentum sei eine Bildungsreligion, so deutlich sind auch die Einwände, die im Neuen Testament selbst zu hören sind.

Paulus, der das Evangelium als »Wort vom Kreuz« (1 Kor 1,18) verkündet, spitzt das Problem zu (1 Kor 1,19f.), indem er ein Gotteswort des Propheten Jesaja zitiert (Jes 29,14):

>*Ich werde vernichten die Weisheit der Weisen, und den Verstand der Verständigen werde ich verwerfen.«* (1 Kor 1,19)

Der Apostel selbst fragt weiter:

>*Wo ist ein Weiser? Wo ein Schriftgelehrter? Wo ein Wortführer dieser Welt? Hat nicht Gott zur Torheit gemacht die Weisheit der Welt?«* (1 Kor 1,20)

Das ist keineswegs reine Rhetorik; denn das Kreuz Jesu ist ein »Skandalon«; es ist »Torheit«, Verrücktheit, Unsinn, wie Paulus klar und deutlich erkannt hat (1 Kor 1,18–25). Es gibt keine Idee, der es folgen, kein Muster, das es ausfüllen würde. Das Kreuz Jesu Christi, das Kreuz des Messias, ist ein Original pur. Es ist ein unerhörtes Ereignis, das nur zu begreifen ist, wenn man alle Begriffe hinter sich lässt.

Paulus steht mit seiner Kritik der Weisheit und Gelehrsamkeit auch nicht allein. Nach dem Matthäus- und dem Lukasevangelium jubelt Jesus:

>>*Ich preise dich, Vater, Herr des Himmels und der Erde, dass du dies vor den Weisen und Verständigen verborgen, den Kindlichen aber offenbart hast.*<< (Mt 11,25 par. Lk 10,21)

Dieses Wort ist weder enthusiastischer Überschwang noch Sublimation der frustrierenden Erfahrung, dass Jesus bei den Schriftgelehrten kaum ankam, sondern Ausdruck der Frohen Botschaft, dass Gott die Verlorenen sucht und findet, um sie zu retten – eine so unglaublich gute Nachricht, dass einem Hören und Sehen vergehen.

Aber der Jubelspruch geht bei Matthäus weiter:

>>*Kommt her zu mir, die ihr mühselig und beladen seid, ich werde euch erquicken; nehmt mein Joch auf euch und lernt von mir, denn ich bin gütig und demütig, und ihr werdet Ruhe finden für eure Seelen.*<< (Mt 11,28f.)

Also gibt es durchaus etwas zu lernen in der Nachfolge Jesu; die Gottesliebe schaltet den Verstand nicht aus, sondern ein; der Glaube will verstehen.

Das hat vor allem Paulus begriffen, der Schutzpatron aller christlichen Intellektuellen. Er versteht die Torheit des Kreuzes als die wahre Weisheit Gottes und deshalb den Widersinn der Kreuzespredigt als Weisheit für die Vollkommenen, die durch die Kritik menschlicher Gottesbilder vor das wahre Bild Gottes, den auferstandenen Gekreuzigten, stellt:

>>*Ich hatte mich entschlossen, Brüder, unter euch niemanden zu kennen außer Jesus Christus – und den als den Gekreuzigten. Und ich kam in Schwachheit und in Furcht und voll Zittern zu euch, und mein Wort und meine Rede bestanden nicht in überzeugenden Worten der Weisheit, sondern im Erweis des Geistes und der Kraft, damit euer Glaube nicht in der Weisheit von Menschen, sondern in der Kraft Gottes gründe.*<< (1 Kor 2,3ff.)

Soweit reicht der kreuzestheologische Vorbehalt gegenüber aller Bildungsbeflissenheit. Dann aber schreibt Paulus weiter:

>>*Aber Weisheit ist, was wir den Vollkommenen sagen – doch nicht die Weisheit dieser Welt oder der Herrscher dieser Welt, die zunichtewerden; sondern wir reden Gottes Weisheit im Geheimnis, das verborgen ist, das Gott aber vorherbestimmt hat vor ewigen Zeiten zu unserer Ehre.*<< (1 Kor 2,6f.)

Also geht es Paulus in der Kreuzestheologie durchaus um Weisheit, allerdings nicht um eine Weisheit, wie man sie mit noch so intensiver Reflexion durch die Erfahrung des Alltags und Sabbats im Rahmen der Schöpfungsordnung und im Eifer für die väterlichen Überlieferungen des Gesetzes gewinnen kann, sondern um jene Weisheit Gottes, die im Hören auf das Evangelium aus der Gotteserfahrung des Glaubens stammt. Diese Weisheit ist ein Mysterium – nicht ein Rätsel, das man mit genügend Anstrengung irgendwann doch noch lösen könnte, sondern ein Geheimnis, das man desto mehr bestaunt, je mehr Verstand man hat. Würde sie den Menschen nicht als Torheit erscheinen, könnte die Weisheit, die sich an der Person des Gekreuzigten festmacht, nicht das ganze Geheimnis Gottes enthalten (1Kor 2,2).

Das ist eine revolutionäre Erkenntnislehre, die der Revolution der Liebe Gottes in Leben, Kreuz und Auferstehung Jesu entspricht. Sofern die Exegese die Dramatik dieses Neuansatzes aus den Augen verloren haben sollte, kann sie sich von zwei romanischen Philosophen belehren lassen, die Paulus von seiner Kreuzestheologie aus neu entdeckt haben. Der französische Philosoph Alain Badiou hat an der paulinischen Bekehrung die Kategorie des Ereignisses festgemacht, das im Kreuzestod des Gottessohnes eine neue Identität begründet, und zwar in Form eines neuen Bürgerrechts für alle, gebunden allein an das Glaubensbekenntnis.[69] Den italienischen Kulturwissenschaftler Giorgio Agamben beeindruckt, dass Paulus einen verurteilten Verbrecher als zentrale Heilsgestalt vor Augen führt und dadurch ein ganz neues Konzept von Rettung begründet, die allen Menschen verheißen werden kann, weil es von den Opfern ausgeht, ohne deren Zustimmung kein Täter seinen Frieden zu finden vermag.[70] Gerade die paulinische Dialektik der Weisheit scheint

---

[69] Saint Paul. La fondation de l'universalisme, Paris 1997, dt. Zürich 1997. Problematisch ist allerdings, dass der Philosoph nicht die Dialektik des paulinischen Gesetzesbegriffs einholt.
[70] Il tempo che resta. Un commento alla Lettera ai Romani, Torino 2000; dt. Frankfurt/Main 2006. Der Autor spricht die Theodizeethematik an, bleibt aber in der Po-

in der Gegenwart die Möglichkeit zu verschaffen, den Glauben mit der Philosophie im Gespräch zu halten und damit auch für die Pädagogik neu interessant werden zu lassen.

(3) Urchristliche Bildungsniveaus

Es ist eine eigene Frage, wie hoch das Bildungsniveau Jesu und der Apostel sowie der Gemeinden gewesen ist, gemessen an den Ansprüchen der wenigen Intellektuellen und am Durchschnitt der großen Bevölkerungsmehrheit.[71] Die sozialgeschichtliche und kulturwissenschaftliche Forschung am Neuen Testament hat Antworten gefunden, die manches Vorurteil etwas irritieren.[72] Das 19. Jahrhundert hatte Freude an einem Jesus im Nazarener-Stil, der, als Original-Genie aus Galiläa, keine Schule besucht, keinen Unterricht genommen und keine Lehre absolviert hat. Das schien auch den großen Vorteil zu haben, Jesus als einen freien Menschen zeichnen zu können, der sich von den (angeblich) kleinlichen jüdischen Debatten über Reinheitsgesetze, Kultregeln und Speisevorschriften fernhalten und nur die reine Liebe predigen konnte. Das ist ein Erbe Immanuel Kants; in seiner Schrift über die »Religion innerhalb der Grenzen der bloßen Vernunft« (1793/94) urteilt er, für Jesus sei wesentlich, dass er den »Fronglauben (an gottesdienstliche Tage, Bekenntnisse und Gebräuche) für an sich nichtig, den moralischen dagegen, der allein die Menschen heiligt, ... für den alleinseligma-

---

sition des Beobachters und macht sich keinen rechten Begriff vom Pathos der paulinischen Rechtfertigungslehre.

[71] Gute Informationen finden sich in den einschlägigen Beiträgen von *Peter Müller* und *Reinhard von Bendemann*, in: Kurt Erlemann u. a. (Hg.), Neues Testament und antike Kultur. Bd. 3: Familie – Gesellschaft – Wirtschaft, Neukirchen-Vluyn 2005, 227–241.

[72] Die alte These, das Christentum sei im wesentlichen eine Unterschichtenreligion gewesen, versuchen *Ekkehard W. Stegemann* und *Wolfgang Stegemann* zu erneuern: Urchristliche Sozialgeschichte. Die Anfänge im Judentum und die Christusgemeinden in der mediterranen Welt, Stuttgart u. a. 1997. Differenzierter ist die Sicht von *Gerd Theißen*, Studien zur Soziologie des Urchristentums (WUNT 19), Tübingen ³1989 (1979).

chenden« erklärt habe.[73] Allerdings war der Preis für den Versuch, auf diese Weise Jesus mit der Aufklärung zu versöhnen, zu hoch: Die Abwertung des Judentums als Religion kasuistischer Gesetzlichkeit ist das eine, das andere die Ausblendung aller Evangelienüberlieferungen, in denen Jesus Fragen der Gesetzeserfüllung, der Schriftauslegung und des Gottesdienstes diskutiert.

Wie subjektiv dieses Bild ist, hat kein geringerer als Albert Schweitzer gezeigt.[74] Jesus zählte als Sohn eines Zimmermanns nicht zu den Ärmsten der Armen. Nach der lukanischen Kindheitsgeschichte gehört die Familie Jesu, auch wenn sie nicht reich war, nahe an den Tempel von Jerusalem, an die Priesterschaft und die Prophetie des Heiligtums – was von der herrschenden Meinung der Exegese meist ins Reich der Legende verwiesen wird, dann aber erhebliche Kollateralschäden an der synoptischen Tradition verursacht. Von Jesus wird überliefert, dass er lesen und schreiben[75] und die Bibel auslegen konnte[76]. Einen ungeheuren Eindruck hat – Legende hin oder her – die Erzählung vom zwölfjährigen Jesus im Tempel gemacht, der mitten unter den Lehrern sitzt und ihnen zuhört und Fragen stellt und alle ob seines Verstandes und seiner Antworten staunen macht (Lk 2,41–52). Ein Gelehrter war Jesus von Nazareth gewiss nicht, aber als Rabbi[77], als Lehrer und Meister[78]

---

[73] A 182ff; B 191ff.

[74] Geschichte der Leben-Jesu-Forschung Forschung (1906/1913), Nachdruck hg. v. Otto Merk (UTB 1302), Tübingen [9]1984.

[75] Joh 8,1–11. Das Schreiben in den Sand ist eine sprechende Geste, das stumme Zitat von Jer 17,13: »*Du, Hoffnung Israels, Herr! Alle, die dich verlassen, werden zuschanden, die sich von dir abwenden, werden in den Staub geschrieben, denn sie haben den Herrn verlassen, die Quelle lebendigen Wassers.*«

[76] Programmatisch ist die Szene seiner öffentlichen Antrittspredigt nach Lk 4,16–30 mit der prophetischen Exegese von Jes 61,1f. Der synoptische Vergleich zeigt die starke Gestaltung durch den Evangelisten Lukas. In Erinnerung bleibt gleichwohl das Bild des lehrenden Jesus.

[77] Mk 9,5; 11,21; Mk 14,45 par. Mt 26,49; Mt 26,25; Joh 1,38.49; 3,2.26; 4,31; 6,25; 9,2; 11,18.

[78] Mk 4,38 parr.; 5,35 parr.; 9,17 parr.; 9.38 parr.; 10,17.20 parr.; 10,35 parr. 12,14 parr.; 12,19 parr.; 12,32 parr.; 13,1 parr.; 14,14 parr.; Mt 8,19 parr. Lk 9,57; 12,38; Mt 17,24; Mt 23,8; Lk 5,5; 8,45; 12,13; 19,39; Joh 11,28; 13,13f.

wird er immer wieder angeredet und stellt er sich selbst vor (Mt 23,7f.); dass er lehrt und wie er lehrt, ist ein christologisches Datum ersten Ranges in allen Evangelien. Seine Jünger sind, wörtlich übersetzt, seine Schüler. Die Ikonographie der Antike hat folgerichtig keinen Naturburschen festgehalten, sondern einen *homme de lettre* ins Bild gesetzt – nämlich den Menschen- und Gottessohn, der das Buch mit den sieben Siegeln hält und es öffnen und selbstverständlich auch lesen kann (Offb 5).

Die Jünger sind gleichfalls keine Simpel. Zu den Anhängern Jesu haben einzelne Mitglieder des Hohen Rates gehört wie Nikodemus (Joh 3,1–13; 7,50; 19,39) und Joseph von Arimathäa (Mk 15,43ff. parr.); »Johanna, die Frau des Chuza, eines Beamten des Herodes (Antipas)«, ist eine nicht eben minderbemittelte Frau in der Nachfolge Jesu (Lk 8,1ff.), worüber sich genügend Leute die Mäuler werden zerrissen haben.

In der Mehrzahl aber stammen die Jünger, soweit man weiß, aus einer ähnlichen Schicht wie Jesus selbst: Sie sind Fischer von einer Genossenschaft am See Genezareth; ein Zöllner ist dabei; sie tragen jüdische, aber auch griechische Namen; der Lieblingsjünger ist mit dem Hohenpriester bekannt (Joh 18,15). Dass sie durch ihre missionarische Berufung Weltbürger werden würden, war ihnen nicht in die Wiege gelegt; dass ihre Lebenswege aus dem »Galiläa der Heiden« (Mt 4,15: Jes 8,23) in weite Ferne führen sollten, war aber auch nicht ein Ding der Unmöglichkeit.

Freilich: Wenn es einen Intellektuellen unter den Aposteln gegeben hat, dann Paulus.[79] Zwar gilt er den Spöttern in Athen als *spermologos*, als Wortklauber, der mit unverdautem Halbwissen prunke (Apg 17,18); aber die Tatsache, dass Lukas in der Apostelgeschichte diesen Vorwurf nicht verschweigt, spiegelt die Souveränität und das Selbstbewusstsein der Pauliner: Solche Anwürfe prallen an ihm und an ihnen ab. Die christliche Kunst sieht Paulus nicht nur mit dem Schwert, das an sein Martyrium erinnert, sondern gleichfalls mit

---

[79] Vgl. *Udo Schnelle*, Paulus. Leben und Denken, Berlin 2003, 47f.

einem Buch, das auf den Literaten verweist, den Exegeten und Juristen, den Briefautoren.

Allerdings wird in der Exegese, wie über alles, auch über den Bildungsgrad des Völkermissionars gestritten. Nach der Apostelgeschichte, deren Quellenwert von der historisch-kritischen Exegese traditionell in Frage gestellt wird, hat ihn sein Bildungsgang vom guten jüdischen Elternhaus in Tarsus, einer »nicht ganz unbedeutenden Stadt« (Apg 21,39), zu Gamaliël geführt (Apg 22,3), einem der bekanntesten Schriftgelehrten seiner Zeit (Apg 5,34). Es gab schlechtere Ausbildungswege zwischen Athen und Jerusalem.[80] Falls Paulus ihn beschritten hat[81], war er bestens für seine weltgeschichtliche Aufgabe präpariert.[82] Die Rhetorik seiner Briefe und der erzählten Predigten in der Apostelgeschichte jedenfalls, die gar nicht so seltenen Anspielungen auf philosophische Topoi, seine stupende Kenntnis der Tora und der Propheten, die Kunst seiner Exegesen, die Kraft und Stringenz seiner Argumente – all das spricht eher dafür, dass Paulus eher einer der führenden Intellektuellen seiner Zeit gewesen ist als ein Naturtalent mit ein paar guten Ideen. Dass er den ehrbaren Beruf eines Zeltmachers gelernt hatte (Apg 18,3), spricht im jüdischen Milieu seiner Herkunft nicht gegen, sondern für eine gute Ausbildung in Schrift und Tradition.[83] Die apokryphe Überlieferung traut ihm sogar einen Briefwechsel mit Seneca zu.[84]

Auch die paulinischen Gemeinden halten Überraschungen bereit. In einem Passus angewandter Kreuzestheologie verbindet Pau-

---

[80] *Klaus Haacker* (Paulus, der Apostel. Wie er wurde, was er war, Stuttgart 2008, 44–49) will allerdings offenlassen, ob Apg 22,3 Kindererziehung oder Exegesestudium meint; dann bleibt jedoch offen, woher Paulus seine Schriftkenntnisse und Auslegungsmethoden kennt.

[81] Begründet optimistisch ist *Peter Wick*, Paulus, Göttingen 2006, 33f.

[82] Vgl. *Tor Vegge*, Paulus und das antike Schulwesen. Schule und Bildung des Paulus, Berlin 2006.

[83] Vgl. *Eduard Lohse*, Paulus. Eine Biographie, München 1996.

[84] Der apokryphe Briefwechsel zwischen Seneca und Paulus. Zusammen mit einem Brief des Mordechai an Alexander und dem Brief des Annaeus Seneca über Hochmut und Götterbilder, hg. v. *Alfons Fürst* (Scripta Antiquitates Posteriores ad Ethicam Religionemque pertinentia 11), Tübingen 2006.

lus grundlegende Gedanken der Ekklesiologie mit wichtigen sozialgeschichtlichen Informationen, die nicht nur für Korinth signifikant gewesen sein dürften:

> »[26]*Schaut doch auf eure Berufung, Brüder: nicht viele Weise gemäß dem Fleisch, nicht viele Mächtige, nicht viele Angesehene.* [27]*Sondern das der Welt Dumme hat Gott auserwählt, damit er die Weisen beschäme, und das der Welt Schwache hat Gott erwählt, damit er das Starke beschäme,* [28]*und das der Welt Unedle hat Gott auserwählt, das, was nichts ist, damit er, was ist, als nichtig erweise.*« (1 Kor 1,26ff.)

Wenn es »nicht viele Weise« gab, dann aber doch immerhin einige. Die Apostelgeschichte nennt wie die Paulusbriefe gelegentlich lokale Prominente, die aus der *upper class* in die Kirche gefunden haben: Sergius Paulus, den Prokonsul von Zypern (Apg 13,6–12), Krispus, den Synagogenvorsitzenden von Korinth (Apg 18,18; vgl. 1 Kor 11,14, Röm 16,23), seinen (mutmaßlichen) Kollegen Sosthenes (Apg 18,17; vgl. 1 Kor 1,1) oder den korinthischen Stadtkämmerer Erastus (Röm 16,23; vgl. Apg 19,22; 2 Tim 4,20), dazu noch Simon Magus aus Samarien (Apg 8,4–13.18–25).

Solche Figuren sind allerdings nicht repräsentativ. In seinem ältesten Brief, der an die Thessalonicher gerichtet ist, muss Paulus ungenannte Ansprechpartner, die vermutlich Gemeindeleiter waren, eigens auffordern, das Schreiben der ganzen Gemeinde vorzulesen (1 Thess 5,27) – vermutlich weil die meisten Gemeindemitglieder Analphabeten waren, wie ein Großteil der Bevölkerung. Aber für das Urchristentum nicht nur der paulinischen Prägung ist von Anfang an kennzeichnend, dass Arme und Reiche, Sklaven und Freie, Männer und Frauen, Starke und Schwache, Edle und Unedle Mitglied geworden sind. Der Gemeinde von Rom schreibt Paulus:

> »*Griechen und Barbaren, Weisen und Ungebildeten bin ich Schuldner.*« (Röm 1,14)

Allein, dass neben der ethischen eine kulturelle Typologie erscheint, ist bezeichnend. Der Apostel, dessen Briefe die wichtigsten Informationen enthalten, setzt seinen Ehrgeiz darein, die Christen nicht zum blinden Gehorsam zu erziehen, sondern zum Verstehen der Glaubenswahrheit zu führen. Typisch sind Wendungen wie:

»*Ich rede doch zu verständigen Menschen; urteilt selbst über das, was ich sage.*«
(1 Kor 10,15; vgl. 11,13),
»*Ihr wisst ja schon, ...*« (1 Thess 1,4f; 2,1f.5.11; 5,2; Phil 4,15),
»*Wisst ihr nicht, ...?*« (Röm 6,3; 7,1; 11,2; 1 Kor 3,16; 6,2f.15f.19; 9,24).

Solche Formulierungen, mögen sie auch rhetorisch gemeint sein, sind in päpstlichen Enzykliken und bischöflichen Hirtenworten eher selten zu finden, zeigen aber, wie anspruchsvoll die paulinische Katechese war und wie optimistisch der Apostel den Bildungserfolg der Mission eingeschätzt hat.

Freilich bleibt Paulus im Blick auf die Lernerfolge in seinen Gemeinden kritisch:

»*Milch gab ich euch zu trinken, keine feste Speise; denn ihr konntet sie noch nicht vertragen.*« (1 Kor 3,5)

Ähnlich heißt es (aus einem ganz anderen Anlass und für einen anderen Adressatenkreis) mit kritischem Unterton im Hebräerbrief:

»*Geht man nach der Zeit, solltet ihr Lehrer sein; aber ihr habt es nötig, wieder die Anfangsgründe der Worte Gottes zu lernen und braucht Milch, nicht feste Speise; denn wer noch Milch trinkt, ist unerfahren im Wort der Gerechtigkeit: ein Kind; für Erwachsene aber ist feste Speise, die durch Übung trainiert sind, Gut und Böse zu unterscheiden.*« (Hebr 5,12f.).

Der Erste Petrusbrief beleuchtet die Kehrseite der Medaille:

»*Wie Neugeborene seid durstig nach der geistigen unverfälschten Milch, damit ihr wachst zum Heil, wenn ihr geschmeckt habt, dass der Herr gütig ist.*« (1 Petr 2,2f.)

Wie der Kontext zeigt, preist Petrus nicht die Milch der frommen Denkungsart an, sondern propagiert frühkindliche Erziehung, die von lebenslangem Lernen abgelöst wird.

(4) Bildung für alle

Zur Revolution des Denkens und Glaubens, die mit dem Evangelium von der Reich-Gottes-Verkündigung und der Auferweckung des gekreuzigten Jesus von Nazareth einhergeht, gehört auch eine Revolution der Bildung. Die Dialektik von Wissen und Nicht-Wissen, die sich aus der Offenbarung des göttlichen Geheimnisses in Leben, Kreuz und Auferstehung Jesu ableitet, begründet eine Theologie der Aufklärung für alle, wie die Kirchenväter sie später gegenüber der politischen Theologie Roms in Anspruch genommen haben[85].

In der ältesten Schrift des Neuen Testaments, dem Ersten Thessalonicherbrief, ist die gesamte Metaphorik der Aufklärung, des *siècle des lumières* vorweggenommen:

> »[5]*Ihr alle seid Kinder des Lichtes und Kinder des Tages.*
> *Wir gehören nicht der Nacht noch der Finsternis.*
> [6]*Also lasst uns nicht schlafen wie die übrigen,*
> *sondern wachsam und nüchtern sein.*
> [7]*Denn die schlafen, schlafen nachts,*
> *und die sich betrinken, betrinken sich nachts.*
> [8]*Wir aber, die wir dem Tag gehören, wollen nüchtern sein,*
> *bekleidet mit dem Panzer des Glaubens und der Liebe*
> *und behelmt mit der Hoffnung auf Heil.*« (1Thess 5,5–8)

Das entscheidende Wort heißt »alle«: nicht nur die Männer, auch die Frauen, nicht nur die Reichen, auch die Armen, nicht nur die Jungen, auch die Mädchen. Das Leitwort heißt deshalb: »alle«, weil das Wort Gottes alle angeht. Es gibt einen Gott, der alle Menschen erschaffen hat, es gibt einen Herrn, der für alle gestorben ist, und einen Geist, der alle erfüllt; deshalb heißt die paulinische Parole: Bildung für alle. Mit der Tatsache, dass es in der Antike durchaus immer wieder ausgesprochen gebildete Sklaven gegeben hat und dass viele »Pädagogen« in der Antike (die eine andere Rolle als heutige Pädagogen gespielt haben) Sklaven waren, lässt sich das paulinische Wort nicht erklären. Es ist vielmehr programmatisch, dass auch solche Menschen, die weit außerhalb der antiken Bildungshorizonte leben, am Bildungsprozess teilnehmen, den der Glaube steuert. Denn alle Gläubigen haben das Bürgerrecht im Gottesvolk, unabhängig von ihrem Geschlecht, ihrer Herkunft, ihrem Beruf.

---

[85] Luzide zusammengefasst von Augustinus in seiner Auseinandersetzung mit Varro in *de civitate Dei*, nachgezeichnet von *Joseph Ratzinger*, Glaube – Wahrheit – Toleranz. Das Christentum und die Weltreligionen, Freiburg i. Br. 2003, 133–136.

Zum Bürgerrecht aber gehört das Recht auf Bildung. Hier liegt eine verschüttete Quelle für die Vision, die Georg Picht dazu führte, eine »Bildungskatastrophe« in der alten Bundesrepublik zu diagnostizieren und zu einer Bildungsreform zu gelangen, die diskriminierten Bevölkerungsschichten Zugang zum höheren Bildungswesen verschaffen sollte.[86]

Die Kirche hat von ihrem Ursprung an eine enorme Aufgabe, das Recht auf Bildung ihrer Mitglieder zu gewährleisten, zunächst *intra muros*, aber auch, soweit die Kräfte reichen, *extra muros*. Sie hat auch – noch nicht in den neutestamentlichen Jahrzehnten, aber später über Jahrhunderte – stellvertretend eine Rolle für die gesamte Gesellschaft übernommen und das antike Bildungserbe über allerlei Umwege tradiert. Diese Aufgabe scheint noch nicht ganz beendet, wie die hohe Attraktivität kirchlicher Bildungseinrichtungen belegt. Die Kirche kann aber die neuzeitliche Entwicklung, dass Kommunen, Länder, Staaten sich die Bildung auf ihre Fahnen geschrieben haben, im Ansatz nur gutheißen, weil Bildung eine politische Aufgabe ersten Ranges ist, die nicht nur aus christlicher Verantwortung übernommen sein will, sondern dem jüdischen wie dem christlichen Menschenbild entspricht, und weil es in der Welt des Wissens viel zu lernen gibt, was der Glauben zwar voraussetzt und was ihm auch zu denken gibt, was er aber selbst nicht erzeugen kann.

Der entscheidende bildungspolitische Impuls des Neuen Testaments ist es gegenwärtig, zu zeigen, dass das Recht auf Bildung nicht von gesellschaftlichen Nützlichkeitserwägungen abhängt, die sich in langsameren oder schnelleren Rhythmen permanent ändern, sondern im Menschsein selbst begründet ist, biblisch gesagt: in der Gottebenbildlichkeit jedes Menschen, neutestamentlich gesagt: in der Gotteskindschaft, die aus der Liebe Gottes in Jesus Christus zu jedem Menschenkind erwächst. Wenn sich das Bildungsrecht für alle nachhaltig auch ohne eine theologische Anthropologie sichern lässt, braucht dies theologisch nicht beklagt zu werden; denn die theologi-

---

[86] *Georg Picht*, Die deutsche Bildungskatastrophe. Analyse und Dokumentation, Freiburg i. Br. 1964, München ²1965.

sche Begründung besteht ja gerade darin, das Recht eines jeden Menschen in Gottes Willen zu verankern, unabhängig davon, ob er glaubt oder nicht. Das Menschenrecht auf Bildung lässt sich auch philosophisch begründen – wenn die Philosophie die Unbedingtheit der Menschenrechte begründen kann. Das fällt ihr dort schwer, wo sie die Gottesfrage ausklammert, weil sie sich dann auf einen fiktiven Gesellschaftsvertrag oder eine abstrakte Idee von Menschlichkeit verständigen muss, die mindestens so voraussetzungsreich ist wie der Glaube (der es gewohnt ist, die eigene Position zu markieren und zu perspektivieren); es ist aber nicht ausgeschlossen, wie die moderne Menschenrechtsbewegung zeigt. In einer theologischen Begründung würde diese philosophische nicht negiert, sondern affirmiert und transzendiert. Dem Recht auf Bildung entspricht nicht nur die Pflicht der Apostel und ihrer Nachfolger, anspruchsvolle Bildungsprogramme zu entwickeln, sondern auch die Pflicht aller Gemeindemitglieder, am Bildungsprozess teilzunehmen, soweit sie es können, und ihrerseits Bildungsprozesse zu verantworten, soweit sie dazu in der Lage sind.

(5) Bildung in allem

Leider befriedigt das Neue Testament – aufgrund der großen Lücken in den Quellen – nicht die Neugier, auf welche Weise und in welchen Grenzen es gelungen ist, das Ideal der Bildung für alle zu verwirklichen. Man muss mit den Einflüssen der Umwelt rechnen, mit traditionellen Rollenmustern, mit Benachteiligungen von Mädchen und Frauen, von Sklaven, von Besitzlosen, mit Nachlässigkeit und Gedankenlosigkeit und widerstreitenden Interessen in den Christengemeinden, auch mit Problemen, den eigenen Anspruch zu erkennen und ihm gerecht zu werden. Aber bis weit in die Pastoralbriefe hinein lassen sich genügend Indizien finden, dass Paulus nicht nur schöne Worte gefunden, sondern mit seinem Bildungsprogramm Schule gemacht hat, auch für Frauen, auch für Arme.

Eine Religion der Gebildeten war das Urchristentum nicht, aber eine Religion, die auf Bildung gesetzt hat, durchaus. Das Urchristentum setzt auf Bildung, weil es auf die Wahrheit setzt, auch in der Antwort auf die Gretchenfrage:»Sag, wie hältst du's mit der Religion?«. Weil es aber die Gottesfrage als Wahrheitsfrage stellt, entwickelt es nicht nur die Idee einer Bildung für alle, sondern meldet auch den Anspruch an, dass ohne die Klärung des Gottesbezuges nur von Halbbildung gesprochen werden kann.

Der Parole »Bildung für alle« entspricht die Maxime: »Bildung in allem«; sonst wird sie niveaulos. Das fordert aber, nicht ausgerechnet um Gott einen Bogen zu schlagen. Von religiöser Bildung zu sprechen, ist so gut christlich wie jüdisch gedacht – und baut eine Brücke zur Philosophie. Denn Bildung ist, wie Plato gezeigt hat, die Entwicklung von Menschlichkeit durch den Bezug auf den Logos. Das wird vom Evangelium – die Kirchenväter, die in der Diskussion engagiert sind, berufen sich auf Paulus und Johannes – nicht negiert, sondern bejaht. Aber mit dem Neuen Testament kann im Horizont des Glaubens gesagt werden, dass dieser Logos einen Namen hat, ein Gesicht, dass er ein Du ist, Mensch geworden in Jesus Christus. Im christlichen Sinn des Wortes gebildet ist, wer den platonischen Weg nicht verlässt, sondern zu Ende geht, mit Gottes Hilfe über jede menschliche Grenze hinaus, in das Geheimnis der Liebe Gottes hinein.

d) Glaube als Dimension der Bildung

Die erste Frage, ob der christliche Glaube zur Bildung gehört, setzt eine Antwort auf die zweite Frage voraus, was in den Augen des christlichen Glaubens als Bildung erscheint und wie es sich zu anderen Bildungsidealen verhält. Auch die Antwort auf diese Frage liegt nicht auf der Hand.

Werner Jaeger, der große Philologe humanistischer Gesinnung[87], schrieb 1963 in einer Vorlesung über »Das frühe Christentum und die griechische Bildung«[88]:

---

[87] Paideia. Die Forschung des griechischen Menschen, Bde. I–III, Berlin 1933–1947. Reprint 1989.
[88] Übersetzt von Walther Eltester, Berlin 1963, 3.

»Mit der griechischen Sprache eroberte eine ganze Welt von Vorstellungen, Begriffssystemen, gelehrten Bildern und feinen Bedeutungsnuancen das christliche Denken.«

Der Satz ist ebenso eindeutig wie einseitig. Richtig ist, dass die christlichen Missionare auf ihrem Weg zu den Menschen jenseits der Kirchenmauern eine reiche Welt der Wissenschaft, der Musik, der Kunst, der Mathematik, des Theaters, des Rechts, der Technik finden konnten. Richtig ist auch, dass es nicht ohne intensive Übersetzungsarbeit möglich gewesen ist, das Evangelium Jesu auf Griechisch zu buchstabieren. Das Urchristentum stößt durch die Mission von Jerusalem, Judäa und Galiläa aus mit seinem Glauben in einen Raum vor, der nicht – wie man früher oft lesen konnte – durch eine innerlich kranke, geistig ausgehöhlte, altersschwache Kultur gefüllt war, sondern durch große Philosophien, vitale Religionen und ehrwürdige Bildungstraditionen mit klaren Vorstellungen zivilisierten Lebens jenseits der Barbarei.

Aber die beeindruckende These des Gräzisten hat blinde Flecken: *Erstens* hat er das Judentum nicht im Blick, ob es nun hebräisch, aramäisch oder griechisch spricht. Das Judentum aber ist eine Bildungsreligion *par excellence* – mit hohem Alphabetisierungsgrad, hoher Schriftkunst und hohem Renommee bei allen, deren Blick nicht durch antisemitische Affekte getrübt war (und ist).

Zweitens fragt sich, ob die griechische Geisteswelt das missionierende Christentum erobert hat – oder ob nicht eher umgekehrt die Griechen getauft worden sind. Es gibt seit dem 19. Jahrhundert die These, der christliche Glaube sei hellenisiert worden und habe sich dadurch von der reinen Botschaft Jesu, der ganz auf die Herzensbildung gesetzt habe, in ein kompliziertes Ideensystem verwandelt, das nur noch Studierte verstehen[89]. Es gibt aber auch die Antithese, es sei eine providentielle Symbiose geglückt, weil die Griechen durch die Begegnung mit dem Evangelium einen trinitarisch konkretisier-

---

[89] So vor allem *Adolf von Harnack*, Lehrbuch der Dogmengeschichte I, Tübingen ⁴1909 (¹1885); *ders.*, Das Wesen des Christentums. Neuauflage zum 50. Jahrestag des ersten Erscheinens mit einem Geleitwort von Rudolf Bultmann, Stuttgart 1950.

ten Monotheismus kennengelernt haben, der ihre Heilsfrage zu beantworten vermochte, und weil die ersten Christen – wie vor ihnen die Juden der Diaspora – durch die Begegnung mit dem Hellenismus eine Philosophie kennengelernt haben, die es ihnen erlaubt, die Gottesfrage als Wahrheitsfrage zu stellen und zu beantworten.

Drittens fehlt der Gedanke einer genuin christlichen Bildung, die aber im Neuen Testament ein scharfes Profil gewinnt und die Basis für die ebenso kritische wie konstruktive Auseinandersetzung sowohl mit dem Judentum als auch mit dem Hellenismus gewesen ist.

(1) Das Verhältnis zum Judentum

Wenn das Christentum eine Bildungsreligion genannt zu werden verdient, dann nicht ohne seine jüdischen Wurzeln. Von seinen eigenen Ansprüchen her will das neutestamentliche Christentum das Judentum mit seiner Heiligen Schrift und dem Gesetz, mit dem Monotheismus, der Ethik und der Verheißung messianischer Erlösung nicht verwerfen, sondern neu entdecken, allerdings von einem neuen hermeneutischen Standpunkt aus und deshalb – gestützt auf Jesus wie auf Paulus – in kritischer Distanz nicht nur zur sadduzäischen, sondern auch zur pharisäischen Halacha. Aber keine einzige der im zeitgenössischen Judentum als kanonisch anerkannten Schriften wird im Christentum verworfen; keine einzige der in jüdischer Exegese gebräuchlichen Methoden wird verachtet; die Freiheit von gar nicht so wenigen Gesetzesvorschriften wird als Erfüllung des Gesetzes propagiert. Paulus mahnt im Pastoralbrief seinen Musterschüler Timotheus (1Tim 4,12ff.), in der Heiligen Schrift zu lesen, die ihrerseits – im Wesentlichen ist an das später sogenannte Alte Testament gedacht – als ein Buch vorgestellt wird, in dem man sehr viel lernen kann (2Tim 3,16). Das paulinische Motto der bischöflichen Gemeindeleitung in apostolischer Nachfolge heißt: Leiten durch Lehren. Lehren kann nur, wer gelernt hat. Hervorragende Kenntnisse in Wort und Schrift sind *conditio sine qua non* kirchlicher Lehre. Viel stärker lässt sich der Bildungsgedanke kirchlich, im Herzen der Amtstheologie, nicht gewichten. Ohne Bibel-

1. Eine Tour d'horizon: Bildung im Spiegel des Neuen Testaments

kenntnisse gibt es keine christliche Erziehung, ohne Inspiration kein Lesen und kein Lehren.

(2) Das Verhältnis zur paganen Tradition

Kritischer als zur jüdischen ist das Verhältnis des Urchristentums zur heidnischen Tradition. Einerseits steht ein scharfer Trennungsstrich. »Nicht wie die Heiden« sollen die Jünger Jesu plappern, sondern das Vaterunser beten, sagt Jesus nach der Bergpredigt (Mt 6,7). Die Tugend- und Lasterkataloge in den neutestamentlichen Briefen arbeiten mit Schwarz-Weiß-Bildern den Kontrast zwischen »einst« und »jetzt« heraus, dem Leben der Heiden vor und nach der Konversion (Eph 5,8).

Andererseits zitiert Jesus nach der Bergpredigt die Goldene Regel (Mt 7,12 par. Lk 6,31), zu der es zahlreiche Parallelen in vielen Religionen und Kulturen gibt (ohne dass dies freilich im Text des Evangeliums angezeigt würde). Nach der Stephanusrede in der Apostelgeschichte hat sich Mose für sein Amt als Befreier und Gesetzgeber dadurch qualifiziert, dass er »in der ganzen Weisheit der Ägypter erzogen« wurde (Apg 7,22) – was Thomas Mann zu seiner Novelle »Das Gesetz« inspiriert hat.[90] Paulus nutzt die Agora und den Areopag von Athen (Apg 17,16–34), aber auch den Hörsaal des Tyrannus in Ephesus (Apg 19,9), um den Glauben ins Gespräch zu bringen; er sucht öffentliche Bildungseinrichtungen und Diskussionsforen auf, weil er, wie Lukas ihn portraitiert, sicher ist, mit dem Evangelium im Feuer der Kritik bestehen zu können, ja, durch öffentliche Rede und Widerrede wenigstens eine theologische Propädeutik treiben und für das Verstehen des Evangeliums noch etwas gewinnen zu können.

Die scheinbare Widersprüchlichkeit löst sich auf, wenn gesehen wird, wo das Neue Testament die Unterscheidung macht. Auf der einen Seite steht die Kritik des Polytheismus. Sie wird von Paulus –

---

[90] Umfassend untersucht von *Jan Assmann*, Moses der Ägypter. Entzifferung einer Gedächtnisspur, München 1998.

sowohl nach dem Römerbrief (Röm 1,19–23) als auch nach der Apostelgeschichte (Apg 14,15ff.; 17,16–34) – mit philosophischen Argumenten geführt, die auch vor den Augen von Stoikern Gnade haben finden können. Paulus schmiedet eine große Koalition zwischen Judentum, Christentum und stoischer Philosophie in Sachen Monotheismus, die nicht verschweigt, wo die Differenzen liegen, aber angesichts der großen Unterschiede, die durch die Offenbarung der Tora und des Sohnes begründet sind, nicht das Gemeinsame übersieht. Kritik der Vielgötterei ist nicht nur um der Festigkeit des Glaubens, sondern auch um der Klarheit der Vernunft willen notwendig. Sie bedeutet jedoch nicht Lästerung der Gottheiten; so wird es Paulus, Lukas zufolge, vom ephesinischen Stadtdirektor (Klaus Berger) beim Proteststurm der Silberschmiede *coram publico* bescheinigt (Apg 19,37). Auf dem Areopag vollbringt er sogar – allerdings mit bescheidenem Erfolg – das hermeneutische Kunststück, die Frömmigkeit der Athener, die sich in den vielen Kulten zeigt, vom Altar des unbekannten Gottes her zu deuten, den er ihnen verkündet (Apg 17,36–34). Auf diese Weise nimmt er im offenen Polytheismus einen verborgenen Monotheismus wahr – weil er sich von den religiösen Praktiken philosophisch und theologisch zu distanzieren und den Standpunkt eines kritischen Beobachters in der Perspektive des Monotheismus einzunehmen vermag.

Auf der anderen Seite scheint von Anfang an – mit wenigen Ausnahmen – ein relativ entspanntes Verhältnis des Christentums zu den antiken Bildungsprogrammen, zum Schulbesuch und Lehrerberuf bestanden zu haben[91], so hart und klischeehaft die Kritik

---

[91] Das entspricht dem Befund, dass in vorkonstantinischer Zeit keine gezielten Anstrengungen nachweisbar sind, christliche Schulen aufzubauen, die eine theologisch adaptierte Pädagogik gepflegt hätten. Vgl. *Christoph Markschies*, Lehrer, Schüler, Schule. Zur Bedeutung einer Institution für das antike Christentum, in: Ulrike Egelhaaf-Gauser – Alfred Schäfer (Hg.), Religiöse Vereine in der römischen Antike (Studien und Texte zu Antike und Christentum 13), Tübingen 2002, 97–120. Der Befund erklärt sich am ehesten, wenn die religiöse Dimension vieler Lehrstoffe als eher kulturell interessant denn konfessionell schädlich angesehen wurde, dass aber der Bildungseifer nicht eben gering, das Interesse am Spracherwerb hingegen groß war. Ter-

an der konkreten Lebensführung der Heiden oft genug ausfällt. Bildungsfeindschaft gab und gibt es auch im Christentum; doch auf das Neue Testament kann sie sich nicht berufen. Die Christen, wie z. B. Paulus sie (ganz im Sinne Jesu) sieht, sind keine Schulverweigerer; sie sind auch keine Sektierer. Wer das Leben durch Jesus Christus formen lässt, organisiert keine Parallelgesellschaft, sondern orientiert sich aus Liebe neu in der Welt, die dem Glauben zufolge von Gott geschaffen und zur Vollendung bestimmt ist. Die Christen leben ihren Glauben als Sklaven und als Freie, als Verheiratete und Unverheiratete, in ihren Familien, in ihren Häusern, in ihren Berufen, in ihren Wohnquartieren. Ihr Lebensbild, zugleich ihr Missionsmodell, ist, abgeleitet von Gleichnissen Jesu, das Salz der Erde und das Licht der Welt (Mt 5,13–16), der Sauerteig, von dem schon wenig den ganzen Teig durchsäuert (Mt 13,33 par. Lk 13,20f.; vgl. 1Kor 5,6; Gal 5,9).

Eine direkte Auseinandersetzung mit paganen Bildungsstandards wird im Neuen Testament allerdings nicht thematisiert. Freilich ist eine prinzipielle Konvergenz der Tugenden und Werte vorausgesetzt, wenn Paulus darauf baut, dass eine auf das Wort Gottes konzentrierte, von Überspanntheiten freie christliche Lebensführung auf die pagane Umgebung anziehend wirken kann, so dass Mission durch Attraktion gelingen wird. So sehr das faktische Ethos kritisiert wird – im ideellen gibt es die Möglichkeit einer Verständigung, und zwar nicht, weil sich das Christentum ethisch anpasste (was es auch gegeben hat), sondern weil es, seinem eigenen Anspruch gemäß, keine Sondermoral, sondern Moral überhaupt propagiert: das, was die Stimme des Gewissens jedem Menschen sagt, der sie nicht zum Verstummen gebracht oder unglücklicherweise verloren hat.

Die Leitlinie zeichnet Paulus im Ersten Thessalonicherbrief vor:

»Prüft alles, behaltet das Gute.« (1Thess 5,21)

---

tullians Polemik gegen einen christlichen Lehrer (*de idololatria* 10) steht nicht allein, ist aber auch nicht typisch, sondern eher ein Ausreißer.

Die Maxime ist allgemein gehalten; sie steht in einer lockeren Folge von grundsätzlichen Mahnungen. Eingeschränkt ist sie nicht. Deshalb bezieht sie sich schwerlich nur auf die Prüfung innerkirchlicher Angelegenheiten[92], sondern auch auf die Haltungen und Werte, Handlungen und Einstellungen, auf die Kultur und die Lebensformen der Umwelt, die zuvor im Brief immer wieder angesprochen worden waren. Es ist eine prophetische Gabe, die Geister zu unterscheiden. Die Christen sind kompetent, alles zu prüfen (oder sollten es doch sein); was sie prüfen, werden sie nicht nur verwerfen, sondern oft genug wertschätzen, anverwandeln und erwerben, um es zu besitzen: Es gibt viel Gutes, auch außerhalb der Kirche, denkt Paulus. Ungebildet und kleingläubig ist, wer das verschmäht.

In einer Parallele zum Thessalonicherbrief heißt es im Philipperbrief:

> »[9]*Darum bete ich, dass eure Liebe mehr und mehr überfließt an Erkenntnis und Einsicht,* [10]*damit ihr prüft, was den Unterschied macht, damit ihr lauter und tadellos seid bis zum Tag Christi,* [11]*erfüllt von der Frucht der Gerechtigkeit durch Jesus Christus zur Ehre und zum Lobe Gottes.*« (Phil 1,9ff.)

Und etwas später variiert Paulus den Gedanken:

> »[8]*Was immer wahr ist, immer wert, immer recht, immer rein, immer liebenswürdig, immer lobenswert ist, was immer Tugend ist und Lob verdient, darauf seid bedacht!* [9]*Was ihr gelernt und angenommen und gehört und gesehen habt an mir, das tut! Und der Gott des Friedens wird mit euch sein.*« (Phil 4,8ff.)

Hier kommt der genuin christliche Bildungsgedanke zum Ausdruck: die Identität im Glauben, die Prüfung nach dem Kriterium der Liebe, die Prägung durch Jesus Christus, die Ausrichtung der ganzen Existenz auf die größere Ehre Gottes.

---

[92] *Traugott Holtz* bezieht sie allerdings auf die Prophetie: Der Erste Brief an die Thessalonicher (EKK XIII), Neukirchen-Vluyn 1986, 261. So deutet auch *Stefan Schreiber*, Der erste Brief an die Thessalonicher (OTK 13), Gütersloh 2014, 312f. Offener interpretiert *Rudolf Hoppe*, Der erste Thessalonikerbrief, Freiburg i. Br. 2016, 329f.: »alle Vorgänge in der Gemeinde«. Vielleicht muss man (im Licht der Parallelen und vor dem Hintergrund von 1Thess 4,9 12) noch weiter denken.

(3) Prägung nach dem Vorbild Christi

Das paulinische Bildungsprogramm übersteigt den allgemeinen Erziehungsauftrag bei weitem, kann aber auch in der Sprache der Pädagogik ausgedrückt werden. Das Neue Testament stimmt zwar an einigen Stellen denjenigen zu, die sagen, dass eine Erziehung mit harter Hand noch niemandem geschadet habe (Hebr 12,4–13), weil Strafe sein müsse; auch die Erziehung des Menschengeschlechtes durch Gott wird mit Hilfe einer solch handfesten Pädagogik gedeutet. Doch gibt es Texte, die tiefer ansetzen, so eine kleine Meditation über die Epiphanie Christi aus dem Titusbrief, die als zweite Lesung im Mitternachtsgottesdienst zu Weihnachten verkündet wird und von der Erziehung durch Gottes Gnade handelt (Tit 2,11–14). Die wenigen Verse spannen den Zeitraum (den »Äon«) zwischen dem ersten und dem zweiten Kommen Jesu Christi aus, des Heilandes. Das ist die Zeit für christliche Erziehung. Sie geschieht durch Gott selbst, und zwar dadurch, dass er – in Jesus Christus, der sein Leben hingegeben hat, um die Menschen zu erlösen – seine Gnade offenbart hat. Diese Offenbarung ist ein geschichtliches Ereignis von definitiver Bedeutung und deshalb von fortdauernder Wirkung. Der große Erzieher ist Gott – durch Jesus: den Lehrer, das Vorbild, den Helfer. Die Erziehung zielt auf Selbständigkeit und Selbsttätigkeit – bei denjenigen, die ohne Gott nie wären und nie sein können. Der Schlüssel ist richtiges Timing. Die Zeit, die zum Leben geschenkt ist, wird am besten ausgenutzt, wenn sowohl das Beste aus den gegebenen Möglichkeiten gemacht als auch Hoffnung über den Tag hinaus geschöpft wird. Die Hoffnung richtet sich darauf, dass vollendet wird, was bereits geschehen ist: die Erlösung vom Bösen. Das Beste für das gegenwärtige Leben sind Besonnenheit, Gerechtigkeit und Frömmigkeit. Der Glaube wäre halbiert, wenn er den Bildungsanspruch negierte, der ihm innewohnt.

Die Erziehung, die der Titusbrief im Namen des Paulus vorzeichnet, ist nicht nur eine von Kindern, sondern gerade von Erwachsenen und nicht nur eine der Heiden, sondern gerade der Christen. Zum Erziehungsgedanken passt, was die Paulusschule im

Neuen Testament, sei es in Mahnungen, sei es in Fürbitten, sei es in Reflexionen, sei es in Meditationen, immer wieder betont: Man solle an sich selbst arbeiten (also Gottes Gnade an sich arbeiten lassen), um erwachsen zu werden, mündig, reif, nicht hin- und hergerissen vom Widerstreit der Meinungen, nicht ein Spielball der Wellen (Eph 4,13f.), sondern einen festen Standpunkt im Glauben haben (1Kor 16,12), von dem aus sich weite Expeditionen in die Welt unternehmen lassen. Das kann man sich von Paulus abschauen (Phil 4,8; vgl. 1Kor 4,15f.; 11,1; Phil 3,17; 4,9), von anderen Christen (Kol 1,17; vgl. 1Thess 2,14; Hebr 6,12), auch von Christus (Eph 4,20ff.) und von Gott (Eph 5,1).

Entscheidend ist nach der synoptischen und johanneischen Tradition die Begegnung mit dem Lehrer Jesus, der in die Nachfolge ruft, damit seine Jünger, seine Schüler, sein Leben teilen, das er mit ihnen teilt. Entscheidend ist nach der paulinischen Tradition die Nachahmung Christi[93], die Orientierung an seiner Lebensführung, seiner Lebenseinstellung, seinem Lebenssinn, konkret: seiner Demut (Phil 2,5.6–11), seiner Hingabe (1Kor 10,32–11,1), seiner Feindesliebe (1Kor 4,12–16), seinem Setzen auf Gottes himmlische Vollendung (Phil 4,17–21), seiner Freude an Gottes Wort (1Thess 1,5f.).

Die Nachahmung, die *imitatio Christi,* aber, die der Nerv des christlichen Bildungsgedankens ist, setzt immer genauso so viel auf das Engagement und Interesse, die Verantwortung und Freiheit derer, die sich an seinem Vorbild orientieren, wie auf die Freiheit und Liebe dessen, der das große Vorbild ist. Denn Jesus Christus ist für den christlichen Glauben nicht nur das Modell gelingenden Lebens, sondern derjenige, der das Leben schenkt und es gelingen lässt, der es erlöst und gestaltet. Jesus kann nachgeahmt werden, weil bei ihm Reden und Tun übereinstimmen und weil das, was er den Menschen gibt, am besten Liebe genannt werden kann.

---

[93] Vgl. *Otto Merk,* Nachahmung Christi. Zu ethischen Perspektiven in der paulinischen Theologie, in: Helmut Merklein (Hg.), Neues Testament und Ethik. FS Rudolf Schnackenburg, Freiburg i. Br. 1989, 172–206.

Der Erziehungsgedanke des Titusbriefes setzt den Bildungsbegriff voraus, den der Apostel Paulus im Rückblick auf seine eigene Bekehrung und Berufung entwickelt hat. Im Rekurs auf die Genesis, die Erschaffung des ersten Menschen, beschreibt er die Neuschöpfung dessen, der die Erfahrung des Glaubens gemacht hat[94]:

>»*Denn Gott, der aus der Finsternis sprach: ›Es werde Licht‹ (Gen 1,3), hat es leuchten lassen in unseren Herzen, damit wir zum Licht der Erkenntnis erlangen, dass Gottes Herrlichkeit auf dem Antlitz Christi strahlt.*« (2Kor 4,6)

Wer die Herrlichkeit Gottes auf dem Antlitz Jesu Christi zu erblicken vermag, wird vom Glanz, den es ausstrahlt, selbst erleuchtet. Wie nahe Gott den Menschen ist und wie unendlich wertvoll deshalb menschliches Leben ist, kann nur, wer glaubt, erkennen. Seine Echtheit weist der Glaube in der Liebe aus, weil ihm in Jesus Christus die Liebe Gottes selbst begegnet. Im selben Brief hat Paulus diese Pointe vorbereitet, indem er eine Soteriologie der Christus-Ikone skizziert[95]:

>»[17]*Der Herr aber ist der Geist, und wo der Geist des Herrn ist, da ist Freiheit.* [18]*Wir alle aber spiegeln mit unverhülltem Angesicht die Herrlichkeit des Herrn und werden so verwandelt in dasselbe Bild von Herrlichkeit zu Herrlichkeit, so wie vom Geist des Herrn.*« (2Kor 3,17f.).

Das Vorbild Christi prägt, indem es ausstrahlt und einleuchtet. Hier hat das deutsche Wort »Bildung« seinen genuinen Ort. Christliche Erziehung dient der Bildung im Sinne der Prägung durch das Vorbild Christi.

Die zweite Leitfrage, ob Bildung zum Glauben gehört, kann also auf komplementäre Weise zur ersten Frage beantwortet werden. Jesus Christus offenbart nach dem Neuen Testament nicht nur die Ehre Gottes, sondern auch die Würde des Menschen. Die *imitatio*

---

[94] Vgl. *Robert Vorholt,* Der Dienst der Versöhnung. Studien zur paulinischen Apostolatstheologie (WMANT 118), Neukirchen-Vluyn 2008, 209–224. Vorholt weist nach, dass die Verse ein Stück Apostolatstheologie enthalten, aber sie für eine mystische Glaubenserfahrung öffnen.

[95] Vgl. *Filipp De Rycke,* Gespiegeltes Licht. Die Theologie der Herrlichkeit Gottes in den paulinischen Apologien, Diss. Bochum 2015.

Christi fordert und fördert die Fähigkeit zur Orientierung in der Welt, die dem Glauben zufolge Gott aus Liebe geschaffen und zur Vollendung bestimmt hat. Durch Jesus Christus wird das humanitäre Ethos des antiken Bildungsbegriffs nicht zerstört, sondern für die unveräußerliche Würde jedes Menschen geöffnet; niemand ist ohne Schuld, jeder kennt Not, alle werden sterben – aber im Glauben kommt die Verheißung der Ewigkeit nahe. Denn in Jesus Christus hat Gott selbst dieses Leben angenommen, um es von der Last des Bösen zu befreien und durch den Tod hindurch zu retten.

e) Wechselbeziehungen zwischen Glaube und Bildung

Der Glaube entsteht aus der Widerfahrnis Gottes, des je Größeren. Er bedeutet – gerade eine Figur wie Paulus kann es bezeugen – den Beginn eines neuen Lebens. Seine Glaubensexistenz beschreibt Paulus so, dass auch andere, denen es mit dem Glauben ernst ist, sich in ihr wiedererkennen können:

> »Mit Christus bin ich gekreuzigt, und ich lebe, doch nicht ich – in mir lebt Christus. Der ich nun im Fleische lebe, lebe ich im Glauben an den Sohn Gottes, der mich geliebt und sich für mich hingegeben hat.« (Gal 2,19f.)

Der Glaube, von dem Paulus hier spricht, ist einer auf Leben und Tod. Er ist das Medium, mit vollem Nachdruck »Ich« zu sagen, aber auch das Organ der Erkenntnis, dieses »Ich« habe seine Identität aus dem Tod der Sünde heraus in der unbedingten Zuwendung Gottes und deshalb in der Liebe Jesu, der sein eigenes Leben für das Leben der Menschen hingegeben hat.[96] In diesem Sinn ist Glaube, wie Paulus ihn versteht, Gnade. Wäre er es nicht, könnte er nicht retten.

Aber weil der Glaube Gnade ist, setzt er (darf man mit einem scholastischen Topos sagen) die Natur voraus. Biblisch formuliert: Die Erlösung zerstört die Schöpfung nicht, sondern bejaht sie so

---

[96] Vgl. *Thomas Söding,* »Ich lebe, aber nicht ich« (Gal 2,20). Die theologische Physiognomie des Paulus, in: Communio 38 (2009) 119–134.

rückhaltlos, dass sie verwandelt wird. Paulinisch formuliert: Glaube befreit. Im Glauben entdeckt der Mensch sein wahres Ich: nämlich, unbedingt geliebt zu sein vom Sohn Gottes. Wenn aber der Glaube bejahte und ergriffene Freiheit ist, dann ist die Erfahrung Gottes, die zum Glauben führt, keine, die das Ich zerstört, sondern eine, die es durch den Tod hindurch zu sich selbst, heißt: zu seiner Freiheit führt.

Hier zeigen sich Größe und Grenze der Bildung im Horizont des christlichen Glaubens. Die Freiheit des Glaubens relativiert die Bedeutung der Bildung; denn so groß auch immer die pädagogischen Anstrengungen und so inspiriert auch immer die Lehrer sein mögen – Glauben kann man nicht anerziehen. Man kann ihn auch nicht mit sokratischer Methode aus einem Menschen herausholen. Glauben setzt die Offenbarung Gottes voraus und glaubwürdige Zeugen dieser Offenbarung, die gesandt sind und den Mund aufmachen und mit ihrem eigenen Glauben anstecken. Wenn sie überzeugen wollen, müssen sie von den prägenden Ereignissen erzählen, die wesentlichen Gründe nennen, die Symbolwelt des Evangeliums erschließen. Würden sie diese Erziehungsarbeit nicht leisten, würde der Glaube auf Unwissenheit beruhen. Er nimmt aber das, was man von Gott wissen kann, in sich auf und überschreitet es. Doch selbst Jesus musste es hinnehmen, dass der reiche Jüngling sich dem Ruf in die Nachfolge verweigert (Mk 10,17–34 parr.), vom grandiosen Misserfolg des Paulus auf dem Areopag ganz zu schweigen. Dieses Nein muss, wer glaubt, akzeptieren, weil den eigenen Glauben nicht akzeptiert, wer die Freiheit einschränkt. Der Glaube aber ist seinem Wesen nach frei, weil er unmittelbar das Verhältnis zu Gott betrifft und die Entdeckung des Ich.

Gerade aber weil die Freiheit des Glaubens die Bildung relativiert, macht sie die Bildung stark. Indem der Glaube das Ich des Menschen ausmacht, entlastet er vom Versuch, Existenzrecht durch Bildung zu begründen, und kann die Bildungsarbeit deshalb darauf konzentrieren, das geschenkte Leben in der Liebe zu Gott, zum Nächsten und zum eigenen Ich zu verwirklichen. Das Recht auf Bildung ist ein Menschenrecht; aber Recht und Würde des Menschen hängen nicht vom Grad der Bildung ab. Das Evangelium ist kein Bildungsroman, auch wenn es zum Schluss der lukanischen Kindheitsgeschichte heißt, dass Jesus »zunahm an Weisheit und Alter und Gunst bei Gott und den Menschen« (Lk 2,52) – ein altes Bildungsideal, das tausendfache Resonanzen ausgelöst hat. Die Feier der Eucharistie ist keine Bildungsveranstaltung. Wer den Gottesdienst nur als Kulturevent goutiert, begeht Götzendienst, werde die Feier auch durch die lateinische Sprache nobilitiert; aber dass Kultivierung von Kult kommt, sollte man in der Liturgie schon sehen, hören, riechen, schmecken können. Weil es im Glauben um das Ich – und das Wir – der Menschen geht, das sich aus dem Du Gottes in Jesus Christus ergibt, ist das Lehren und Lernen in den Glaubensprozess eingeschlossen. Es entspricht dem geschichtlichen Grundzug des christlichen Offenbarungsverständnisses, dass Leib, Geist und Seele des Menschen im Glauben aufgeschlossen werden. Das ist der Ort der kirchlichen Bildungsarbeit.

Für ihre anspruchsvollen Katecheseprogramme vor und nach der Taufe ist die Alte Kirche bekannt. Die Wurzeln liegen im Neuen Testament. Das Charisma des Lehrens hat bei Paulus und in der Paulusschule höchste Bedeutung. Der Apostel prägt sich dem Gedächtnis der Kirche als »Lehrer der Heiden in Glaube und Wahrheit« ein (1Tim 2,7). Die Lehre führt in den Glauben ein und prägt das ganze Leben (Röm 6,17); sie geschieht im Gottesdienst und dient dem Aufbau der Kirche (1Kor 14,26.31). Das Lehren gehört – mit dem Taufen – zum entscheidenden Auftrag, den Jesus nach dem Matthäusevangelium seinen Jüngern Ostern mitgegeben hat (Mt 28,19f.); nach der Apostelgeschichte gehört es mit der Pflege der Gemeinschaft, dem eucharistischen Brotbrechen und dem Beten zu den *notae ecclesiae* (Apg 2,44).

Aber auch Jesus selbst hat auf das Lehren gesetzt. Er ist nicht ein, sondern *der* Lehrer, der einzig wahre (Mt 23,8). Alle anderen christlichen Lehrerinnen und Lehrer sind bei ihm in die Schule gegangen. Er lehrt seine Jünger zu beten (Lk 11,1); er lehrt sie und das Volk das Geheimnis des Reiches Gottes in Gleichnissen (Mk 4,2); er antwortet als Lehrer auf die Frage nach dem ewigen Leben mit den

Zehn Geboten und dem Ruf in die Nachfolge (Mk 10,17–20 parr.); er findet bei einem Gesetzeslehrer Anerkennung als wahrheitsgetreuer Lehrer, der das Doppelgebot der Gottes- und der Nächstenliebe definiert hat (Mk 12,32). Er kann und muss all das lehren, weil seine Jünger und andere nicht blind, sondern hellsichtig vertrauen sollen. Seine gesamte Verkündigung wird in den Evangelien als »Lehre« gesehen, sei es in Galiläa (Mt 4,23; 9,35; Lk 4,15; 6,6; 13.10.22; vgl. Joh 6,59), sei es in Jerusalem (Mt 23,65; Lk 19,4; 20,1; vgl. Joh 7,14.28; 8,20; 18,20). Er lehrt mit seinen Worten und seinen Taten; er lehrt in Vollmacht, wie sie Gott selbst gebührt (Mk 1,27), dem wahren Lehrer seines Volkes. Nach Johannes hat Jesus seinerseits vom Vater gelernt (Joh 8,28) und nichts anderes als das gelehrt (Joh 7,16).

Jesus hat das Evangelium vom Reich Gottes so gepredigt, dass der Glaube Umkehr voraussetzt (Mk 1,15), auf Griechisch heißt das: *metanoia* – Nachdenken, Weiterdenken, Umdenken. Die Bekehrung ist eine Belehrung. Sie spricht den Menschen auf seine kreatürliche Sehnsucht nach Erkenntnis, nach Freiheit und Liebe an. Die Bildung im Glauben geht nicht auf Menschen zurück, sondern auf Gott, aber sie geschieht durch Menschen, weil Gott, wie die Bibel ihn zu sehen gelernt hat, immer schon den menschlichen Weg der Willensäußerung und Willensbildung geht, unerhört verdichtet in der Person Jesu von Nazareth. Die Worte des Evangeliums überreden nicht, sondern überzeugen, weil der Mensch Verstand hat und Glaube freie Zustimmung sein muss. Durch die Bildung, die im Glauben geschieht, wird wie durch jede gute Erziehung Freiheit nicht beschnitten, sondern ermöglicht, weil das Lernen von einem Lehrer überhaupt einen Menschen erst entdecken lässt, was in ihm steckt.

Der Glaube bildet, weil Gott selbst das Leben der Menschen formt. Er formt es nicht mit Gewalt, sondern mit Kunst. Er formt es gegen menschliche Götterbilder und gegen den Widerstand der Sünde, gegen die Fratze des sündigen Ich; aber er formt es nicht, indem der Mensch zerbrochen, sondern indem der Mensch er selbst wird.

Der Religionspädagogik werden dadurch hohe Maßstäbe gesetzt. Einerseits zeigt sich, wo sie in der Diskussion des Bildungsbegriffs mit der neueren Didaktik, speziell der Bildungstheorie, mitgehen kann, die ganz ohne theologische Vorgaben und Zusammenhänge schwer zu erklären ist. Andererseits werden Kriterien der Kritik markiert: Bei aller Notwendigkeit didaktischer Reduktion kann doch der Glaube selbst nie, in keiner Lernphase, reduziert werden; wo dies geschähe, würden Menschen bevormundet, aber nicht zur Freiheit geführt. Bei aller Notwendigkeit fachlicher Profilierung kann der Glaube mit seinem spezifischen Wissen auch nicht isoliert werden, als ob er eine reine Informationssache wäre, sondern braucht die Begegnung mit dem Logos in jeder Gestalt, auch der liturgischen, sakramentalen und spirituellen. Wo diese Kontakte versäumt oder gar verhindert würden, geschähe nicht religiöse Bildung, sondern ebenso Indoktrination wie dann, wenn der Glaube selbst eingeimpft werden sollte. Bei aller Notwendigkeit, zwischen Glauben und Wissen zu unterscheiden, zwischen Katechese und Mission, zwischen den Lernorten Schule und Kirche – wo der Glaube selbst zu einem umfassenden Bildungsprogramm wird, kommt es darauf an, die Ausdrucksgestalten des Glaubens in jeder Form kennenzulernen und durch Kritik hindurch besser zu verstehen, um sie höher zu schätzen oder klarer abzulehnen. Der Religionsunterricht hat aus theologischen Gründen einen Ort an der Schule, weil es viel zu wissen und zu lernen gibt und weil viele Fähigkeiten zu entwickeln sind, wenn Christsein kindlich, jugendlich, erwachsen wird, und weil der Glaube nicht dann echt ist, wenn er sich von der Welt und ihrem Wissen abschottet, sondern wenn er sich der öffentlichen Kritik aussetzt und durch die Begegnung mit der Welt des Wissens bereichern und begrenzen lässt. Umgekehrt ist es eine Anfrage an die Bildungspolitik des Staates, ob sie nur die Parole einer Aufklärung über Religion ausgibt (und dann die Frage offen lässt, von welchem Standpunkt aus und mit welchen Methoden sie geschehen soll, schlimmstenfalls aber der jeweiligen Regierung die ideologische Meinungsführerschaft zuerkennen will), oder ob sie auf eine Aufklärung durch Religion setzt und dann jedenfalls denjenigen Religionen, die im demokratischen Rechtsstaat ihr Freiheitspotential abrufen können, den Schulraum öffnet und die Deutungshoheit über ihre Identität anerkennt.

f) Neues Denken

Den ethischen Teil seines Römerbriefes leitet der Apostel Paulus mit einer Mahnung ein:

> »Passt euch nicht dieser Welt an, sondern wandelt euch durch neues Denken, damit ihr beurteilt, was der Wille Gottes ist, das Gute, das Anständige und Vollkommene.« (Röm 12,2)

Der Welt sich nicht anzupassen, heißt, wie Paulus im Römerbrief vorher dargelegt hatte, den Weg der Freiheit zu gehen, den eigenen Weg – der allerdings von anderen nicht isoliert, sondern mit ihnen zusammenbringt, mit den Christen, mit den Juden, mit den Heiden: kritisch, selbstkritisch, solidarisch und nicht nur respekt-, sondern liebevoll; denn den Weg der Freiheit geht, wer sein Leben wandelt und sich nicht mehr anpasst an die Erwartungen der Umwelt, sondern dem eigenen Kompass folgt, der nicht in die existentielle Isolation, sondern zur Begegnung mit Gott und mit den Menschen führt, weil der Mensch ein soziales Wesen ist, als Geschöpf Gottes.

Die Wandlung, die Metamorphose des Lebens, von der Paulus spricht, ereignet sich durch die Begegnung mit Gott. Der Apostel hat sie dramatisch am eigenen Leibe gespürt. Nach seiner Erfahrung und Einsicht gilt aber für alle Menschen, dass sie ihrem Leben die richtige Ausrichtung geben, wenn sie weder anderen Menschen dienen, als seien sie Götter, noch selbst ihr eigener Gott sein wollen, sondern den lebendigen Gott, keinen sonst, ihren Gott sein lassen und infolgedessen ihr Menschsein anerkennen wie das aller anderen Menschen auch.

Diese Wandlung vollzieht sich nach Paulus durch ein neues Denken, eine Erneuerung des Verstandes, wie man auch übersetzen kann. Der Begriff der Erneuerung ist wohl noch genauer als der der Reinigung, der Ausweitung, der Vertiefung auf den man in theologischen Begründungen christlicher Pädagogik seit dem Altertum oft stößt. Die Erneuerung hat mit dem Neuen zu tun, das die Menschen mit all ihrem Verstand nicht erfunden, sondern gefunden haben. Das Neue, von dem Paulus bewegt wird, ist die Gotteserfahrung, die mit Jesus Christus verbunden ist. Diese Erfahrung kann man nicht erzwingen; man kann sie schon gar nicht anderen aufzwingen. Aber wer sie macht, denkt neu: Er denkt *neu,* weil Gott neue Fakten geschaffen, besser: einen neuen Menschen gesandt hat, in dem er selbst gegenwärtig ist und den Menschen unendlich nahe kommt; er *denkt* neu, weil das Überwältigende den Verstand, den Gott dem Menschen gegeben hat, nicht auslöscht, sondern anspricht. Wäre es anders, wäre der Weg des Glaubens kein Weg der Freiheit. Das neue Denken begründet ein neues Urteilsvermögen. Was zu beurteilen steht, ist der Wille Gottes. Unter konkurrierenden Ansprüchen und Versprechungen die Verheißung und das Gebot Gottes herauszuhören, ist eine Sache nicht nur der Intuition, sondern auch der Argumentation, der rationalen Beurteilung so gut wie der charismatischen Unterscheidung der Geister.

Darauf zielt das neue Denken. Es richtet sich nicht nur auf die innersten Angelegenheiten von Glaube und Kirche, sondern – Paulus formuliert ähnlich wie Seneca – auf das, was im Leben zählt: das Gute vom Bösen und weniger Guten zu unterscheiden, das Wohlgefällige vom Ungehörigen und rein Konventionellen, das Vollkommene, das Gottes Vollkommenheit entspricht, vom Unausgereiften, Unfertigen wie vom menschlichen Perfektionismus.

Das neue Denken, zu dem Paulus ruft, hat einen Fixpunkt: das Erbarmen Gottes, von dem im Vers zuvor die Rede ist (Röm 12,1). Das neue Denken ist der logische, der vernünftige Gottesdienst, zu dem die Christen gerufen sind. Er besteht nicht in einem *sacrificium intellectus,* sondern in der Entwicklung eines Bildungsprogramms, das so ambitioniert und intelligent ist, dass es Menschen durch ihre Kultur und durch ihr Wissen hindurch vor das Bild des lebendigen Gottes führt.

2. Ein Paradigmenwechsel: Exegese und Pädagogik

Zu den neuen Formen religiöser Kommunikation gehören Bibel-Wanderungen. Zwei Typen lassen sich unterscheiden. Einerseits gibt es Wanderungen durch die Welt mit der Bibel im Rucksack; es sind Entdeckungsreisen, die erstens neu die Augen für Landschaften der Natur und der Seele öffnen, weil die Bibel wie ein Fernrohr und eine Lupe, wie ein Spiegel und ein Fenster gebraucht wird, und zweitens auch neue Regionen der Bibel erkunden lassen, weil auf dem Weg die Bereitschaft gestärkt wird, aufmerksam zu lesen. Andererseits gibt es Wanderungen in die Welt der Bibel hinein; es sind gleichfalls Entdeckungsreisen, die neue Länder, neue Menschen, neue Kulturen erkunden lassen, allerdings in einem alten Lese-Buch, das vielen unbekannt ist; es sind auch Expeditionen, die neue Blicke auf die Welt der Leserinnen und Leser ermöglichen, weil sie nach Verbindungen zwischen Buchstabe und Geist, Text und Leben suchen lassen. Beide Arten von Wanderungen lassen sich als Hinweis darauf deuten, dass die Beziehungen zwischen Exegese und Religionspädagogik auf eine neue Basis gestellt werden können.

a) Die traditionellen Verhältnisse: Einseitige Beziehungen

Traditionell herrschen komplementäre Einseitigkeiten: Die Religionspädagogik interessiert sich für die Exegese, deren Forschung sie rezipiert und transformiert, während sich die Exegese kaum für Didaktik interessiert. Umgekehrt bezieht sich die moderne Bildungstheorie auch in der Religionspädagogik auf moderne Bildungskonzepte, ohne sich mit deren biblischen Wurzeln auseinanderzusetzen; wenn die Exegese zu Bildungsfragen arbeitet, dann mit dem Ziel, historisch interessante Informationen zu liefern und die Vorgeschichte heute relevanter Konzepte zu eruieren, nicht aber mit der Absicht, direkt in die Bildungsdebatte einzugreifen.

(1) Exegese und Didaktik

Traditionell wird das Verhältnis zwischen Exegese und Religionspädagogik einseitig bestimmt.[1] Danach liefert die Exegese Informationen über den Hintergrund, die Genese, die Form und die Intention biblischer Texte und den Verlauf biblischer Ereignisse, während die Religionspädagogik die Ergebnisse der Bibelwissenschaft zur Kenntnis nimmt und nach kreativen Möglichkeiten sucht, ihnen didaktisch gerecht zu werden. Ob dies durch Konfrontation, Korrelation, Abduktion oder Initiation, ob es als Alphabetisierung oder Implementierung, als Differenzierung oder Distanzierung geschieht, ist dann eine Frage des religionspädagogischen Konzepts. Dass es eine gewisse Phasenverschiebung zwischen dem exegetischen Forschungsstand und der religionspädagogischen Rezeption gibt, ist dann unvermeidlich. Für die Exegese ist in diesem Konzept die Didaktik letztlich uninteressant.

Für diese Asymmetrie gibt es durchaus Gründe: Die Bibel spielt als Heilige Schrift und als Weltliteratur in der Schule eine zentrale Rolle. Gerade aus jüngster Zeit zeigt eine ganze Reihe von Monographien das große Interesse der Religionspädagogik an der Bibel und der Exegese.[2] Es richtet sich – je nach Ansatz – entweder auf

---

[1] Zur Aufarbeitung und Weiterführung der Debatte vgl. *Mirjam Schambeck,* Bibeltheologische Didaktik. Biblisches Lernen im Religionsunterricht (UTB), Göttingen 2009.

[2] Vgl. *Horst Klaus Berg,* Grundriss der Bibeldidaktik. Grundlagen und Impulse für die Praxis, München ³2003 (1993); *Ingo Baldermann,* Einführung in die biblische Didaktik, Darmstadt ⁴2011 (1996); *Godwin Lämmermann* (Hg.), Bibeldidaktik in der Postmoderne. FS Klaus Wegenast, Stuttgart 1999; *Rainer Lachmann – Gottfried Adam – Christine Reents* (Hg.), Elementare Bibeltexte. Exegetisch – systematisch – didaktisch (Theologie für Lehrerinnen und Lehrer 2), Göttingen 2010 (2001); *Gerd Theißen,* Zur Bibel motivieren. Aufgaben. Inhalte und Methoden einer offenen Bibeldidaktik, Gütersloh 2003; *Mark Roncace – Patrick Gray* (Hg.), Teaching the Bible (Resources for Biblical Studies 49), Leiden 2005; *Jutta Siemann,* Theorie und Praxis biblischer Didaktik, Münster 2005; *Julia Lehnen,* Interaktionale Bibelauslegung im Religionsunterricht (Praktische Theologie heute 80), Stuttgart 2006; *Gottfried Adam* (Hg.), Bibeldidaktik. Ein Lese- und Studienbuch (Schriften aus dem Comenius-Institut), Berlin ³2009 (2006); *Heinz-Günther Schöttler,* »Der Leser begreife«. Vom Um-

Wege zum Verstehen der großen und kleinen Glaubensgeschichten beider Testamente oder auf die Vermittlung religiöser Sprachkompetenz mit Hilfe der Bibel. Auch Propagandisten einer allgemeinen Religionskunde können sich gelegentlich ins Zeug legen, um im Schulunterricht Bibelkenntnisse einzuklagen, weil ohne die große Erzählung des Alten und Neuen Testaments die heutige Kultur nicht verstanden werden könne.[3] In den letzten Jahrzehnten hat die biblische Orientierung der katholischen Religionspädagogik eher zugenommen, während sie für die evangelische immer schon ein Markenzeichen gewesen ist. Dadurch wird eine alte Verbindung zwischen Bibel und Bildung[4] aktualisiert.

Dem großen Interesse der Didaktik für die Heilige Schrift entspricht jedoch kein adäquates Interesse der Exegese für den Religionsunterricht[5], obwohl er neben der Liturgie und der Sakramenten-

---

gang mit der Fiktionalität biblischer Texte. Unter Mitarbeit von Birgit Brink (Biblische Perspektiven für Verkündigung und Unterricht 1), Münster 2006; *Christoph Bizer* (Hg.), Bibel und Bibeldidaktik (JRP 23), Neukirchen-Vluyn 2007; *Karin Finsterbusch*, Bibel nach Plan? Biblische Theologie und schulischer Religionsunterricht, Göttingen 2007; *Thomas Meurer*, Bibeldidaktik. Konzepte – Methoden – Ziele, in: Susanne Gillmayer-Bucher u. a., Bibel verstehen. Schriftverständnis und Schriftauslegung (Theologische Module 4), Freiburg i. Br. 2008, 167–189; *Mirjam Schambeck*, Bibeltheologische Didaktik. Biblisches Lernen im Religionsunterricht (UTB), Göttingen 2009; *Michael Bachmann*, Erstaunlich lebendig und bestürzend verständlich? Studien und Impulse zur Bibeldidaktik, Neukirchen-Vluyn 2009; *Peter Müller*, Schlüssel zur Bibel. Eine Einführung in die Bibeldidaktik, Stuttgart 2009.

[3] Vgl. *Gerlinde Baumann – Elisabeth Hartlieb* (Hg.), Fundament des Glaubens oder Kulturdenkmal? Vom Umgang mit der Bibel, Leipzig 2007.

[4] *Karl-Josef Lesch*, »Die Schrift nicht kennen heißt Christus nicht kennen.« Zur Bedeutung der Bibel für die christliche Bildung und Erziehung im Laufe der Geschichte der Kirche, in: Gerhard Hotze u. a. (Hg.), Verantwortete Exegese. FS Franz Georg Untergaßmaier (Vechtaer Beiträge zur Theologie 13), Berlin 2006, 521–533.

[5] In der empirisch angelegten Studie von *Christian Schramm* (Alltagsexegesen. Sinnkonstruktion und Textverstehen in alltäglichen Kontexten [SBB 61], Stuttgart 2008) liegt der Fokus nicht auf der Schule. *Joachim Theis* (Biblische Texte verstehen lernen. Eine bibeldidaktische Studie mit einer empirischen Untersuchung zum Gleichnis vom barmherzigen Samariter [Praktische Theologie heute 34], Stuttgart 2005) konzentriert sich auf ein signifikantes Beispiel. Die hermeneutisch angelegte Untersuchung von *Ralf Huning* (Bibelwissenschaft im Dienste populärer Bibellektüre. Bau-

katechese der wichtigste Ort ist, an dem die Bibel zur Sprache kommt. Dieses Desinteresse rührt daher, dass die Exegese sich in der Regel entweder als Religionswissenschaft betrachtet, der didaktische Erschließungen fremd bleiben, oder als theologische Grundlagenforschung, die sich mit den Prinzipien des Glaubens befasst, während die Religionspädagogik meist als Anwendungswissenschaft gesehen wird. Damit wird aber sowohl die praktische Dimension der Exegese unterschätzt als auch die exegetische Dimension der Praxis. Es wird zum einen nicht klar, welcher didaktische Zug der Exegese selbst innewohnt – die ja nicht nur analysiert, wie Erziehung in der Antike und in der Bibel konzipiert worden ist, sondern ihrerseits der biblischen Bildung heute dienen will und in Verbindung damit den Begriff der Bildung reflektiert. Zum anderen wird nicht klar, dass die pädagogische und katechetische Vermittlung ein Ernstfall der Exegese ist und zu theologischen Entdeckungen führen kann, die der Exegese auf die Sprünge zu helfen vermögen. Die Bibelkommentare sind in erster Linie als Hilfsmittel der Predigt und Lehre gedacht. Unterschätzt wird auch die theoretische Dimension der Praktischen Theologie, die durch ihren Blick auf die Idealität und Realität des Religionsunterrichts nicht nur z. B. den Stellenwert und die Genese biblischer Kenntnisse bei Schülerinnen und Schülern eruiert und altersgerechte Zugänge zu biblischen Themen und Texten, sondern überhaupt die Möglichkeiten didaktischer Kommunikationen der Bibel, ihrer Geschichte und Theologie erschließt.

Deshalb ist das traditionelle Desinteresse auch für die Exegese selbst von Nachteil. Denn einerseits ist der Blick auf die Prozesse der Adaption und Transformation exegetischer Forschungsergebnisse im Religionsunterricht (und der Predigt wie der Katechese) nicht nur ernüchternd, sondern auch erhellend, weil sich eine

---

steine einer Theorie der Bibellektüre aus dem Werk von Carlos Mesters [SBB 54], Stuttgart 2005) zielt im südamerikanischen Kontext auf die Gemeindekatechese. *Heike Bee-Schrödter* (Neutestamentliche Wundergeschichten im Spiegel vergangener und gegenwärtiger Rezeptionen. Historisch-exegetische und empirisch-entwicklungspsychologische Studien [SBB 39], Stuttgart 1998) bezieht die Exegese auf die Entwicklungspsychologie.

kaum beachtete Wirkungsgeschichte bestimmter Texte und Themen der Bibel von erheblicher Reichweite ergibt, die das exegetische Problembewusstsein schärfen kann. Andererseits gibt es erhebliche Rückwirkungen didaktischer Erfahrungen und Reflexionen auf exegetische Themen und Methoden, ohne dass diese Einflüsse in der Hermeneutik und Wissenschaftsgeschichte der Exegese wahrgenommen, geschweige aufgearbeitet wären. Deshalb ist die Suche nach einem Neuansatz notwendig.

(2) Bibel und Bildung

Die traditionelle Einseitigkeit in den Beziehungen zwischen Exegese und Didaktik hat eine Kehrseite. Der Bildungsgedanke gilt als Domäne der Pädagogik. Die Exegese kommt kaum in den Blick. Wenn biblische Vorstellungen überhaupt in Betracht gezogen werden, dann allenfalls unter dem Aspekt einer Vorgeschichte jenes modernen Konzeptes, das sich keineswegs nur von der Heiligen Schrift – und damit von der kirchlichen Tradition – abhängig machen, sondern auch die griechische Philosophietradition heranziehen und vor allem die Erkenntnisse der Neuzeit nutzen will, um die eigene Unabhängigkeit zu beweisen. Wenn die Bibel überhaupt berücksichtigt wird, dann nur, um Anknüpfungspunkte für einen vorgefassten Begriff zu suchen, dessen Entwicklung seine Anfänge bald hinter sich gelassen hat. Die Aufgabe der Exegese wäre dann bestenfalls eine legitimatorische: Entweder sollte sie zeigen, dass schon das eine oder andere von dem, was sich später herausgebildet hat, früh angelegt gewesen sei, oder sie soll die dunkle Folie vorzeigen, von der sich die moderne Entwicklung seit der Aufklärung abgesetzt habe.

Aus diesen Stereotypen muss die Wissenschaft herausführen. Ein Ansatzpunkt kann sein, dass prominente Vertreter des modernen Bildungsbegriffs unverkennbar – und teils offen – christlich geprägt sind.[6] Vor allem aber hat die Exegese eine Bringschuld zu leisten. Sie

---

[6] Vgl. nur *Wolfgang Klafki*, Studien zur Bildungstheorie und Didaktik, Weinheim

muss historisch wie hermeneutisch die Bildungsreform rekonstruieren, die das Urchristentum durchgeführt hat. Sie muss zeigen, aus welchem Grund sich die Gläubigen nicht nur für den Himmel, sondern auch für die Erde interessieren sollten, nicht nur für die Liturgie der Kirche, sondern auch für die Kulturen der Völker und nicht nur für die Wahrheit des Evangeliums, sondern auch für das Wissen, das Ethos, die Religionen der Welt. Die Exegese muss diskutieren, ob der Glaube, neutestamentlich betrachtet, überhaupt lehr- und lernbar ist und an welchen Orten Glaubensbildung zu Hause sein kann. Das wäre nicht nur ein Beitrag zur Apologie des Religionsunterrichts[7], sondern zu einer theologischen Bildungstheorie, die von höchstem kulturpolitischen Interesse wäre, weil sie sozusagen von Herzen käme: Sie wäre aus dem Zentrum kirchlicher Theologie abgeleitet, aus der Quelle der Heiligen Schrift, und zwar dort, wo das Wasser der Christologie am kräftigsten strömt.

Die neutestamentliche Exegese hat deshalb – in Kooperation mit der alttestamentlichen[8] – die Aufgabe, anhand der biblischen Überlieferung eine Theologie des Lehrens und Lernens auszuarbeiten.[9]

1975 (1963); ders., Neue Studien zur Bildungstheorie und Didaktik. Zeitgemäße Allgemeinbildung und kritisch-konstruktive Didaktik, Weinheim [6]2007 (1985). Zur neueren Forschung, die keine antireligiösen Allergien entwickelt, vgl. *Dietrich Benner*, Bildungstheorie und Bildungsforschung. Grundlagenreflexionen und Anwendungsfelder, Paderborn u. a. [2]2011. (2008).

[7] Vgl. *Paula Bodensteiner* (Hg.), Religionsunterricht in der offenen Gesellschaft, München 2009.

[8] Vgl. *Karin Finsterbusch*, Weisung für Israel. Studien zu religiösem Lehren und Lernen im Deuteronomium und in seinem Umfeld (FAT 44), Tübingen 2005; *dies.*, JHWH als Lehrer der Menschen. Ein Beitrag zur Gottesvorstellung der Hebräischen Bibel (BThSt 90), Neukirchen-Vluyn 2007.

[9] Vgl. *Beate Ego – Helmut Merkel* (Hg.), Religiöses Lernen in der biblischen, frühjüdischen und frühchristlichen Überlieferung (WUNT 180), Tübingen 2005; *Beate Ego – Christian Noack*, Lernen und Lehren als Thema alt- und neutestamentlicher Wissenschaft, in: Zeitschrift für Neues Testament 21 (2008) 3–16; *Hubert Hannoun*, L'éducation aux temps bibliques, Paris 2008; *Bernd Schröder*, Lehren und Lernen im Spiegel des Neuen Testaments. Eine Sichtung des Befundes in religionspädagogischem Interesse, in: Wolfgang Kraus (Hg.), Beiträge zur urchristlichen Theologiegeschichte (BZNW 163), Berlin 2009, 497–524; *W.S. van Egmont – W.H. van Soldt*

Für die Religionspädagogik ist die Exegese in historischer Hinsicht interessant, soweit es um didaktische Techniken der jüdischen und christlichen Antike geht[10], um Konzepte der Gedächtnisschulung in Hochkulturen der Mündlichkeit, um den theologisch motivierten Kampf gegen den Analphabetismus, um religiöse Persönlichkeitsbildung, Kindererziehung und Schulbildung. Aber auf diesem Interessensgebiet könnte die Bibel allenfalls insofern besondere Bedeutung haben, als ihre Wirkungsgeschichte einzigartig ist. Entscheidend ist nicht diese wichtige historische Aufklärung, sondern die Bestimmung des Verhältnisses zwischen Glaube und Bildung; die Linien verbinden sich in der Anthropologie, die von der Theologie her entwickelt wird.

Das zentrale Problemfeld wird erst dort sichtbar, wo gefragt wird, inwieweit die Schriftgemäßheit jeder Theologie, die nach dem Zweiten Vatikanischen Konzil zu postulieren ist (DV 24; OT 16), auch die Religionspädagogik bestimmen muss.[11] Dieses hermeneutische Desiderat ist sowohl für die ökumenische Verständigung[12] als auch für die theologische Interdisziplinarität von grundlegender Bedeutung. Es wird noch nicht durch eine Ausdehnung biblischer Stoffe erreicht. Ebenso wenig reicht eine Typologie oder Paradigmatik biblischer Figuren. Die Lösung liegt schon gar nicht in der Kopie oder Adaption didaktischer Techniken, die den Schrifttexten einge-

---

(Hg.), Theory and Practice of Knowledge Transfer. Studies in School Education in the Ancient Near East and Beyond. Papers read at a symposium in Leiden, 17–19 December 2008, Leiden 2012.

[10] Den paganen Kontext erhellt *Johannes Christes* (Hg.), Handbuch der Erziehung und Bildung in der Antike, Darmstadt 2006.

[11] In der Theoriebildung sowohl evangelischer wie auch katholischer Religionspädagogik spielt die Orientierung an der Heiligen Schrift und der durch sie ursprünglich bezeugten Theologie des Wortes Gottes allerdings eine durchaus untergeordnete Rolle; vgl. *Burkhard Porzelt,* Grundlegung religiösen Lernens. Eine problemorientierte Einführung in die Religionspädagogik, Bad Heilbrunn 2009; *Joachim Kunstmann,* Religionspädagogik. Eine Einführung, Tübingen ²2010.

[12] Vgl. *Klaus Wegenast,* Lehren und Lernen in den synoptischen Evangelien – Anleitung für christliche Bildung im 3. Jahrtausend oder historische Spurensuche?, in: Zeitschrift für Pädagogik und Theologie 53 (2001) 133–144.

schrieben sind. Sie liegt vielmehr dort, wo geklärt wird, was im Horizont der biblischen Gottesgeschichte Didaktik ist: Welche Rollen spielen Lehrerinnen und Lehrer, Schülerinnen und Schüler? Welche Rolle spielt das Lehren und das Lernen? Welche Rolle spielt die Schule, welche die Öffentlichkeit? Der eigentliche Beitrag der Exegese liegt in der Ausarbeitung einer schriftgemäßen Bildungstheorie. Wegen ihrer Zeitbedingtheit taugt das neutestamentliche Konzept nicht ohne weiteres als Gegenüber moderner Bildungstheorien; aber wegen seiner Verbindung zu dem entscheidenden Offenbarungsgeschehen christlicher Glaubensprägung hat es eine eigene Bedeutung, die Kritik begründen und Möglichkeiten öffnen kann. In einer exegetischen Recherche ein biblisches Konzept von Bildung zu konstruieren, würde gerade dem wissenschaftlichen Auftrag theologischer Grundlagenforschung entsprechen. Sie kann idealistische Theologie-Konzepte überwinden, die sich von ihren offenbarungsgeschichtlichen Wurzeln abschneiden und deshalb den Glauben nicht mit den modernen Fragestellungen vermitteln.

b) Die Veränderungen in der Exegese

Die traditionelle Einseitigkeit in den Beziehungen sowohl zwischen Exegese und Didaktik als auch zwischen Bibel und Bildung kann sich ändern, weil sich in der Bibelwissenschaft tiefgreifende methodische Entwicklungen vollzogen haben, die das Gesprächsklima erheblich verbessern können.[13]

(1) Die große Koalition der Vergangenheit

Die katholische Religionspädagogik hat sich seit den 60er Jahren des 20. Jahrhunderts mit der historisch-kritischen Exegese verbündet. Denn sie hat deren Versprechen getraut, durch wissenschaftliche Me-

---

[13] Vgl. *Thomas Söding* (Hg.), Geist im Buchstaben? Neue Wege in der Exegese (QD 225), Freiburg i. Br. 2007.

thodik und vernünftige Kritik zwischen Schrift und Tradition, Geschichte und Gedächtnis, Wahrheit und Meinung zu unterscheiden. Nach Jahrzehnten der Pression war es erst die Zeit des Zweiten Vatikanischen Konzils, in der die katholische Bibelwissenschaft frei geworden ist, ihre Arbeit zu tun; sie ist eine gleichberechtigte Partnerin im internationalen und interdisziplinären Forschungsdiskurs geworden. Für die katholische Theologie sind dadurch befreiende Einsichten in die Geschichtlichkeit der Offenbarung und die Menschlichkeit der Heiligen Schrift, in den eigenen Wert des Alten Testaments, in die Revolution der Liebe, die Jesus ausgerufen hat, und in den Aufbruch der Kirche gewonnen worden. Der Blick auf die Tradition war prinzipiell kritisch: Gegen die vielfachen Inanspruchnahmen sollte der ursprüngliche, der wahre, der echte Sinn der Bibel eingeklagt werden. Bildung heißt in diesem Sinn: kritisch die Bibel lesen zu können, nicht einer formalen Autorität hörig zu sein, sondern selbständig zu beurteilen, was Offenbarung sein soll, aber sich auch informieren, anleiten und motivieren zu lassen, nicht allein, sondern in der großen Lesegemeinde der Bibel.

Dieser kritische Ansatz der Exegese kam einer Religionspädagogik entgegen, die ihrerseits, spätestens mit der Würzburger Synode[14], dem »deutschen Konzil« nach dem Zweiten Vatikanum[15], auf eine programmatische Differenzierung von der Gemeindekatechese gesetzt hat und darin breit rezipiert worden ist.[16] Danach soll die Ge-

---

[14] Vgl. *Karl Lehmann,* Die Gemeinsame Synode. Kairos und Rezeptionsprozess. Anmerkungen aus der heutigen Situation. Vortrag vom 6. Juli 2007 im Rahmen einer Konferenz: Die »Würzburger Synode« 1971–1975. Zeitzeugen und Historiker im Gespräch« (Universitätsreden 22), Bochum 2008; *Dieter Emeis* (Hg.), Die Synode – Ende oder Anfang, Düsseldorf 1976.

[15] *Manfred Plate,* Das deutsche Konzil. Die Würzburger Synode. Bericht und Deutung, Freiburg i. Br. ²1975.

[16] Auch die offiziellen Stellungnahmen der Bischofskonferenz arbeiten bis in die jüngste Zeit mit dieser Differenzierung; vgl. Kirchliche Anforderungen an den Religionsunterricht (Die Deutschen Bischöfe 93), Bonn 2011; Qualitätskriterien für Katholische Schulen (Die Deutschen Bischöfe 90), Bonn 2009; Kirchliche Richtlinien zu Bildungsstandards für den katholischen Religionsunterricht in der Grundschule/Primarstufe (Die Deutschen Bischöfe 85), Bonn 2006; Der Religionsunterricht vor

meindekatechese, an der Kinder und Jugendliche prinzipiell – wenngleich nicht immer faktisch – freiwillig teilnehmen, eine Entscheidung für den Glauben fördern, die Arbeit an seiner Vertiefung und Ausweitung, die Hinführung zu den Sakramenten, während der Religionsunterricht, an dem die Schülerinnen und Schüler, wenn sie Mitglied einer anerkannten Kirche sind, in Deutschland bis zum 14. Lebensjahr prinzipiell verpflichtend teilnehmen, nicht nur wichtige Kenntnisse über die christliche Religion und die katholische Konfession vermitteln, sondern auch kritisches Urteilsvermögen schulen und eine eigene Glaubensentscheidung anbahnen soll; demnach braucht der Religionsunterricht ein eigenes didaktisches Programm im Kontext einer pluralistischen Demokratie und ihrer pädagogischen Institutionen. Es muss im Horizont des schulischen Bildungsauftrages entwickelt und verantwortet werden. Im Religionsunterricht sollten die Schülerinnen und Schüler die Möglichkeit erhalten, durch wissenschaftlich fundierte Information einen eigenen Glaubensstandpunkt zu beziehen, der nicht durch kirchliche Muster vorgegeben ist.

Gegen diesen Ansatz wird eingewendet, es sei eine systematische Überforderung, dass junge Menschen ihren eigenen Glaubensstandpunkt gewinnen sollen, sie würden nur die Plausibilitäten ihrer Zeit und Kultur widerspiegeln. Aber der Ansatz bei einer Didaktik der Freiheit ist unhintergehbar; er gehört zu den Charakteristika des Glaubens in der Gegenwart.[17] Er passt zu einer Bildungsidee, die Selbstbildung in den Mittelpunkt stellt. Sie fordert allerdings auch, das Verhältnis zur Kirche zu klären und nicht aus der lebendigen Tradition des Evangeliums auszusteigen, sondern in ihr einen eigenen

---

neuen Herausforderungen (Die Deutschen Bischöfe 80), Bonn 2005; Kirchliche Anforderungen an die Studiengänge für das Lehramt in Katholischer Religion (Die Deutschen Bischöfe 79), Bonn 2005; Kirchliche Bildungsstandards zu Richtlinien für die Sekundarstufe I (Die Deutschen Bischöfe 78), Bonn 2004; Die bildende Kraft des Religionsunterrichts (Die Deutschen Bischöfe 56), Bonn 1996; auch: Katechese in veränderter Zeit (Die Deutschen Bischöfe 74), Bonn 2004.

[17] Anthropologisch erschlossen von *Bernhard Grümme*, Menschen bilden? Eine religionspädagogische Anthropologie, Freiburg i. Br. 2012.

Standpunkt zu beziehen. Anderenfalls würde ein religiöser Autismus befördert, der das Sozialverhalten kontaminierte. Mit dem Bildungsgedanken ist das unvereinbar, wenn anders der Mensch ein *zoon politikon*, ein geselliges Wesen, ist, wie Aristoteles gelehrt hat.

(2) Der große Reformstau der Gegenwart

Die historisch-kritische Exegese ist seit den 90ern und verstärkt mit der Jahrtausendwende in einen Prozess der kritischen Selbstreflexion getreten, der zu substantiellen Erweiterungen des Methodenspektrums und zur Propagierung vermeintlicher oder tatsächlicher Alternativen geführt hat.[18] Insbesondere in zwei Richtungen werden methodische Neuerungen diskutiert und praktiziert.

Zum einen wird die historische Perspektive offengehalten, aber in zweifacher Weise neu gefüllt: durch Text- und Kontextanalysen. Die Orientierung an den vorliegenden Texten der Bibel führt zu Methoden narrativer und rhetorischer Analyse, die nicht darauf zielen, den Quellenwert, sondern die Machart der Texte zu eruieren und sie als Grundformen theologischer Rede zu beschreiben, die darstellen, was die symbolische und reale Welt des Glaubens ausmacht: als Erzählung und Gebet, als Reflexion und Argumentation, als Gebot und als Vision. Die Orientierung an den situativen und kulturellen Kontexten führt zu Methoden traditions- und religionsgeschichtlicher Analyse; heute zielen sie weniger darauf, Abhängigkeiten zu rekonstruieren, als vielmehr darauf, Vergleiche zu etablieren und das theologische Profil der biblischen Texte zu beschreiben.

Zum anderen wird die historische Perspektive erweitert. Die neueren Methoden sind rezeptionsorientiert, wenn sie je aktuelle Adressatinnen und Adressaten in den Blick nehmen; charakteristische Beispiele sind befreiungstheologische, feministische oder charismatische Formen von Exegese. Methodisch lassen sie sich durch eine Hermeneutik der Wirkungsgeschichte integrieren. Sie zeigt re-

---

[18] Ein starkes Signal setzte die *Päpstliche Bibelkommission, Die Interpretation der Bibel in der Kirche* (Verlautbarungen des Apostolischen Stuhles 115), Bonn 1993.

gelmäßig zwei Phänomene: den Reichtum kreativer Auslegungen in der Geschichte der Bibellektüre und die Notwendigkeit, Kriterien zu bilden, die Willkür von Freiheit unterscheidet. Beide Richtungen unterstützen die Suche nach Bildungsvorstellungen. Die erste Tendenz gibt den Biographien Raum, die in den biblischen Erzählungen und Gebeten entstehen, auch wenn sie nicht historisch (bis ins Letzte) verifiziert werden können. Die zweite bringt die biblischen Texte ins Gespräch auch mit den Rezeptionen, die sich für Bildung interessieren. Dieses Gespräch ist selbst ein Bildungserlebnis, weil es die Kreativität, aber auch das Profil von Auslegungen und Adaptionen, Affirmationen und Negationen erkennen lässt, die von den Texten ausgelöst werden und ihr Orientierungspotential ermessen lassen.

Als Alternative zur »historisch-kritischen« wird oft die »kanonische Exegese« gesehen[19], die den Text der Bibel in seiner Endgestalt als Grunddokument des Glaubens liest und deshalb den engen Bezügen zwischen den Testamenten, der Einheit der Heiligen Schrift und ihrem durchgängigen Gottesbezug größtes Gewicht zumisst.[20] Allerdings kann der *canonical approach* nicht einen hermeneutischen Revanchismus begründen, der die historische Kritik, die philologisch orientierte Einleitungswissenschaft und die Suche nach dem geschichtlichen Schriftsinn aushebelt, weil dem biblischen Kanon die Spuren seiner Entstehung eingeschrieben sind und weil gerade die historisch-kritische Exegese die Prozesse der Transformationen und Neuinterpretationen in der Bibel selbst gezeigt hat, die nicht an der Grenze des Kanons enden. Die »kanonische Exegese«

---

[19] Vgl. *Brevard S. Childs,* Theologie der einen Bibel I-II, Freiburg i. Br. 1994. 1996; *James A. Sanders,* Torah and Canon, Philadelphia 1984; *ders.* Canon and Community. A Guide to Canonical Criticism, Philadelphia 1984; *ders.* From Sacred Story to Sacred Text, Philadelphia 1987; zu diesem Konzept vgl. *Richard D. Weis – David M. Carr* (Hg.), A Gift of God in Due Season. Essays on Scripture and Community in Honour of James A. Sanders (JSOT 225), Sheffield 1996.
[20] Zur theologischen und philosophischen Kanon-Debatte vgl. *Christine Helmer* (Hg.), One Scripture or Many? Canon from Biblical, Theological and Philosophical Perspectives, Oxford 2004.

kann jedoch die Fixierung der historisch-kritischen Exegese auf die Vergangenheit und auf die Entdeckung der Vielfalt lösen und sowohl nach der aktuellen Bedeutung von Texten fragen, die sich theologisch aus dem Bezug zum allzeit gegenwärtigen Wort Gottes ergibt, als auch nach ihrer Kohärenz, die sich nicht in einem dogmatischen Korsett, aber in der Dramatik der biblischen Meistererzählung ergibt: vom Paradies durch das Land jenseits von Eden bis ins himmlische Jerusalem, vom ersten über den zweiten Adam zu all den Menschen, die den Sinn ihres Lebens in Gott finden können.[21] Für die Theologie der Bildung ist die »kanonische Exegese« wesentlich, weil sie den Ort verschiedener Texte und Bilder im Ganzen der großen Bibel-Erzählung bestimmen und damit ihre historische wie ihre theologische Bedeutung ermessen lässt.

Die historisch-kritische Exegese ist theologisch notwendig, aber nicht hinreichend. Sie ist notwendig, weil die Theologie ein wesentliches Verhältnis zur Geschichte hat, konzentriert in der Person Jesu; sie ist aber theologisch nicht hinreichend, weil Jesus Christus für den Glauben nicht nur eine Gestalt der Vergangenheit, sondern immer der Gegenwart und der Zukunft ist, und weil er zwar »in allem seinen Brüdern gleich geworden« ist (Hebr 2,17), darin aber ohne Sünde die Liebe Gottes eschatologisch verwirklicht hat.

Durch die Methodenreform der Exegese wird das Verhältnis zur Didaktik auf eine neue Basis gestellt. Die Religionspädagogik hat die neueren Ansätze allerdings erst zögerlich rezipiert, obwohl sie den veränderten Herausforderungen des Religionsunterrichts zu entsprechen vermögen. Die typische Differenzierung zwischen Didaktik und Katechese ist unter Voraussetzungen entstanden, die heute kaum mehr gegeben sind: dass nämlich die Kinder und Jugendlichen mehr oder weniger stark durch ein kirchlich-konfessionelles Milieu geprägt sind[22] und in der Schule die Möglichkeit erhalten sollen,

---

[21] Vgl. *Christoph Dohmen – Thomas Hieke,* Die Bibel – das Buch der Bücher, Regensburg 2005.
[22] Vgl. *Peter Martin Thomas – Marc Calmbach* (Hg.), Jugendliche Lebenswelten. Perspektiven für Politik, Pädagogik und Gesellschaft, Berlin 2012.

diese Vorgaben zu reflektieren und zu transformieren. Heute wird hingegen vom Religionsunterricht sehr viel mehr elementares Orientierungswissen verlangt. Dem entspricht, dass sich die Gemeindekatechese – wenigstens theoretisch und nicht zuletzt unter dem Einfluss der Religionspädagogik – stark weiterentwickelt hat, so dass auch dort die Entscheidungsfreiheit, die interreligiöse Kompetenz und die Kritikfähigkeit gezielt gefördert werden sollen.[23]

Diesen Herausforderungen entsprechen die Vorstöße zu einer ganzheitlichen Exegese nicht schlecht. Sie setzt direkt bei den überlieferten Texten an. Sie schult die Lesefähigkeit. Sie schärft das historische Denken. Sie vermittelt kulturelles Orientierungswissen. Sie inspiriert Aktualisierungen, die es in sich haben. Sie verbindet die persönlichen Standpunkte mit den großen Linien theologisch geklärter Bibelinterpretationen. Insofern ist ein Neuansatz überfällig, der den Reformstau auflöst. Die »kanonische Exegese« fördert Bildungsprozesse nicht nur in Form des Differenzierungs-, sondern auch des Orientierungsvermögens, das aus der Prägung eines Lebens durch den Glauben erwächst.

c) Der neue Gesprächsansatz

Traditionell richtet sich die Aufmerksamkeit auf eine Didaktik der Theologie. Dann wird nach guten Formen gesucht, zu vermitteln, was auf theologisch gesicherter Basis gelehrt werden kann und muss. Im Blick auf das Alter, die Intelligenz, die Intention und die Situation der Menschen wird nach Möglichkeiten der didaktischen Kommunikation, Reduktion, Korrelation und Abduktion gesucht. Das ist eine zweifellos wesentliche Aufgabe.

Über der Optimierung der Praxis darf aber nicht die theoretisch ebenso wichtige Aufgabe vergessen werden, eine Theologie der Di-

---

[23] Vgl. *Monika Jakobs,* Neue Wege der Katechese, München 2010; *Angela Kaupp – Stephan Leimgruber – Monika Scheidler* (Hg.), Handbuch der Katechese. Für Studium und Praxis. Freiburg i.Br. 2011.

daktik zu entwickeln. Welchen epistemologischen Status haben die Prozesse des Lehrens und Lernens? Warum soll überhaupt durch Didaktik Glaube nicht zerstört oder aufgeweicht, sondern geläutert und gefördert werden? Wie ist der Glaube geartet, dass er didaktische Prozesse anstößt? Und in welchen kommt er als Glaube zur Wirkung?

Ein Dialog zwischen Exegese und Religionspädagogik findet mit diesen Fragen viel Gesprächsstoff. So wie Lehrpläne und Richtlinien neben didaktischen Erwägungen auch exegetische Forschungsergebnisse rezipieren müssen, um auf dem Feld der biblischen Bildung ihren eigenen Ansprüchen gerecht zu werden, so gibt es für eine Exegese, die ihren Sitz im Leben nicht durch den akademischen Elfenbeinturm definiert, zusammen mit ihren genuin fachwissenschaftlichen Diskursen aus dem Gespräch mit der Religionspädagogik viel zu lernen: Welche ihrer Methoden und Ergebnisse werden im Religionsunterricht nachgefragt und angefragt, verwendet und verändert? Welche Texte werden bearbeitet – und welche nicht? Welche Zugänge haben heutige Schülerinnen und Schüler zur Heiligen Schrift? Welche sollten sie gewinnen?[24]

Die Integration neuerer Methoden in die Exegese erleichtert das Gespräch der Exegese mit der Religionspädagogik, weil eine Konversation auf Augenhöhe möglich ist. Das Gespräch funktioniert nur, wenn die Exegese Exegese und die Religionspädagogik Religionspädagogik bleibt. Aber die Veränderungen der Schrifthermeneutik und exegetischen Methodik verändern die Gesprächsbasis und die Gesprächsformen.

(1) Kommunikation auf Augenhöhe

Das Dialogforum, auf dem die gegenwärtigen Kommunikationsmöglichkeiten genutzt werden, steht auf mehreren Säulen. Zum einen unterbreitet die Exegese eine Reihe von neuen Gesprächsangeboten, und zwar nicht nur durch ihre Ergebnisse, sondern auch

---

[24] Vgl. *Anton A. Bucher* (Hg.), »Im Himmelreich ist keiner sauer«. Kinder als Exegeten (Jahrbuch für Kindertheologie 2), Stuttgart 2003.

durch ihre Methodik. Zum anderen entwickelt auch die Religionspädagogik nicht nur neues Selbstbewusstsein als Theologie, sondern
öffnet auch neue Zugänge zur Exegese.

Exegetische Gesprächsimpulse

Aus exegetischer Sicht sind es nicht zuletzt vier Impulse, die gegeben werden können.

Erstens motiviert die neuere Exegese dazu, im Unterricht Entdeckungen in der Welt der Texte selbst zu initiieren, die auch ohne
die Kenntnis biblischer Sprachen und die chirurgische Schnittkunst
diachronischer Analysen möglich sind. Kritische Diskussionen über
die Texte werden dadurch nicht überflüssig, aber substantieller, weil
sie durch Einblicke in die Texte gedeckt sind. Im *canoncial approach*
entwickelt die Exegese ein Instrumentarium, die innere Vielfalt und
dynamische Entwicklung des Schriftsinns zu identifizieren. Damit
beflügelt die Exegese eine Hermeneutik kreativer Interpretationen,
die nach dem »Heute« des Gotteswortes fragt (Lk 4,18f.).

Zweitens wird in den philologischen Methoden der narrativen
Analyse genau auf Fragen, Antworten, Kritiken und Repliken geachtet, die den Gang von Erzählungen prägen, während die rhetorische Analysen die Art und Weise der Präsentation von Themen, der
Ansprache der Adressaten, der Antizipation ihrer Reaktionen und
der impliziten Selbstpräsentation ihrer Kommentatoren bedenken.
Auf beide Weisen öffnen sich die exegetischen Methoden einer Hermeneutik des Dialoges, die das Evangelium nicht als selbstverständlich ansieht, sondern als hoch problematisch erachtet, weil es
Grundfragen im Gottesbild und Selbstbild, im Ethos und Ritus, in
den identitätsstiftenden Narrativen und den biographischen Dynamiken aufwirft, die bis heute eine Antwort heischen.

Drittens wird in der Neujustierung der historischen Rückfrage
nach Jesus als Gedächtnisgeschichte die Kreativität der Erinnerung
anschaulich.[25] Im Alten Testament wird derzeit noch deutlicher, wie

---

[25] Zu diesem Konzept vgl. *James D.G. Dunn*, Jesus remembered, Grand Rapids 2003.

durch Geschichtsschreibung eine Vergangenheit konstruiert wird, die für die jeweilige Gegenwart und Zukunft entscheidende Bedeutung hat.[26] Im Neuen Testament ist der historische Bezug auf Jesus theologisch konstitutiv. Aber es gelingt nicht, einen echten Kern von späteren Hinzufügungen zu unterscheiden, sondern nur, den Traditionsprozess zu erhellen und auf Jesus zurückzuführen, wie er mit österlichen Augen angeschaut wird. Dieser Prozess der kreativen Erinnerung ist mit den kanonischen Evangelien nicht abgeschlossen, sondern wird durch sie neu angestoßen. Die Suche nach wahren Jesusbildern, die weder Projektionen noch historische Gemälde sind, setzt sich fort, bis in die Gegenwart hinein. Die Schule ist ein zentraler Ort, dieser Suche eine Richtung zu geben, die am Neuen Testament Maß nimmt und auf die Kreativität der Schülerinnen und Schüler setzt.

Viertens wird in der Öffnung der historischen und kulturellen Bezüge, aber auch in der Transparenz für die Rhetorik und die Erzählstrategien, die biblische Texte an den Tag legen, eine Hermeneutik der Pluralität konkret. Sie führt nicht einfach zu einer Multiplikation von Deutungen, deren Kehrseite Beliebigkeit wäre, sondern zu einer methodischen Erschließung verschiedener Wahrnehmungs- und Rezeptionsperspektiven. Es ist eine Vielfalt, die es erlaubt, alte und neue Sinnkonstruktionen zu erkennen und zu errichten. Für die Schülerinnen und Schüler werden Freiheitsräume verantworteter Neuinterpretationen aufgeschlossen; die vermeintliche Selbstverständlichkeit und Unangreifbarkeit biblischer Aussagen und traditioneller Auslegungen wird überwunden, aber auch die Gefahr der Reduktion.

Pädagogische Stimmen

Wenn die katholische Religionspädagogik die Impulse heutiger Exegese aufnehmen will, verbessern sich ihre Chancen, dem zentralen Postulat des Zweiten Vatikanischen Konzils zu entsprechen, dass »das Studium der Heiligen Schrift wie die Seele der ganzen Theo-

---

[26] Vgl. *Christian Frevel*, Geschichte Israels, Stuttgart 2015.

logie« sei (*Dei Verbum* 24; *Optatam totius* 16). Sie wird dann nicht von der Exegese abhängig. Vielmehr kann sie die Bibelwissenschaft daran erinnern, dass das Wort Gottes, das nach theologischer Überzeugung grundlegenden in der Heiligen Schrift bezeugt ist, nicht an einen vergangenen Text gebunden ist, sondern sich immer vergegenwärtigt. Das kreative Schreiben, dem sich die Bibel nach der Überzeugung des Glaubens verdankt, braucht ein kreatives Auslegen, das nicht nur professionelle Expertise, sondern auch unbefangene Einsichten stark macht und angstfrei nach Aktualisierung suchen lässt. Die Bibelwissenschaft hat eher eine Dienstfunktion, Grundlagen zu schaffen, Motivation zu bilden und im Zweifel Kriterien zu benennen.[27]

Ein wesentlicher Aspekt ist die Bibeldidaktik, deren Bedeutung stark gewachsen ist. Sie erfüllt eine wichtige kulturelle Aufgabe, weil sie mit bewegenden Texten der Menschheit vertraut macht und dadurch Orientierung in einer Welt ermöglicht, die selbst noch in Form der Säkularisierung intensiv von der jüdischen und christlichen Überlieferung geprägt ist. Sie erfüllt aber auch eine wichtige ekklesiologische Aufgabe, weil sie die Kompetenz vermittelt, ein eigenes Urteil über diejenigen Texte zu fällen, deren Geltungsanspruch durch den Kanon geformt worden ist.[28] Kenntnisreichtum und Lesefähigkeit in der Bibel sind Schlüsselqualifikationen für eine aktive Beteiligung am Leben der Kirche.[29]

---

[27] Vgl. *Gerhard Büttner,* Zwischen Kanon und Lehrplan (Comenius-Institut. Schriften 20), Berlin – Münster 2009; *Mirjam und Ruben Zimmermann u. a.* (Hg.), Handbuch Bibeldidaktik, Tübingen 2013.

[28] *Gerd Theißen,* Bibel und Bildung. Bibeldidaktik als Frage nach der Überlebenschance der Bibel in unserer Kultur, in: Theologie und Glaube 99,2 (2009) 147–159.

[29] Darauf zielt das postsynodale Schreiben Benedikt XVI., Nachapostolisches Schreiben *Verbum Domini* von *Papst Benedikt XVI.* über das Wort Gottes im Leben und in der Sendung der Kirche (30. September 2010) (Verlautbarungen des Apostolischen Stuhles 187), Bonn 2010; zur Diskussion vgl. *Scott W. Hahn* (Hg.), For the Sake of our Salvation. The Truth and Humility of God's Word (Letter and Spirit 6), Steubenville 2010; *Ernesto Borghi* (Hg.), Ascoltare – rispondere – vivere. Atti del Congresso Internazionale »La Sacra Scrittura nella vita e nella missione della Chiesa« (1–4 dicembre 2010), Milano 2011.

Allerdings muss die Selbstreflexion der Religionspädagogik weitergehen, wenn sie dem theologischen Anspruch des Konzils genügen will. Entscheidend ist, dass sie ihre zentralen Begriffe und Kategorien von der Bibel her entwickelt: Bildung und Erziehung, Kindheit und Jugend, Freiheit und Orientierung, Glaube und Wissen. Die Notwendigkeit, dieselben Begriffe im Gespräch mit den Human-, Kultur- und Sozialwissenschaften, mit der allgemeinen Pädagogik und der Philosophie zu schärfen, ist unbestritten. Aber das theologische Proprium der Religionspädagogik verlangt heute eine biblische Grundorientierung – aus fundamentaltheologischen und ökumenischen Gründen.[30]

(2) Hintergrundgespräche

Die theologische Basis eines Dialoges zwischen Exegese und Didaktik kann, biblisch betrachtet, nur das sein, was Sprechen und Hören möglich macht: Gottes Wort. Allerdings darf eine solche Theologie des Wortes Gottes nicht steil von oben herab entwickelt werden, ohne dass die menschlichen Vermittlungen und Resonanzen systematisch gewürdigt werden. Deshalb kann sie nicht die der dialektischen Theologie sein, wie Karl Barth sie in seinem genialen Römerbriefkommentar[31] entwickelt hat. Es fehlt das korrelative Moment. Sie kann auch nicht nur die Wort-Gottes-Theologie des späteren Barth sein, der zwar eine »Kirchliche Dogmatik« entwickelt[32], aber die Verbindung von Religion und Glaube, Kirche und Welt nicht als offenes Kommunikationssystem gedacht hat. Jürgen Habermas hat

---

[30] Vgl. *Tanja Schmid*, Die Bibel als Medium religiöser Bildung. Kulturwissenschaftliche und religionspädagogische Perspektiven (Arbeiten zur Religionspädagogik 34), Göttingen 2008.

[31] Die Kommentierung des Römerbriefs in der ersten Fassung von 1919 findet sich in: Gesamtausgabe. Akademische Werke 13, hg. v. Hermann Schmidt, Zürich 1985; die zweite, offenbarungsgeschichtlich differenzierte Fassung von 1922 steht in: Gesamtausgabe. Akademische Werke 14, hg. v. Cornelis van der Koii, Zürich 2010.

[32] Die Kirchliche Dogmatik I: Das Wort Gottes als Kriterium der Dogmatik, Zürich ab 1932.

gezeigt, dass die Vielzahl der Stimmen, die in einem Gespräch gehört werden wollen, die Einheit der Vernunft voraussetzt, ohne die es keine Verständigung gäbe[33]. Auf diese Vernunft setzt eine Theologie, die das universale Walten des Schöpfers und Herrn der Geschichte mit seiner eschatologischen Konkretion in Jesus Christus und dessen Wirkung in der Welt vermittelt. In einer solchen rationalen Hermeneutik können durch die Lektüre der Heiligen Schrift wiederum die kosmischen und allgemeingeschichtlichen Bezüge deutlich werden, die sich gerade aus ihrer Theozentrik ergeben.[34]

Die große Chance und Aufgabe einer schriftgemäßen Theologie des Wortes Gottes besteht darin, seine grundlegende Bezeugung in der Heiligen Schrift mit seiner lebendigen Gegenwart zu vermitteln, die in der Bibel selbst verkündet wird (Hebr 4,12), also auch den Schülerinnen und Schülern wie den Lehrerinnen und Lehrern aufgehen kann und soll. Im Horizont einer solchen Wort-Gottes-Theologie wird deutlich, dass die biblischen Texte in zwei wesentlichen Dimensionen erschlossen werden müssen: zuerst in ihrer Beziehung zu Gott, dessen Handeln in der Geschichte Israels, der Geschichte Jesu und der Geschichte der frühen Kirche sie bezeugen, dann in ihrer Beziehung zu interessierten Leserinnen und Lesern, deren Glauben sie stimulieren und motivieren wollen (oder deren Gottesbeziehung sie zu aktivieren und zu orientieren versuchen). Dadurch werden didaktische Prozesse angestoßen, die im Religionsunterricht wie in der Katechese aktualisiert werden müssen – nicht an die didaktischen Methoden der Vergangenheit gebunden, aber getragen von der theologischen Bedeutung, die der Didaktik in der biblischen Theologie zukommt. Die Exegese liefert keine Blaupausen für Erziehungsarbeiten und Bildungsprozesse heute, aber Grundlagen für eine Theologie der Didaktik, die nicht nur output-,

---

[33] *Jürgen Habermas*, Die Einheit der Vernunft in der Vielheit ihrer Stimmen: Merkur 42 (1988) 1–14.

[34] Wichtige Ansätze liefert *Josef Ratzinger*, Wort Gottes. Schrift – Tradition – Amt, Freiburg i. Br. 2005 (allerdings eher für die hermeneutische Theozentrik als für die Erschließung des Weltverhältnisses der Bibel).

sondern prozessorientiert ist und deshalb den Beziehungen zwischen Subjekten, Institutionen und Programmen Aufmerksamkeit schenkt.

Der Exegese stellt sich die Frage, wie sie den theologischen Status der Didaktik bestimmen kann. Sie sucht auf zwei miteinander verbundenen Wegen eine Antwort. Zum einen studiert sie die Bildungslandschaft der Antike, den Bildungsgrad Jesu und seiner Jünger wie der frühen Christen, die didaktischen Methoden und Ziele der alt- und neutestamentlichen Lehrer, die Rollen von Schülern und Lehrern im Judentum und Christentum der Zeit, in griechischen und römischen Kulturen der Zeit. Das gehört zum klassischen Methodenrepertoire der historisch-kritischen Exegese. Die Studien zielen auf eine historisch differenzierte Beschreibung der Bildungsangebote im Alten Israel, im Urchristentum und in seiner Umwelt.[35] Zum neueren Methodenrepertoire gehören Studien zur erzählten und besprochenen Didaktik in den neutestamentlichen Schriften, zu Jesus als Schüler und Lehrer und den Aposteln als Schülern und Lehrern, zu Lernwegen im Glauben, zu Verständnisblockaden und Überraschungserfolgen, zu Lehrplänen und Persönlichkeitsentwicklungen, Katechese und Mystagogie.

Zum anderen zielen die exegetischen Forschungen auf eine theologisch differenzierte Beschreibung des Status von Bildung im Spannungsfeld von Gnade und Freiheit. Hier öffnet sich ein weites neues Forschungsfeld, das von der Exegese wie der Religionspädagogik beackert werden kann, am besten in guter Kooperation und mit hoher Aufmerksamkeit für die schulische Praxis. Im Gespräch mit der Religionspädagogik, das auf Augenhöhe geführt wird, zeigen sich Größe und Grenze, Anstoß und Widerspruch der Bildungsvorstellungen, die im Neuen Testament zu finden sind. Umgekehrt lassen sich im Licht des Neuen Testaments die blinden Flecken einer Bildungstheorie erkennen, die von Religion nichts wissen will und die Argumentationslücken einer Selbstbestim-

---

[35] Vgl. *Tor Vegge*, Antike Bildungssysteme im Verhältnis zum frühen Christentum, in: Zeitschrift für Neues Testament 11 (2008) 17–26.

mungsdidaktik, die das (bis tief in die Moderne hinein religiös ko-
dierte) Subjekt von den sozialen und kulturellen, aber auch von den
transzendentalen Bezügen zu isolieren versuchen, die aber für viele
Menschen wesentlich sind.

3. Eine Weichenstellung: Jesus als Lehrer

Jesus ist das zentrale Objekt christlicher Didaktik: Seine Lehre soll vermittelt, das Geheimnis seiner Person erschlossen, die Heilsbedeutung seiner Sendung nahegebracht werden. Ohne den Bezug auf Jesus gäbe es keine christliche Religionspädagogik. Wo sie sich auf Ostern bezieht, begegnet ihr der Auferstandene als Jesus von Nazareth; wo sie die Ethik behandelt, steht die Bergpredigt vor Augen; die Hoffnung auf Vergebung und Erlösung trägt seinen Namen.

Im Neuen Testament wird Jesus aber auch als Subjekt christlicher Didaktik vorgestellt[1]: Er ist Lehrer; er lehrt das Evangelium der Gottesherrschaft; seine »Jünger« sind, wörtlich übersetzt, seine »Schüler«. Welche theologische Bedeutung hat sein Lehren? Welches christologische Gewicht hat sein Status als Lehrer? Wie wird sein Bild als Lehrer in den Evangelien gestaltet? An den Antworten auf diese Fragen entscheidet sich, was das Neue Testament zu einer Fundamentaltheologie der Didaktik beitragen kann.

a) Die christologische Bedeutung des Lehrens

»Lehrer« ist nicht die erste, aber eine wesentliche Kennzeichnung Jesu in den Evangelien.[2] Sie ist nicht die erste, weil Jesus als Prophet

---

[1] Die exegetischen Forschungsinteressen sind widersprüchlich. Auf der einen Seite dient die Betonung der Lehre und des Lehrens dazu, die historische Verlässlichkeit der Evangelien zu untermauern; so *Rainer Riesner, Jesus als Lehrer. Eine Untersuchung zum Ursprung der Evangelien-Überlieferung* (WUNT 2), Tübingen 1988. Auf der anderen Seite soll die Konzentration auf den Lehrer dazu dienen, die Christologie des Neuen Testaments als Ideologie zu entlarven, so bei *Werner Zager, Jesus von Nazareth – Lehrer und Prophet. Auf dem Weg zu einer neuen liberalen Christologie*, Neukirchen-Vluyn 2007. Das erste Ziel kann durch eine entwickelte Methodik der Rückfrage jenseits des Historismus erreicht werden, das zweite scheitert am christologischen Potential der überlieferten Lehre Jesu und am christologischen Stellenwert des Lehrens.

[2] Vgl. *Martin Karrer, Der lehrende Jesus – Neutestamentliche Erwägungen*, in: Zeit-

auftritt, der das Evangelium Gottes »verkündet« (Mk 1,14f.). Sie ist aber wesentlich, weil das Evangelium der Wahrheit Gottes Gehör verschafft und Gott nicht nur mit »ganzem Herzen«, »ganzer Seele« und »voller Kraft«, sondern auch mit »vollem Verstand« geliebt werden soll (vgl. Mk 12,28–34).[3]

Alle Evangelien zeichnen in starken Farben die Didaktik Jesu.[4] Er lehrt in Wort und Tat; seine Lehre hat Autorität; sie soll und kann überzeugen. Die Gleichnisse und die Bergpredigt, die Streitgespräche und die Jüngerkatechesen, die Schriftexegesen und Visionen Jesu werden in den Evangelien ausdrücklich als »Lehre« qualifiziert; denn sie sollen ein Lernen stimulieren, das zum Verstehen führt (Mt 13). Aber auch die Heilungen und Exorzismen Jesu werden bei den Synoptikern als »Lehre« gesehen (Mk 1,21–28 parr.); denn sie veranschaulichen das Evangelium so, dass qualifizierte Stellungnahmen zum Boten und seiner Botschaft provoziert werden, die auf Einsicht beruhen. Bei Jesus stimmen, folgt man den Evangelien, Worte und Taten überein. Er wirkt nicht nur kraft seiner Argumente und seiner Inspiration, sondern auch durch sein Beispiel. Er ist der Lehrer, dem man folgen, und das Vorbild, das man nachahmen soll. Er ist mehr als ein Lehrer, weil er der »Retter« ist (Lk 2,11–Joh 4,42)[5]; aber dieses Mehr ist selbst ein Thema der Lehre, weil die Rettung nicht Zwang, sondern Freiheit und die Zustimmung zu Jesus nicht blinder Gehorsam, sondern begründetes Vertrauen ist. Dass das Lehren essentiell zu Jesus und seinem Evangelium gehört, zeigt, dass sehenden Auges und hörenden Ohres der Weg des Glaubens und der Nachfolge begonnen und gegangen werden soll.

---

schrift für die neutestamentliche Wissenschaft 83 (1992) 1–20; *Jens Schröter,* Jesus als Lehrer nach dem Zeugnis des Neuen Testaments, in: Zeitschrift für Pädagogik und Theologie 53 (2001) 116–132.

[3] Vgl. *Thomas Söding,* Die Verkündigung Jesu. Ereignis und Erinnerung, Freiburg i. Br. ²2012 (¹2011).

[4] Vgl. *Marius Reiser,* Der unbequeme Jesus, Neukirchen-Vluyn 2011, 59–91.

[5] Vgl. *Franz Jung,* Soter. Studien zur Rezeption eines hellenistischen Ehrentitels im Neuen Testament (NTA 39), Münster 2002.

b) Lehrer als Hoheitstitel

»Lehrer« ist in den Evangelien nicht nur eine Funktionsbezeichnung Jesu, sondern ein christologischer Hoheitstitel.[6] Er wird leicht übersehen, weil viele deutsche Übersetzungen »Meister« schreiben. Er fällt weniger auf als »Gottessohn«, »Davidssohn« und »Menschensohn«, »Messias« und »Kyrios«, weil er nicht ins Credo eingegangen ist. Aber in der griechischen Form *didaskalos* und in der jüdischen Version *Rabbi* ist »Lehrer« quantitativ und qualitativ von großer Bedeutung.

Alle Hoheitstitel zeigen Jesus in engster Verbindung mit Gott und den Menschen, mit den Heilshoffnungen Israels und den Verheißungen der Völker, mit den Katastrophen der Geschichte und der Nähe der Gottesherrschaft. Kein Hoheitstitel kann Jesu ganze Bedeutung ausloten; jeder zeigt einen wichtigen Aspekt.[7] Der »Lehrer« gehört in ein weites Feld der Semantik mit »lehren« und »unterrichten«, »erziehen« und »anweisen«, aber auch »lernen« und »verstehen«.[8] Die Aktivität Jesu ist betont, seine Liebe zur Wahrheit, sein Interesse an einem Glauben, der verstehen will, auch seine Kompetenz, sich so auszudrücken, dass Überzeugungen gebildet, Erkenntnisse verbreitet und Einsichten vermittelt werden.

Die christologische Tiefe der Bezeichnung leuchtet ein Abschnitt der Weherede aus, der nur durch Matthäus überliefert ist. Ausgehend von einer Kritik heuchlerischer Pharisäer, die ihren Status als Rabbi zur Selbstdarstellung nutzen (Mt 23,7), heißt es:

> »[8]Ihr sollt euch nicht Rabbi nennen lassen,
> denn einer ist euer Lehrer, ihr alle aber seid Brüder. ...

---

[6] Vgl. *Martin Hengel*, Jesus als messianischer Lehrer der Weisheit und die Anfänge der Christologie, in: ders. – Anna Maria Schwemer, Der messianische Anspruch Jesu und die Anfänge der Christologie (WUNT 138), Tübingen 2001, 81–131.

[7] Vgl. *Thomas Söding*, Der Gottessohn aus Nazareth. Das Menschsein Jesu im Neuen Testament, Freiburg i. Br. 2008, 244–272.

[8] Vgl. *Beate Ego – Christian Noack*, Lernen und Lehren als Thema alt- und neutestamentlicher Wissenschaft, in: Zeitschrift für Neues Testament 21 (2008), 3–16.

[10]Ihr sollt euch nicht Katechet nennen lassen,
denn einer ist euer Katechet, der Christus.« (Mt 23,8.10)

Der griechische Text versammelt auf engem Raum eng verwandte Worte[9]: »Rabbi« greift die jüdische Praxis und die vorangegangene Kritik auf; »Lehrer« *(didaskalos)* ist auf den späteren Dienst der Kirche abgestimmt (vgl. 1Kor 12,28); »Katechet«« *(kathegethes)* ist der »Meister«, der anleitet und einen Weg weist. Durchweg geht es um die Warnung vor der Gier nach Ehrentiteln, aber mehr noch um die Anerkennung des Primates Jesu: Er ist nicht nur *ein,* sondern *der* Lehrer und Katechet, weil er für den einen Gott und das eine Evangelium eintritt und man von ihm über Gott lernen kann, was nur er zu lehren vermag: die Nähe der Gottesherrschaft.

Auch bei Johannes ist »Lehrer« ein Hoheitstitel, freilich in eigener Dialektik. Nikodemus scheint alles richtig zu machen, wenn er sein nächtliches Glaubensgespräch mit der *captatio benevolentiae* beginnt:

»*Rabbi, wir wissen, dass du als Lehrer von Gott gekommen bist.*« (Joh 3,2)[10]

Allerdings wird sich herausstellen, dass Nikodemus, der selbst ein »Lehrer« ist (Joh 3,10), noch einen langen Weg vor sich hat, um die Lektion zu begreifen, die Jesus ihm mit der Rede von der Wiedergeburt aus Wasser und Geist erteilt (Joh 3,1–20). Umgekehrt ist das schlichte »Rabbuni« Maria Magdalenas, als sie den Auferstandenen erkennt, ein intimes Glaubensbekenntnis, dessen Bedeutung Johannes durch den Zusatz: »das heißt übersetzt: Lehrer«, eigens

---

[9] Vgl. *Ulrich Luz,* Das Evangelium nach Matthäus III (EKK I/3), Neukirchen-Vluyn [2]2012 (1997), 308f.
[10] Im Griechischen steht »Lehrer« ohne Artikel. Die meisten Übersetzungen fügen den unbestimmten Artikel ein, z. B.: »ein Lehrer, der von Gott gekommen ist« (Einheitsübersetzung). Auch bei Johannes ist Jesus aber *der* Lehrer. Das Votum des Nikodemus ist für diese Bestimmung offen.

95

betont (Joh 20,16).[11] Bei der Fußwaschung (Joh 13,1–20)[12] bringt Jesus das Paradox selbst auf den Begriff[13]:

> »[12]*Versteht ihr, was ich euch getan habe?*
> [13]*Ihr nennt mich Lehrer und Herr und sprecht recht so; denn ich bin es.*
> [14]*Wenn nun ich euch die Füße gewaschen habe, der Herr und Lehrer, dann schuldet auch ihr, einander die Füße zu waschen.*
> [15]*Denn ich habe euch ein Beispiel gegeben,*
> *damit auch ihr so tut, wie ich euch getan habe.*« (Joh 13,12–15)

Im anschließenden Vergleich zwischen Kyrios und Sklave wird die Paradoxie weiter akzentuiert (Joh 13,16). Dass Jesus – als Diener – Herr ist, unterstreicht seine Hoheit; dass er – als Kyrios – den Dienst eines Sklaven leistet, erweist seine Niedrigkeit, in der sich sein Heilsdienst als wirksam erweist. Die Grenzen der Didaktik scheinen gesprengt; aber die Jünger – vorher waren ausführlich die Schwierigkeiten des Petrus besprochen worden (Joh 13,6–11) – sollen »verstehen«, was Jesus getan hat, um es aus freien Stücken und mit voller Überzeugung, im Wissen des Glaubens, einander zu tun.

Der Hoheitstitel »Lehrer« knüpft an die Profession Jesu an, die ihn den Rabbinen an die Seite stellt. Der Titel ist niederschwellig, ähnlich wie Prophet. Er ist aber belastbar, weil er mit der Wahrheit des Evangeliums korrespondiert. Dass Jesus der einzig wahre Lehrer ist (Mt 23.8ff.), folgt aus dem Hauptgebot Israels, dass Gott der Eine ist (Dtn 6,4ff.), und aus dem Heilsgeschehen, dass Jesus die Gottesherrschaft nahebringt. Der Lehrer führt in das Geheimnis der Gottesherrschaft ein und klärt über die Beziehung zwischen Gott und Mensch auf: Die Didaktik Jesu inszeniert eine Krise des Verstehens, die durch den Glauben zur Einheit von Gottes-, Nächsten- und Selbstliebe geführt wird. »Lehrer« ist ein – oft verkannter –

---

[11] Vgl. *Robert Vorholt,* Das Osterevangelium. Erinnerung und Erzählung (HBS 73), Freiburg i. Br. 2013, 276–286.

[12] Vgl. *Otfried Hofius,* Die Erzählung von der Fußwaschung Jesu. Joh 13,1–11 als narratives Christuszeugnis, in: Zeitschrift für Theologie und Kirche 106 (2009) 156–176.

[13] Vgl. *Luise Abramowski,* Die Geschichte von der Fußwaschung (Joh 13), in: Zeitschrift für Theologie und Kirche 102 (2005) 176–203.

*Hoheit*stitel, weil Jesus durch sein Lehren Gott die Ehre gibt und gerade darin die Autorität und Wahrheit, die Überzeugungskraft seines Lehrens liegt. Die »Hoheit« Jesu ist aber dialektisch gebrochen: Der Herr ist der Knecht; der Lehrer lässt sich selbst belehren – von Gott, seinem Vater.

c) Die Bilder des Lehrers Jesus in den Evangelien

Die Portraits des Lehrers Jesus fallen in den Evangelien[14] unterschiedlich aus, weil die verschiedenen Traditionen, die in die kanonischen Texte eingegangen sind, unterschiedliche Lehrinhalte und -methoden erschließen und weil die Blicke der Evangelisten auf Jesus unterschiedliche Seiten seines Wirkens und seiner Wirkung hervortreten lassen.

Markus[15] zeichnet Jesus in einer Fülle von Szenen als Volksschullehrer. Er wendet sich in seiner Lehre gezielt nicht nur an seine Jünger, sondern an das ganze Volk.[16] Das Wunderwirken (Mk 1,21–28), die Erklärung seiner Berufungen (Mk 2,13), die Gleichnisse (Mk 4,1–34), die Predigt im Gottesdienst (Mk 1,21f.; 6,2; vgl. 6,6) und im Tempel (Mk 14,49), die Katechese des Volkes (Mk 6,34), die Auslegung des Gesetzes (Mk 7,1–23), die Leidensankündigungen (Mk 8,31; 9,31), die Ethik (Mk 10,1–31; 12,13–17), die Eschatologie der Auferstehung (Mk 12,18–27), die Halacha des doppelten Liebesgebots (Mk 12,28–34), die messianische Exegese der Schrift

---

[14] Vgl. *Veronika Tropper,* Jesus Didáskalos. Studien zu Jesus als Lehrer bei den Synoptikern und im Rahmen der antiken Kultur- und Sozialgeschichte, Frankfurt/Main u. a. 2012.

[15] Grundlegend: *Vernon K. Robbins,* Jesus the Teacher. A socio-rhetorical Interpretation of Mark, Minneapolis 1992. Weiterführend: *Ludger Schenke,* Jesus als Weisheitslehrer im Markusevangelium, in: Martin Faßnacht (Hg.), Die Weisheit – Ursprünge und Rezeption. FS Karl Löning (NTA) 44, Münster 2003, 125–138.

[16] Diese Volksbelehrungen sind als Strukturmoment der Verkündigung Jesu zweifellos typisch jesuanisch, auch wenn die Evangelisten stark stilisieren; vgl. *Gerd Theißen – Annette Merz,* Der historische Jesus. Ein akademisches Lehrbuch, Göttingen 1996, 311–355 (allerdings explizit nur auf die Ethik bezogen).

(Mk 12,35ff.) gehören zu seinem öffentlichen Lehren, das zwar immer wieder Experten anspricht, aber durch programmatische Elementarisierung aus theologischen Gründen populär sein will und ist. Die große Bedeutung des Lehrens zeigt, dass Markus, der älteste Evangelist, Jesus nicht als Originalgenie aus Galiläa darstellt, sondern als Prediger und Katecheten, der auf einer breiten Klaviatur von Ausdrucksformen spielt. Umgekehrt ist das Lehren nicht nur ein klassisches Dozieren, sondern umfasst eine breite Skala von Kommunikationsmöglichkeiten: Worte und Taten, Predigten und Auslegungen, Debatten und Erklärungen. Mit diesem Bild hat Markus Maßstäbe gesetzt.

Matthäus[17] portraitiert Jesus als Kirchenlehrer. Er ist der einzige Evangelist, der das Wort *ekklesia* (Kirche/Gemeinde) überhaupt verwendet hat (Mt 16,18; 18,17). Die Hinwendung des Lehrers Jesus zu seinen Jüngern ist konstitutiv.[18] Von der Bergpredigt (Mt 5–7) über die Aussendungsrede (Mt 10), die Gleichnisrede (Mt 13) und die Gemeinderede (Mt 18) bis zur Endzeitrede (Mt 23–25) entfaltet der Evangelist konsequent ein didaktisches Programm, das für spätere Generationen die wesentlichen Inhalte der Verkündigung Jesu aufbereitet. Nach dem Missionsauftrag des Auferstandenen sollen die Jünger alle Völker zu Jüngern machen, indem sie sie taufen und lehren, »alles zu halten«, was Jesus ihnen »geboten« hat (Mt 28,16–20). Die missionarische Aktivität der Kirche ist durch die Lehre geprägt, ihre Identität als Nachfolgegemeinschaft, aber auch ihre Kritik, deren Maßstäbe Jesus setzt. Die Christologie des Lehrens Jesu ist tief im Judentum verwurzelt und weit für die Universalität der Kirche geöffnet, weil Jesus in seinem Dienst an Israel die Verheißungen Gottes für den Segen aller Völker realisiert.

---

[17] Grundlegend: *Samuel Byrskog*, Jesus the Only Teacher. Didactic Authority and Transmission in Ancient Israel, Ancient Judaism and the Matthean Community, Stockholm 1994; weiterführend: *John Yueh-Han Yieh*, One Teacher. Jesus' Teaching Role in Matthew's Gospel Report (BZNW 124), Berlin – New York 2004.
[18] Hier fängt Matthäus ein genuin jesuanisches Motiv ein; vgl. *Thomas Söding*, Jesus und die Kirche. Was sagt das Neue Testament?, Freiburg i. Br. 2007.

Lukas stellt Jesus als Weisheitslehrer vor Augen.[19] Er betont die Weisheit Jesu (Lk 11,31).[20] Da Jesus mit Salomo verglichen wird, steht weniger – wie bei Matthäus – seine Gesetzeshermeneutik als seine kommunikative Kompetenz im Vordergrund: seine Fähigkeit, die Gottesherrschaft durch einsichtsvolle Lehre zu verbreiten. Paulus sieht die Weisheit Christi darin, dass Gott durch ihn die Weisheit der Welt zur Torheit gemacht hat, während Gottes Torheit weiser als alle Menschenweisheit ist (1Kor 1,18–2,5); Lukas hingegen betont die Fähigkeit Jesu, die Verbindungen zwischen Himmel und Erde, zwischen Natur und Gnade, zwischen dem Gesetz und dem Evangelium zu knüpfen. Jesus ist also nach Lukas ein ausgesprochener Korrelationsdidaktiker. Bei Lukas ist die Weisheit schon dem Knaben Jesus anzusehen, der als Schüler zum Lehrer wird (Lk 2,41–52). Sie zeigt sich aber auch während seines gesamten Wirkens, speziell in der Ethik (Lk 10,25–35) und in der Spiritualität (Lk 11,1–4).

Johannes macht Jesus als Religionslehrer sichtbar. Er lehrt Philosophie, weil er die Liebe zur Weisheit fördert, aber mehr als Philosophie, weil für ihn Gott kein Postulat, sondern ein Du ist, das im selben Maße mehr geliebt werden kann, wie es besser erkannt wird. Er lehrt Ethik, weil er Gott als Liebe verkündet, aber mehr als Ethik, weil er das Woher und Wohin des Menschen, seine Berufung zur Güte und Bestimmung zur Freiheit reflektiert, in seinem Verhältnis zu Gott. Er lehrt Lebenskunde, weil der Glaube den Sinn des Lebens erschließt, aber mehr als Lebenskunde, weil er das Diesseits wie das Jenseits der Geburt und des Todes anspricht und aus Gott die Fülle des Lebens verheißt, die auf Erden nicht zu haben ist. Er lehrt aber Philosophie, Ethik und Lebenskunde im Rahmen des Religions-

---

[19] Vgl. *Claus-Peter März*, Jesus als »Lehrer« und »Heiler«. Anmerkungen zum Jesusbild der Lukasschriften, in: Linus Hauser – Ferdinand R. Prostmeier – C. Georg-Zöller (Hg.), Jesus als Bote des Heils. Heilsverkündigung und Heilserfahrung in frühchristlicher Zeit. FS Detlev Dormeyer, Stuttgart 2008, 152–165.

[20] Hier öffnet sich ein Fenster zum historischen Jesus; vgl. *Karl-Wilhelm Niebuhr,* Jesus als Lehrer der Gottesherrschaft und die Weisheit. Eine Problemskizze, in: Zeitschrift für Pädagogik und Theologie 53 (2001) 116–132.

unterrichts, weil er den christlichen Glauben als Philosophie der Wahrheit, als Ethik der Liebe und als Kunde des ewigen Lebens verkündet, das jetzt schon begonnen hat. In dieser Option für die öffentliche Verkündigung und Verantwortung des Glaubens kommt typisch Jesuanisches zum Tragen.

Im Johannesevangelium setzt die Christologie hoch oben an und landet ganz unten (Joh 1,1–18). Nach Johannes hat Jesus nichts von dem vergessen, was er von ganz oben mitbekommen hat; sein Wort hat Gewicht, weil es das Wort Gottes selbst ist. Dieses Wort wird zur Lehre, weil es *Logos* ist, also Sinn macht, der erschlossen werden kann. Der Logos, den Jesus verkörpert, erschließt, was die Welt zusammenhält. Das Johannesevangelium eröffnet ein weites Spektrum von Punkten, an denen Menschen mit ihrer Lerngeschichte anknüpfen können, und von Wegen, die sich zum Ziel der Gotteserkenntnis öffnen. Prinzipiell gibt es keinen Punkt, an dem dieser Lernweg nicht beginnen könnte, weil Gott überall gegenwärtig ist; es gibt prinzipiell keinen Weg, der nicht durch eine tiefe Krise geht, weil er zur Begegnung mit Gott führt; es gibt prinzipiell keine Krise, die nicht zum Guten führen könnte, weil Gott das Ziel ist, der sich in seiner Liebe schenkt. Religion lehrt Jesus nach Johannes nicht als Tradition und Pietät, sondern als gestalteten Glauben, der sich Rechenschaft über seine Wahrheit, sein Ethos und seine Lebendigkeit ablegen kann.

d) Die Christologie des Lehrers Jesus

Die Evangelien sind nicht darauf aus, Jesus möglichst viele Inhalte der nachösterlichen Christologie in den Mund zu legen. Sie sind eher darauf aus, die Lehre der Kirche an die Lehre Jesu zurückzubinden; deshalb arbeiten sie die Aktualität der Lehre Jesu heraus – nicht ohne *relecture* und Fortschreibung. Auch bei Johannes spricht Jesus von einer dezidiert vorösterlichen Position aus, wiewohl die Perspektive der Erzählung dezidiert nachösterlich ist. Das Niveau der erzählten Christologie Jesu, in der sich die gelebte

Christologie Jesu widerspiegelt, ist hoch. Die Diskussion über Hoheitstitel – Jesus ist meist zurückhaltend – ist nur die Spitze des Eisberges. Die Autorität seiner Verkündigung in Wort und Tat ist grundlegend und tragfähig, ebenso der Dienst der Heilsvermittlung bis zum Tod. Beides ist mit dem Lehren verknüpft, weil die Vollmacht Jesu in den Evangelien von Anfang an auf sein Lehren bezogen wird (Mk 1,21f.27f. parr.) und dieses Lehren wiederum die Hinwendung Jesu zu denen konkretisiert, denen er das Evangelium nahebringen soll. Durch die Evangelien wird der narrative Grundzug biblischer Lehre und christlicher Theologie erhellt: Weil etwas passiert ist, muss es erzählt werden. Die Lehre Jesu ist nicht zeit- und ortlos, sondern an die Person des Lehrers, an seine Zeit und seinen Ort gebunden. Sie ist über die Zeit und den Ort ihrer ersten Bezeugung hinaus zu jeder Zeit und an jedem Ort aktuell, weil Jesus, der Lehrer, von den Toten auferstanden ist, und als Messias die Wahrheit und nichts als die Wahrheit gelehrt hat, verifiziert durch den Dienst seiner Hingabe.

Gerade wegen ihrer christologisch erschlossenen Aktualität legt die Lehre Jesu, wie die neutestamentlichen Evangelien sie in Erinnerung rufen, die christliche Didaktik nicht auf genau diejenigen Inhalte und Methoden fest, die in den Texten stehen, sondern lädt zur kreativen Weiterarbeit ein. Aber sie definiert ein Niveau der christlichen Didaktik, das nicht ohne Bedeutungsverlust unterschritten werden kann. Entscheidend ist der Bezug zum Evangelium, dem Wort Gottes, das er verkündet und verkörpert, und zu Gottes Wahrheit, die er als die befreiende Kraft des Evangeliums expliziert. Durch Jesu Didaktik öffnen sich Freiheitsräume der Kreativität, die in der Einheit von Gottes- und Nächstenliebe verantwortet werden müssen.

Die Christologien der Evangelien sind nicht nur insofern didaktisch, als sie die Erinnerung an den Lehrer Jesus und seine Lehre schärfen, sondern auch insofern, als sie ihrerseits in der Schule Jesu, genauer: in der Schule der Schüler Jesu, stehen. Die Evangelien verfolgen ein didaktisches Ziel. Lukas macht es explizit: Timotheus, der »Gottesverehrer«, dem die Widmung gilt, soll durch die Erzählung der »Zuverlässigkeit der Katechese gewiss« werden, in der er »unterwiesen worden« ist (Lk 1,4). Matthäus macht es am Missionsauftrag fest: Die Jünger, die nach Mt 28,16–20 »alle Völker zu Jüngern« machen sollen, indem sie die Taufe spenden und sie »lehren, alles zu halten«, was Jesus ihnen »geboten« hat (Mt 28,18ff.), müssen das »Buch« (Mt 1,1) des Evangelisten als eine Art Fibel des Glaubens betrachten, als große Erzählung, die Jesu Lehre aus seiner Verkündigung, seinem Tod und seiner Auferstehung ableitet, so dass sein Wirken wie sein Leiden und seine Auferstehung zum Gegenstand, zum Grund und Motiv der Lehre werden. Markus schreibt es indirekt: »Wer liest, soll verstehen« (Mk 13,14), lässt er Jesus in der Endzeitrede Mk 13 sagen, die in den Wirren des Jüdischen Krieges angesichts apokalyptischer Naherwartung Orientierung verschaffen und die Aufgabe universaler Evangeliumsverkündigung (Mk 13,10) begründen soll. Johannes gibt zum Schluss seines Werkes zu erkennen, dass er durch eine gezielte Auswahl der »Zeichen« den Glauben der Gläubigen vertiefen will, und zwar auf der Basis eines verlässlichen Zeugnisses, das auf inspirierter Erinnerung beruht (Joh 20,30f.).[21]

Die Christologie liefert eine Fundamentaltheologie der Didaktik, weil sie die theologische Bedeutung des Lehrens an der Person Jesu selbst und seiner Verkündigung der Gottesherrschaft festmacht. Dadurch inspiriert Jesus Prozesse der Nachfolge, die immer Lehre umfasst, weil Jesus gelehrt hat, und immer den Primat Jesu lehrt, weil er *der* Lehrer Gottes ist.

---

[21] Vgl. *Thomas Söding*, Kanonische Inspirationen. Fünf Antithesen, vom Neuen Testament aus entwickelt, in: Josef Rist – Christof Breitsameter (Hg.), Wort Gottes. Die Offenbarungsreligionen und ihr Schriftverständnis (Theologie im Kontakt. Neue Folge 1), Münster 2013, 53–63.

4. Ein Paradebeispiel: Die Gleichnisse Jesu

Die Gleichnisse Jesus gehören in allen Schulformen zum Kernlehrplan. Diese Stellung ist theologisch begründet. Zum einen ist Jesus zwar nicht der einzige und auch nicht der erste gewesen, der Gleichnisse erzählt hat; aber er ist ein besonders guter Gleichniserzähler gewesen, der oft und gerne diese Form gewählt hat. Zum anderen sind die Gleichnisse *per se* eine didaktische Gattung. Jesus, der Gleichnisse erzählt, agiert als Lehrer; so wird er von Markus, Matthäus und Lukas gezeichnet (Mk 4,1f. parr.). Ebenso gilt umgekehrt: Wenn Jesus lehrt, dann vorzugsweise in Gleichnissen. Markus hält den bleibenden Eindruck fest, den Jesus hinterlassen hat, ein Volksschullehrer im besten Sinn des Wortes:

> *In vielen solcher Gleichnisse sagte er ihnen das Wort, so wie sie es verstehen konnten. Ohne Gleichnisse aber sprach er nicht zu ihnen.* (Mk 4,33f.)

Das heißt nicht, dass Jesus nur in Gleichnissen gelehrt habe, sondern dass er immer wieder, geradezu systematisch, auf Gleichnisse zurückgegriffen hat, um so zu lehren, dass die Menschen ihn verstehen konnten.

Aus diesem Grund ist der Gleichniserzähler Jesus nicht nur Objekt, sondern auch Subjekt der Didaktik. Am Beispiel der Gleichnisse wird deutlich, dass und weshalb Jesus als Lehrer aktiv geworden ist, um die Gottesherrschaft zu verkünden (Mk 1,15 par. Mt 4,17). Dieses Bild hat das Gedächtnis Jesu nachhaltig geprägt[1]. Den Schlüssel bildet die Hermeneutik der Gleichnisse.[2]

---

[1] Vgl. *Thomas Söding*, Die Verkündigung Jesu – Ereignis und Erinnerung, Freiburg i. Br. 2012, 302–376.

[2] Vgl. *Ruben Zimmermann u. a.* (Hg.), Kompendium der Gleichnisse Jesu, Gütersloh 2007.

a) Das Geheimnis der Gottesherrschaft

Worin Jesus der synoptischen Tradition zufolge die didaktische Wirkung der Gleichnisse gesehen hat, unterscheidet sich erheblich vom modernen Gleichnisverständnis. In seinem bahnbrechenden Werk hat Adolf Jülicher die didaktische Aufgabe der Gleichnisse darin gesehen, ungebildeten Menschen auf anschauliche Weise theologische Wahrheiten nahezubringen; die Gleichnisse hätten demnach einen eindeutigen und einfachen Grundsinn, den es gegen einen Wust von Deutungen neu zu gewinnen gälte.[3] Dieser Ansatz hat sich bis in die gegenwärtigen Unterrichtsmaterialien hinein gehalten, auch wenn die Gleichnisse nicht nur als Illustrationen, sondern als Symbole betrachtet werden, die in der Lage sind, die Augen für die Gottesherrschaft zu öffnen.[4]

Demgegenüber muss es irritieren, dass nach den Evangelien die Gleichnisse Jesu keineswegs einen schnellen Lernerfolg versprechen, sondern ein anspruchsvolles Verstehen in die Wege leiten. Nachdem Jesus – so überliefern es die Synoptiker – sein erstes Gleichnis, das vom Sämann, erzählt hat (Mk 4,3–9 parr.), ist mitnichten einfach alles klar; vielmehr beginnt das Fragen. Die Jünger Jesu, wörtlich: seine Schüler, erkundigen sich nach dem Sinn der Gleichnisse; sie wollen nicht nur diese eine Parabel verstehen, sondern klarbekommen, warum Jesus überhaupt Gleichnisse erzählt. Die überlieferte Antwort Jesu bestätigt nicht die liberale Hermeneutik, dass die Gleichnisse »kinderleicht« (Julius Schniewind) seien:

> »*Euch ist das Geheimnis der Gottesherrschaft gegeben worden; denen draußen aber wird alles in Gleichnissen zuteil.*« (Mk 4,11)

Bei Matthäus und Lukas ist im Plural von »Geheimnissen« die Rede, der Grundgedanke bleibt. Demnach sind die Gleichnisse gerade nicht selbstverständlich. Sie machen vielmehr deutlich, welche Un-

---

[3] *Adolf Jülicher,* Die Gleichnisreden Jesu (1886/1898), Darmstadt 1976 (Nachdruck der 2. Aufl. 1910).

[4] Vgl. *Eberhard Jüngel – Paul Ricœur,* Metapher. Zur Hermeneutik religiöser Sprache: Evangelische Theologie Sonderheft (1974).

terschiede es bei den Voraussetzungen des Hörens und bei den Standpunkten derjenigen gibt, die lesen und verstehen sollen. Die ganz einfache Unterscheidung ist hier die zwischen »Drinnen« und »Draußen«. Sie greift die erzählte Situation auf, dass Jesus nach der Volksbelehrung mit seinen Jüngern allein ist (Mk 4,10). »Drinnen« ist also, wer schon auf dem Weg der Umkehr, des Glaubens und der Nachfolge ist (Mk 1,14–20 parr.); »draußen« ist, wer diesen Weg noch vor sich hat. Die Unterscheidung dient nicht der Abschottung der Jünger und der Ausgrenzung der Menge, sondern der Abklärung der Ausgangspunkte, von denen aus es zu einer Begegnung mit Gott kommen kann. Deshalb folgt in den synoptischen Gleichniskapiteln nicht nur das Verstockungslogion (Jes 6,9f.), das die Differenzen radikalisiert (Mk 4,12 parr.), sondern auch die Bilderkette von Lichtworten, die anschaulich machen, wie die Dunkelheit erhellt werden wird (Mk 4,21–25 parr.).[5] Der Standpunkt »drinnen« wird von Gott selbst definiert, der sein Geheimnis offenbart – denen, die es wahrzunehmen bereit sind, der Standpunkt »draußen« von denen, die Jesus weder ihr Ohr leihen noch ihr Herz schenken. Die Gleichnisse müssen dann immer wieder von vorne zu arbeiten beginnen.

Die Irritation, die von dieser erzählten Didaktik Jesu ausgeht, ist so groß, dass die historisch-kritische Exegese nahezu einhellig die Schlüsselaussagen auf das Konto einer nachösterlichen Redaktion setzt, die ihrem Ressentiment freien Lauf gegeben habe, dass Jesus so oft auf taube Ohren gestoßen sei. Folgte man diesem Ansatz, müsste man allerdings ein Bild des historischen Jesus malen, das in einem tiefen Widerspruch zu allen Quellen stände, die man für eine Recherche heranziehen kann. Das ist nicht prinzipiell auszuschließen. Tatsächlich ist an der Prägung der neutestamentlichen Jesusbilder durch diejenigen, die an seine Auferstehung glauben, nicht zu zweifeln. Nur gilt dies für alle Überlieferungen, auch die als »echt« eingeschätzten. So fragt sich, ob der Osterglaube die Erinnerung trübt oder das Gedächtnis auffrischt. Die irritierende Konstel-

---

[5] Vgl. *Camille Focant*, L'Évangile selon Marc (CB.NT 2), Paris 2004, 162–169.

lation spiegelt wider, dass die Gleichnisdidaktik Jesu von Anfang an etwas komplexer gewesen ist, als vielfach unterstellt wird.

Der Schlüssel ist das »Geheimnis«. Gleichnisse wahren das »Geheimnis (griechisch: *mysterion*) der Gottesherrschaft«. Sie reden nicht vom Geheimnis wie von einem Rätsel, das gelöst werden muss, sondern wie von einer Wirklichkeit, die nicht restlos erklärt werden kann, aber genau deshalb ihre Wirkung entfaltet. Von der Gottesherrschaft kann sinnvoll nicht anders als geheimnisvoll geredet werden. Gleichnisse machen das Unsichtbare sichtbar und das Sichtbare durchsichtig. Sie öffnen die Augen für die Nähe Gottes im Alltag und in den Festen, aber auch in den Katastrophen des Lebens; sie machen glückliche und unglückliche Momente des irdischen Lebens für die Gegenwart Gottes transparent. Väter, die ihren missratenen Kindern vergeben, Witwen, die ihr Recht einklagen, Bauern, die säen, Frauen, die backen, Kinder, die spielen, hat es immer gegeben und wird es immer geben. Immer hatten und haben diese Situationen ein Geheimnis: die Nähe der Gottesherrschaft. Jesus erzählt die Gleichnisse, um dieses Geheimnis nicht in Vergessenheit geraten zu lassen, sondern an die Öffentlichkeit zu bringen. Das ist seine didaktische Kunst. Nach Matthäus beruft er sich auf ein prophetisches Gotteswort (Ps 78,2):

> »Ich öffne meinen Mund und rede in Gleichnissen; ich verkünde, was seit der Schöpfung verborgen war.« (Mt 13,35)

b) Die Wege des Verstehens

Die Regiebemerkung des Evangelisten am Ende des Gleichniskapitels, dass Jesus nicht ohne Gleichnisse das Volk lehrte, damit sie verstehen (Mk 4,33.34a), endet mit dem kurzen Satz:

> »Eigens aber löste er seinen eigenen Jüngern alles auf.« (Mk 4,34b)

Mit dieser Methode gründet er nicht einen elitären Club von Besserwissern, die andere auf Abstand halten. Jesus kann vielmehr seine Jünger in die Schule des Glaubens nehmen, weil sie sich entschieden haben, ihm nachzufolgen. Was sie bei ihm gelernt haben, sollen sie nicht für sich behalten, sondern weitergeben. Nach Markus haben sie die große Aufgabe weltweiter Mission vor sich (Mk 13,10); die Weitergabe der Lehre Jesu gehört dazu. Im Matthäusevangelium heißt es als Wort des Auferstandenen explizit:

»Lehrt sie, alles zu halten, was ich euch geboten habe.« (Mt 28,19)

Die Jünger sollen demnach zu Lehrern werden; sie sollen »alle Völker« so mit der Lehre Jesu bekannt machen, dass sie – durch die Taufe besiegelt – ihrerseits in den Schülerkreis eintreten, um durch Lernen die Lehrbefähigung zu erhalten, ihre *missio*.

Wie sieht dieser Lernprozess aus? Die Evangelien entwickeln weder Lehrpläne noch überliefern sie Lerntagebücher aus dem Jüngerkreis. Aber sie stilisieren Lernwege, die zur Einsicht in das Geheimnis der Gottesherrschaft führen. Weil es sich um ein Geheimnis handelt, ist der Weg niemals abgeschlossen, sondern führt immer weiter; weil es um die Herrschaft Gottes geht, kann dieser Weg immer und überall begonnen werden.

In den Evangelien bilden die erzählten Gleichnisauslegungen Jesu eine Brücke, die aus dem Alltag ins Gottesmysterium und zurück in die Welt der Menschen führt. Von der historisch-kritischen Exegese werden sie einhellig als sekundär betrachtet – nicht ohne guten Grund, aber vielleicht nicht mit vollem Recht. Denn im Überlieferungsprozess zeigen die überlieferten Deutungen paradigmatisch, dass ein Gleichnis nicht isoliert werden kann, sondern dass es in seinen Kontext eingeordnet werden muss, um verstanden zu werden. Dieser Kontext ist aber nicht nur die Ursprungssituation der Erzählung, die rekonstruiert werden kann oder nicht; der Lehrer Jesus hat die Gleichnisse erzählt, um Wirkungen auszulösen, die im Sinne seiner Reich-Gottes-Verkündigung sind. Die überlieferten Gleichnisdeutungen zeigen im Ausschnitt, wie die Überlieferungsgemeinschaft, der sich die Evangelien verdanken, reagiert hat, um durch Aktualisierung neue Kontexte zu schaffen, die das Verstehen stimulieren.

Das Gleichnis vom Sämann wird nach Mk 4,13–20 parr. von Jesus so gedeutet, dass typische Gründe klar werden, warum die Verkündigung unfruchtbar bleibt: Es gibt Attacken von außen, aber auch Allergien von innen. Der »Satan« steht für all jene unglücklichen Verkettungen und unmenschlichen Verhältnisse, die den Hörern keine Chance lassen. Die Bedrängnisse durch Krieg, Vertreibung und Verfolgung, Not und Elend überfordern jene, die zwar gerne angefangen, aber keine Wurzeln gebildet haben. Zu Abstoßungsreaktionen kommt es aber auch dann, wenn die Prioritäten falsch gesetzt sind: nicht bei Gott, sondern beim Geld. Das eigentliche Wunder ist, dass es bei all diesen Gefährdungen diejenigen gibt, bei denen das Wort Gottes Gehör findet, so dass sie ihr Leben danach ausrichten. Am Ende werden sie das Bild beherrschen.

Ähnlich wird das Gleichnis vom Unkraut unter dem Weizen gedeutet (Mt 13,24–30)[6], das wie kein zweites religiöse Gewalt gezähmt hat.[7] Indem der Teufel und der Menschensohn auf den Plan gerufen werden, lassen sich die kosmischen und eschatologischen Dimensionen von Alltagskonflikten erkennen – und zwar in der Perspektive Gottes, der sein Recht durchsetzt, indem er seine Herrschaft aufrichtet. Damit ist auch diese Auslegung eine Einladung, die jeweils aktuelle Gegenwart in dem Horizont zu betrachten, den Jesus mit seinen Gleichnissen geöffnet hat, indem er die Nähe Gottes im Leben der Menschen und das Leben der Menschen in der Nähe Gottes sichtbar gemacht hat.

Ähnliche Funktionen erfüllen die Deuteworte, die mit vielen Gleichnissen verbunden sind. Von der historisch-kritischen Exegese werden auch sie meist als sekundär betrachtet. Dem folgen viele Unterrichtswerke, die den unkommentierten als den originalen Text ansehen. Bei einem solchen Reduktionsverfahren darf aber nicht übersehen werden, dass die Gleichnisse, als didaktische Gattung betrachtet, nie unkommentiert geblieben sind. Sie sind im Gegenteil darauf angelegt, ausgelegt zu werden: durch Jesus und durch

---

[6] Vgl. *Christian Münch*, Die Gleichnisse Jesu im Matthäusevangelium. Eine Studie zu ihrer Form und Funktion (WMANT 04), Neukirchen-Vluyn 2004.

[7] Vgl. *Arnold Angenendt*, Toleranz und Gewalt. Das Christentum zwischen Bibel und Schwert, Münster [5]2012 (2006).

seine Zuhörerschaft, später durch die Lesegemeinde, die durch die Heilige Schrift zusammenkommt. Einige der überlieferten Kommentare öffnen, andere fokussieren die Rezeption. Die Aufforderung

»Wer Ohren hat zu hören, höre« (Mk 4,9 parr.; 4,23 parr.; Lk 14,35),

appelliert an die Aktivität, die Kreativität und die Solidarität derer, die Jesus anspricht und die sich von ihm ansprechen lassen. Sie sollen das Wort auf sich wirken lassen und so in sich aufnehmen, dass sie ihren eigenen Standpunkt erkennen und so verändern, dass sie ihren Lebensweg als Gottesweg gehen können. Wie das geht, jenseits von Depression und Triumphalismus, zeigen die Jünger; die Evangelien erzählen von ihnen so, dass ihre Biographien, die ausschnittweise vergegenwärtigt werden, offen für die Biographien derer sein können, die nach Ostern – immer »heute« – ihren Weg suchen.

Andere Kommentarworte dienen der Konzentration. Das Gleichnis von den bösen Winzern (Mk 12,1–12 parr.) wird durch das Ecksteinwort (Ps 118,22f.) christologisch dadurch aufgeschlossen, dass der Horizont des Todes und der Auferstehung Jesu geöffnet wird, in dem Israel seinen Platz findet. Das Gleichnis von den Arbeitern im Weinberg (Mt 20,1–16) wird mit dem Sinnspruch: »So werden die Letzen die Ersten und die Ersten die Letzten sein« abgeschlossen (Mk 10,31 par. Mt 19,30; Lk 13,30), der die eschatologische Revolution Gottes auf den Punkt bringt, ohne die es keine Erlösung geben kann.

Keiner dieser Kommentare will eine ganz bestimmte Auslegung in Stein meißeln. Jeder Kommentar will das Gleichnis für eine Anwendung aufbereiten, die seiner Offenheit wie seiner Bestimmtheit gerecht wird, damit alle, die ein Gleichnis lesen und hören, ihre Lebenslage mit der Gottesbotschaft verbinden und dadurch die Nähe der Gottesherrschaft spürbar wird. Die Kommentare stoßen jenes Gespräch an, ohne das die Gleichnisse nicht verstanden werden können.

c) Anstößige Geschichten

Die Lieblingsgleichnisse im Religionsunterricht haben eine klare Heilsbotschaft. Aber sie sind nicht ohne Widerhaken. Das »kleine Senfkorn Hoffnung« (Mk 4,30ff. parr.) macht nicht nur Mut, dass es Wachstum gibt; es stellt eine sozusagen biologische Gesetzmäßigkeit auf: Nicht obwohl, sondern weil das Senfkorn so klein ist, wird die Senfstaude so groß wie ein Baum. Deshalb muss das Gleichnis vor dem Missbrauch geschützt werden, die Kleinen kleinzuhalten; weil sie dereinst, im Himmel, ganz groß herauskommen werden; umgekehrt öffnet es den Blick, dass der »Stärkere«, wie Johannes der Täufer ihn ankündigt, gerade den Weg der Demut geht, bis ans Kreuz.

Das Gleichnis vom verlorenen Sohn (Lk 15,11–32) hat den Widerspruch in die Geschichte selbst eingebaut. So schön es ist, die Liebe des Vaters zu sehen, der seinem Jüngsten, dem es elend geht, ein neues Leben als Sohn eröffnet, was einer Auferstehung der Toten gleichkommt, so wenig darf der Protest des Ältesten übersehen werden, der eine ungerechte Bevorzugung seines Bruders zu erkennen meint. Der Vater lädt ihn ein, das Fest der Wiedersehensfreude mitzufeiern, weil der Tod – wenigstens für diesen Moment – besiegt ist; aber ob er die Einladung annimmt, bleibt offen. Die Leserinnen und Leser sind gefragt. Wer sich eher mit dem Jüngeren identifiziert, wird anders reagieren, als wer sich eher im Älteren wiederfindet. Alle werden eingeladen, den Weg mitzugehen, den das Gleichnis weist. Aber wäre der Widerwille des Zuhausegebliebenen unsinnig, hätte Jesus von ihm nicht erzählt. Also dürfen auch in der Auslegung die Probleme, das Gleichnis als Bild Gottes zu betrachten, nicht ausgeblendet, sondern müssen durchleuchtet werden.

Das Gleichnis vom barmherzigen Samariter (Lk 10,25–37) ist in seinem Ethos der Barmherzigkeit eindeutig. Jesus entwickelt es im sokratischen Stil mit dem Gesetzeslehrer, der ihn nach dem Sinn des Lebens fragt, indem er ihn selbst die Antwort finden lässt: Im Gesetz erkennt er die Einheit von Gottes- und Nächstenliebe; in seinem Herzen erkennt er, dass kein anderer als der verhasste Samariter das heilige Gebot (Lev 19,18) erfüllt hat. Die Zumutung für den Gesetzeslehrer ist groß: Er soll aus der Gottesliebe, für die sein Herz schlägt, ableiten, dass nicht nur die Gesetzeskundigen, sondern – oft genug – die Feinde zum Vorbild werden, obwohl das Gottesbekenntnis einen großen Unterschied zwischen Juden und Samaritern macht. Der Ernstfall der Auslegung steht aber allen erst dann bevor, wenn sie den Text gelesen haben: »Geh hin und tu desgleichen!« (Lk 10,37). Nicht: dasselbe, sondern: das Gleiche. Es ist also die Fähigkeit zur Übersetzung gefragt, zur praktischen Umsetzung, die ebenso vielfältig wie eindeutig sein muss. Hier entscheidet sich, ob der Same des Wortes Frucht trägt oder nicht, nirgends sonst.

Der Anspruch des Verstehens, den die synoptische Parabeltheorie aufdeckt, besteht gerade darin, die Heilsbotschaft der Gleichnisse nicht für selbstverständlich zu nehmen; sie ist vielmehr so unglaublich gut, dass sie Staunen und Zweifeln, Widerspruch und Skepsis auslösen muss. Aber weil nach den Synoptikern die Gleichnisse von Jesus – mit allen Kommentaren – so erzählt worden sind, dass die Widerhaken spürbar werden, haben die Geschichten auch die Kraft, die natürliche Reaktion: »Das kann (oder: darf) doch nicht wahr sein!«, zu durchbrechen und Menschen von den Möglichkeiten Gottes zu überzeugen, die sie ihm kaum zutrauen mögen, ohne die aber das Reich Gottes ein Wunschtraum bliebe.

Unbeliebt sind im Schulalltag die vielen Gleichnisse, die mit dunklen Farben spielen, seien es unmoralische Helden wie der betrügerische Verwalter, den Jesus ob seiner Schläue rühmt (Lk 16,1–8), oder brutale Szenarien, nach denen ein unnützer Knecht von seinem Herrn »in Stücke gehauen« wird (Lk 12,35–48), oder der Diener, der das eine Talent, das ihm anvertraut war, vergraben hat (Mt 25,14–30), und nicht nur um das Geld gebracht, sondern »in die äußerste Finsternis geworfen« wird, wo »Heulen und Zähneklappern« herrscht (vgl. Mt 8,12; 13,42.50; 22,13; 24,51; Lk 13,28). Beide Phänomene zeigen eine theologische Robustheit, ohne die das Evangelium der Unheilsmacht des Bösen nicht widerstehen könnte. Dennoch lösen sie Proteste aus – was Jesus einkalkuliert haben dürfte; die harten Gleichnisse lassen aufhorchen und genauer hinsehen. Jesus hat das Gericht Gottes verkündet – nicht um Angst zu machen, sondern um den Opfern zu ihrem Recht zu verhelfen. Die Höllenbilder, die er in seinen Gleichnissen malt, prognostizieren nicht die ewige Verdammnis für alle unbußfertigen Missetäter, wie sie allzu oft ausgelegt werden, sondern imaginieren den Tod des Todes, ohne den es kein ewiges Leben geben kann. Benedikt XVI. hat in seiner Enzyklika *Spe salvi* geschrieben, dass die Sünder am Tag des Jüngsten Gerichts nicht alle Hoffnung fahren lassen müssen, sondern neue Hoffnung gewinnen können, weil sie noch einmal dem begegnen werden, der zu ihrer Rettung sein Leben einsetzt.[8] Ohne Gericht gibt es kein Heil, weil die Barmherzigkeit sonst die Gerechtigkeit aushebeln würde; aber das Gericht gibt es um des Heils willen, weil Gottes Gerechtigkeit seine Barmherzigkeit ist.

Die poetische Kunst des Gleichniserzählers Jesus besteht darin, die Fragen, die seine Verkündigung der Gottesherrschaft auslösen, nicht ruhigzustellen, sondern aufzuwerfen – damit sie in dem Sinn beantwortet werden können, dass die Nähe Gottes im eigenen Leben und dem der anderen erahnt wird. Die Erzählkunst der Evangelisten besteht darin, die Spur gelegt zu haben, dass solche Entdeckungen möglich sind. Die didaktische Kunst der Lehrerinnen und Lehrer besteht darin, in genau dieser Spur mit den Schülerinnen und Schülern weiterzugehen, um das Geheimnis der Gottesherrschaft hier und heute entdecken zu lassen.

---

[8] *Benedikt XVI.*, Enzyklika *Spe salvi* »Über die christliche Hoffnung«, Città del Vaticano 2007.

5. Ein Schlüsseltext: Die Bergpredigt

Ein Schlüsseltext für die Suche nach einer neutestamentlichen Theologie der Didaktik, die auf eine Theologie der Bildung zielt, ist die Bergpredigt[1]. Matthäus hat sie als katechetisches Kompendium gestaltet. Der Evangelist hat ein theologisches Programm der Didaktik entworfen, dass die Jünger Jesu, seine Schüler, zu Lehren qualifiziert, die ihrerseits Schüler zu Lehrern machen sollen. Dadurch entsteht eine lebendige Tradition des Lehrens und Lernens, die für die Kirche grundlegend ist, nicht im Widerspruch zu ihrer sakramentalen Struktur, sondern als deren notwendiges Korrelat, wenn anders die Kirche nicht vom Ritualismus beherrscht wird. Matthäus überliefert, wie Jesus als Auferstandener den verbliebenen Elf auf dem angewiesenen Berg in Galiläa erschienen sei, um sie zu senden:

>»Geht, macht alle Völker zu Jüngern, indem ihr sie tauft auf den Namen des Vaters und des Sohnes und des Heiligen Geistes und sie lehrt, alles zu halten, was ich euch geboten habe.« (Mt 28,19f.)

Taufe und Katechese sind auf das Engste verbunden. Die Jünger sollen genau das lehren, was Jesus sie gelehrt hat. Wenn von seinem Gebot gesprochen wird, ist die Rückbindung zur Bergpredigt besonders klar. Vor allem jedoch: Die Jünger können lehren, weil sie – in all ihrem Kleinglauben – von Jesus gelernt haben. Wenn sie die Heidenvölker lehren sollen, dann mit dem Ziel, dass sie in genau dieselbe Nähe zu Jesus, dem Lehrer, gelangen, in der sie selbst sich befinden. Deshalb ist die Lehre, wie Matthäus sie als Prinzip der Verkündigung reflektiert, ein Rückgrat sowohl der Traditionsbildung der Kirche als auch der Vergegenwärtigung des Glaubens. Die Bergpredigt liefert den Schlüssel.

---

[1] Vgl. *Hans-Dieter Betz,* The Sermon on the Mount (Hermeneia), Augsburg (USA) 1995; *Ulrich Luz,* Das Evangelium nach Matthäus I (EKK I/1), Neukirchen-Vluyn [5]2005.

Die ihr eingeschriebene Didaktik aufzuschlüsseln, erfordert, die beteiligten Personen zu untersuchen, den Lehrer und die Schüler, den Ort und die Zeit, die Form und den Gegenstand, das Ziel und den Effekt des Unterrichts.

a) Die Person des Lehrers: Der Messias des Wortes

Die zentrale Figur der Bergpredigt ist Jesus. Er ist ein Lehrer, aber einer der ganz besonderen Art.[2] Er lehrt, weil Glauben und Wissen keine Gegensätze sind: Der Glaube gibt zu denken; er hat Inhalte, mit denen man sich auseinandersetzen muss. Nach Jesus gehört neben dem Herzen, der Seele und der Kraft auch der Verstand zu den Organen der Gottesliebe (Mt 22,37 par. Mk 12,30). Wenn das Evangelium *gelehrt* werden kann, ist der Glaube nicht blinder Gehorsam, sondern reflektierte Zustimmung. *Fides et Ratio* gehören zusammen, was Johannes Paul II. unterstrichen hat[3]; nur wenn er sich der Kritik der Vernunft aussetzt, kann der Glaube die Versuchung der Aggressivität bestehen und dem Frieden dienen, wie Benedikt XVI. in *Deus caritas est* gelehrt hat.[4]

Die Bergpredigt ist zu hundert Prozent Christologie – ohne jeden Hoheitstitel. In der Bergpredigt wird Jesus mit Bezug auf Mose gezeichnet[5]: Der Berg ist sein Lehrstuhl; das Gesetz ist sein Thema; die Prophetie ist sein Bezugspunkt.

---

[2] Das ist Thema von *Jin Man Chung,* Gottes Weg mit den Menschen. Zur Verbindung von Christologie und Soteriologie im Matthäusevangelium, Diss. Bochum 2016.

[3] Enzyklika *Fides et ratio* von *Papst Johannes Paul II.* an die Bischöfe der katholischen Kirche über das Verhältnis von Glaube und Vernunft, Bonn [7]2014.

[4] Enzyklika »*Deus Caritas est*« von *Papst Benedikt XVI.* an die Bischöfe, Priester und Diakone, an die gottgeweihten Personen und an alle Christgläubigen über die christliche Liebe vom 25. Dezember 2005, Città del Vaticano 2006.

[5] Vgl. *Hans-Ulrich Weidemann* (Hg.), Er stieg auf den Berg ... und lehrte sie (Mt 5,1f.). Exegetische und rezeptionsgeschichtliche Studien zur Bergpredigt (SBS 226), Stuttgart 2012.

»*¹Als Jesus die Volksmenge sah, stieg er auf den Berg und setzte sich; seine Jünger traten zu ihm, ²und er öffnete seinen Mund und lehrte sie: ...«* (Mt 5,1f.)

Für Matthäus ist Jesus nicht eine Kopie des Mose, sondern das Original, auf das hin schon Mose seinen Dienst geleistet hat. Jesu Berg liegt nicht in der Wüste, sondern mitten in Israel. Er gibt das Gesetz nicht nur, sondern erfüllt es. Er weist nicht nur den Weg ins Land der Verheißung, sondern verkündet und verkörpert das Reich Gottes. Das alles macht Jesus nach Matthäus nicht gegen, sondern für und mit Mose. Er beginnt nicht bei null, sondern mitten in der Glaubensgeschichte Israels, die durch die Tora ihre entscheidende Wegweisung erhalten hat. Jesus ist für Matthäus der von Mose verheißene Prophet (Dtn 18,15); er übt seinen prophetischen Dienst als Lehrer aus. Matthäus fokussiert die gelebte Christologie Jesu; er lässt sie in der erzählten Christologie des Evangeliums aufleben, so dass die reflektierte Christologie des Bekenntnisses ihre entscheidende Referenz aus der Geschichte Jesu in Erinnerung halten kann. Dass in dieser narrativen Christologie das Lehren zentral ist, erklärt sich aus der Bedeutung der Umkehr (wörtlich des Umdenkens) und des Glaubens für die Annahme der Gottesherrschaft (Mt 4,17) und die Zugehörigkeit zur Ekklesia Jesu (Mt 16,18).

Die besondere Qualität der Lehre Jesu, die an der Person des Lehrers hängt, spiegelt sich in der redaktionellen Schlussnotiz des Evangelisten:

»*²⁸Und es geschah, als Jesus diese seine Worte beendet hatte, da erstaunte die Menge ob seiner Lehre; ²⁹denn er lehrte sie wie einer, der Macht hat, und nicht wie ihre Schriftgelehrten.«* (Mt 7,28f.)

Der didaktische Mehrwert Jesu ist nicht in quantitativen, sondern nur in qualitativen Kategorien zu ermessen. Es geht nicht um graduelle Effektivität, sondern um theologische Dignität. Jesus lehrt nicht »wie die Schriftgelehrten« (Mt 7,28), weil er das, was er zu lehren hat, von Gott selbst gelernt hat, aber nicht von menschlichen Lehrern. Ohne dass er sich ein einziges Mal selbst zum Thema macht, lehrt er in der Bergpredigt, wer er selbst ist – weil er nach Matthäus das, was er zu sagen hat, nur als Sohn Gottes sagen kann, der sich mit dem

Wort Gottes identifiziert.[6] Seine Lehre informiert nicht nur über die wesentlichen Inhalte des Glaubens, sondern lädt dazu ein, sie durch Lernen sich anzueignen. Wer von ihm lernt, glaubt ihm. Seine Lehre ist Teil seines messianischen Heilsdienstes. Er ist nicht *ein*, sondern *der* Lehrer. Er steht nicht in Konkurrenz zu anderen Lehrern, sondern vermittelt, was im Sinne Gottes Lehre überhaupt ist. Darüber geht der Streit, den Matthäus in seinem Evangelium scharf profiliert, insbesondere gegenüber den Pharisäern und Schriftgelehrten, mit denen Jesus am meisten verbindet.

b) Die Schülerschaft Jesu – die Jünger auf dem Weg der Nachfolge und das Volk am Fuß des Berges

Jesus wendet sich in der Bergpredigt an seine Jünger (wörtlich: seine Schüler). In den Versen zuvor hat er überliefert, wie sie zu ihm gefunden haben: durch seinen Ruf in die Nachfolge. Als Beispiel wird erzählt, wie Jesus Simon und Andreas, Jakobus und Johannes als Fischer zu Menschenfischer berufen hat (Mt 4,18–22 par. Mk 1,16–20). Summarisch wird erzählt:

> »Jesus zog in ganz Galiläa umher, lehrte in den Synagogen, verkündete das Evangelium vom Reich und heilte im Volk alle Krankheiten und Leiden.« (Mt 4,23)

Auf diese Weise, durch den Weg Jesu in die Öffentlichkeit Israels, durch seine Worte und Taten, breitet sich sein Ruf aus (Mt 4,24f.). Wer ihm zustimmt, tritt, wenn der Ruf ihn erreicht, in seine Jüngerschaft ein.

Die Perspektive der Jünger ist in der Bergpredigt besonders dort zu erkennen, wo Jesus vom »Salz der Erde« und vom »Licht der Welt« spricht (Mt 5,13–16): Die Jünger sollen ihre guten Werke sprechen lassen; wenn sie im Glauben getan werden, können dieje-

---

[6] Das ist eine nachösterliche Transformation des Anspruchs Jesu selbst; vgl. *Martin Hengel*, Jesus als messianischer Lehrer der Weisheit und die Anfänge der Christologie, in: ders. – Anna Maria Schwemer, Der messianische Anspruch Jesu und die Anfänge der Christologie (WUNT 138), Tübingen 2001, 81–131.

nigen Menschen, die von ihnen profitieren, die Ethik mit Gott in Verbindung bringen und ihm die Ehre geben. Deshalb müssen die Jünger zuerst selbst orientiert werden; das geschieht grundlegend durch die sog. Antithesen, die sich locker am Dekalog orientieren und vom Kult bis zur Sexualität, von der Vergebung bis zum Gewaltverzicht, von der Wahrhaftigkeit der Sprache bis zur Feindesliebe paradigmatisch an empfindlichen Punkten das ganze Leben von der Gerechtigkeit Gottes bestimmt sein lassen wollen (Mt 5,17–48). Die Jünger müssen sich aber auch vor der Gefahr der Heuchelei, der großen Versuchung der Frommen, warnen lassen, die gerade dort brisant wird, wo die Werke der Liebe – Almosen, Beten, Fasten – getan werden (Mt 6,1–18). Sie werden angehalten, ihren Alltag, einschließlich ihres Umganges mit Geld, nicht von der Sorge um den Sieg im Kampf ums Dasein, sondern von der Liebe zu Gott und der Liebe zum Nächsten bestimmt sein zu lassen (Mt 6,19–34). So ist die Bergpredigt eine Schule der Nachfolge, die Selbstkritik mit Gottesliebe, Weltdienst mit Frömmigkeit und Wissen mit Zuwendung verbindet.[7]

Allerdings schreibt Matthäus zum Schluss, dass die Menge am Fuß des Berges von Jesu Lehre beeindruckt ist (Mt 7,28f.). Jesus hat sich also so an seine Jünger gewendet, dass die Menschen am Fuß des Berges hören konnten, was er ihnen zu sagen hat. Der Evangelist hat gleichfalls sorgfältig die Szenerie gestaltet, die zur Konstellation der Bergpredigt führt. Er notiert, dass sich der Ruf Jesu, der auf seiner Verkündigung des Gottesreiches in Galiläa beruht, bis nach Judäa, Jerusalem und Transjordanien, aber selbst bis nach Syrien und in die Dekapolis verbreitet (Mt 4,24f.). Deshalb kommt ein buntes Volk am Fuß des Berges zusammen, aus ganz Israel – und darüber hinaus. Es ist die Welt im Kleinen, die nach dem österlichen Missionsauftrag im Großen zum Missionsort werden soll.

Weil sie an die Jünger adressiert ist, ist die Bergpredigt keine Fensterrede, sondern eine Einführung in das Evangelium auf dem

---

[7] Als ethische Theologie erschlossen von *Eberhard Schockenhoff*, Die Bergpredigt. Aufruf zum Christsein, Freiburg i. Br. 2014.

Weg des Glaubens und der Nachfolge. Weil die Jüngerbelehrung aber nicht abgeschottet, sondern aufgeschlossen ist, lädt Jesus diejenigen, die nicht zu seiner Schule gehören, ein, seiner Lehre Aufmerksamkeit zu schenken und, wenn sie überzeugt sind, in die Nachfolge einzutreten.

In den Seligpreisungen, mit denen die Bergpredigt beginnt (Mt 5,3–12 par. Lk 6,20f.), sind die verschiedenen Adressatenkreise zusammengeschlossen. Diejenigen, die Jesus anspricht, sind die Jünger und alle, die sich mit ihnen identifizieren wollen, aber auch alle, mit denen sie sich identifizieren sollen. Auf der einen Seite sind sie als Arme, als Trauernde, Hungernde und Verfolgte in besonderer Weise der göttlichen Hilfe bedürftig. Auf der anderen Seite sind sie als Demütige, als Herzensreine, als Barmherzige, als Friedensstifter in besonderer Weise der göttlichen Hilfe würdig. Jesus redet in den Seligpreisungen eine Fülle von Menschen an, die auf die eine oder andere Weise entweder Not leiden oder menschlich handeln – oder beides zusammen. Die Verheißung verändert ihren Status und vollendet ihren guten Willen. Deshalb sind die Seligpreisungen keine Vertröstungen, sondern Verheißungen, die schon hier und jetzt das Denken, das Glauben und Leben all derer verändern sollen, die leben, wie Jesus es vormacht, und auf Gott ihr Vertrauen setzen, wenn sie scheitern. Hier liegt der theologische Nerv der jesuanischen Didaktik.

c) Ort und Zeit der Katechese: Israels Berg mitten in der Welt

Matthäus hat den Ort und die Zeit der Bergpredigt sorgfältig gestaltet. Beides ergibt sich aus dem Kern der Sendung Jesu selbst. Er beginnt, wie Matthäus erklärt, in Galiläa, weil er der Prophetie Jesajas Gehör verschaffen will, dass gerade dem Volk, das »im Dunkeln wohnt«, im »Galiläa der Heiden« ein »Licht« aufgeht (Mt 4,13–17; vgl. Jes 8,23–9,1). Er verkündet:

> »Kehrt um, denn die Gottesherrschaft ist nahegekommen.« (Mt 4,17)

Raum und Zeit passen zusammen. Jesus gehört nach Israel, weil die Gottesherrschaft die Herrschaft *Gottes* ist, der sich bereits Abraham, Isaak und Jakob als lebendiger Gott offenbart hat (Mt 22,32f. par. Mk 12,26f.: Ex 3,6). Er verkündet nicht, dass Gottes Herrschaft irgendwann nahekommen wird, sondern dass sie bereits nahegekommen *ist*. Das Perfekt der griechischen Überlieferung markiert ein Geschehen der Vergangenheit, dessen Wirkung die Gegenwart bestimmt. Das gilt auch für die Gottesherrschaft. Das Matthäusevangelium öffnet weite Zeithorizonte, deren Grenzen immer überschritten werden: nach rückwärts über die Taufe und die Verkündigung des Täufers Johannes bis in die Stimme der Prophetie Israels hinein, die Gottes ewigen Heilsratschluss mit seinem eschatologischen Heilshandeln vermitteln, nach vorwärts auf das Kommen der Gottesherrschaft zu, um das seine Jünger im Vaterunser bitten sollen (Mt 6,9–13 par. Lk 11,14), alle Zeit bis zum Ende aller Tage im vollendeten Reich Gottes.

In dieser Zeit ergreift Jesus das Wort, um zu lehren. An einem bestimmten Ort setzt er an, um alle Welt zu erreichen; zu einer bestimmten Zeit fängt er an, um alle Zeit zu erfüllen. Im österlichen Pendant zur Bergpredigt, der Erscheinung auf dem Berg, zieht er die Horizontlinien so weit aus, wie es nur geht: Er, dem »alle Macht gegeben ist im Himmel und auf Erden« (Mt 28,18), setzt sie ein, um »alle Tage« bei seinen Jüngern zu sein, »bis ans Ende der Welt« oder, wie es wörtlicher übersetzt heißt: »bis zur Vollendung des Äons« (Mt 28,20).[8]

Der Anfang in Israel ist der Identität Gottes mit sich selbst geschuldet, seiner Verheißungstreue, und der Verwurzelung der Kirche in Israel, der Jesus Gestalt gibt. Die universale Ausweitung ist der Einzigkeit Gottes geschuldet und der Unbedingtheit seiner Ver-

---

[8] Matthäus entspricht in österlicher Neuprägung der eschatologischen Theologie der Zeit, die auf Jesus selbst zurückgeht; vgl. *Thomas Söding, Das Evangelium der Gottesherrschaft. Die Verkündigung Jesu und die Sendung seiner Jünger*, in: George Augustin – Klaus Krämer (Hg.), Mission als Herausforderung. Impulse zur Neuevangelisierung (Theologie im Dialog 6), Freiburg i. Br. 2011, 107–140.

heißung, die über das Volk Israel alle Völker erfasst. Der Anfang im Horizont der Gottesherrschaft mit dem Kommen Jesu ist der Bindung aller christlichen Didaktik an die Verkündigung Jesu geschuldet – und deren Öffnung für die Jüngerschaft in der Nachfolge, die von Generation zu Generation nicht abreißt.

d) Der Gegenstand des Unterrichts: Das Reich Gottes und seine Gerechtigkeit

Das große Thema der Bergpredigt ist das der gesamten Verkündigung Jesu: das Reich Gottes.[9] Jesus wählt nach Matthäus das Wort, weil sich an ihm die Hoffnung Israels auf den Sieg der Gerechtigkeit Gottes über die Ungerechtigkeit dieser Welt und auf das ewige Leben derer festmacht, die in Gottes Augen gerecht sind.

Jesus verwendet das Wort als Kind seiner Zeit, für die ein König ein idealer Herrscher ist – von Gott befähigt und berufen, Gerechtigkeit für die Schwachen zu garantieren. Jesus will keinen Gottesstaat errichten, sondern Gott als den König aller Könige zu Ehren bringen. Jesus gibt diesem Schlüsselwort der biblischen Theologie eine neue Bedeutung und ein neues Gewicht: Die Gottesherrschaft ist nicht weit weg, sondern nahe, nicht nur im Himmel, sondern schon auf Erden, nicht erst in der Zukunft, sondern schon in der Gegenwart: überall dort, wo er ist und Menschen ihm nachfolgen. Die Gottesherrschaft macht nicht nur den Frommen und Guten, den Gesetzestreuen Hoffnung, sondern allen, weil Gott die Schuld vergibt und die Not behebt – durch Jesus und alle, die ihm nachfolgen. Gott übt seine Macht als Dienst aus; er unterdrückt nicht, sondern befreit – durch Jesus und seine Nachfolger. Weil Jesus mit seinem Evangelium *das* Wort Gottes verkündet, wird das Schlüsselwort zum Hauptwort seiner Verkündigung und damit der christlichen Theologie.

---

[9] Vgl. *Yves-Marie Blanchard,* Évangile et règne de Dieu, in: Cahiers Évangile 84 (1993).

In der Bergpredigt kommen die entscheidenden Punkte der Reich-Gottes-Verkündigung kompakt zum Ausdruck. Die Seligpreisungen zeigen, dass die Gottesherrschaft nicht zuerst eine Aufgabe der Menschen ist, sondern eine Gabe Gottes – die gerade diejenigen erhalten, die am dringendsten auf sie angewiesen und am besten auf sie vorbereitet sind (Mt 5,3–12). Die Bilder vom Salz der Erde und vom Licht der Welt zeigen, wie aus wenig viel werden kann – wenn man auf die Verheißung der Gottesherrschaft setzt (Mt 5,13–16). Die sog. Antithesen machen den ethischen Anspruch der Gottesherrschaft klar – bis zur Feindesliebe (Mt 5,21–48). Die »guten Werke« (wie sie schon im Judentum genannt werden) – Almosen, Beten (mit dem Vaterunser) und Fasten – erklären, wie sich der Glaube ohne Heuchelei ausdrücken kann (Mt 6,1–18). Die Weisheit Jesu zeigt, wie man sinnvoll leben kann, ohne sich von der Sorge um Geld, Prestige und Erfolg auffressen zu lassen (Mt 6,19–7,12). Zum Schluss werden in einfachen Bildern des Weges und des Hauses die Notwendigkeit einer Entscheidung und die Attraktivität der Lehre Jesu benannt (Mt 7,13–27).

Für die Bergpredigt ist – auch im Vergleich mit der lukanischen Parallele – die Verbindung der Herrschaft mit der Gerechtigkeit Gottes wesentlich.[10] Vor den Antithesen sagt Jesus nach Matthäus:

>*Meint nicht, ich sei gekommen, das Gesetz oder die Propheten aufzulösen. Ich bin nicht gekommen, aufzulösen, sondern zu erfüllen.« (Mt 5,17)*

Das »Auflösen« wäre das Abschaffen oder Aushöhlen, wie es Jesus und dem Christentum tatsächlich oft vorgeworfen worden wird (und wie es in Phasen der Theologiegeschichte auch betrieben wurde). Das »Erfüllen« ist eine Verwirklichung, die den Buchstaben vom Geist des Gesetzes her erfasst und deshalb die Herrschaft Gottes selbst zum hermeneutischen Schlüssel des Gesetzes wie der Prophetie macht – ganz konform mit ihnen. Aus dieser Programmatik folgt der Anspruch an die Jünger (und indirekt an die weiteren Zuhörerkreise):

---

[10] Vgl. *Boris Repschinski*, »Nicht aufzulösen, sondern zu erfüllen«. Das jüdische Gesetz in den synoptischen Jesuserzählungen (FzB 120), Würzburg 2009.

»Wenn eure Gerechtigkeit nicht mehr überfließt als die der Pharisäer und Schrift-
gelehrten, werdet ihr nicht ins Himmelreich eingehen.« (Mt 5,20) [11]

Die Gerechtigkeit der Pharisäer und Schriftgelehrten orientiert sich
nach Matthäus an ihrer Gesetzeshermeneutik, die zwar durch vor-
bildliche Gesetzestreue, aber auch durch eine auf den Kopf gestellte
Hierarchie der Wahrheiten geprägt sei: Nicht der Zehnte über
»Minze, Dill und Kümmel«, sondern »Gerechtigkeit, Barmherzigkeit und Glaube« seien das Wichtigste, wie es polemisch in einer
alten Überlieferung aus der Logienquelle auch bei Matthäus heißt
(Mt 23,23 par. Lk 11,42). Die Gerechtigkeit der Jünger Jesu kann
nicht darauf aus sein, die der Pharisäer und Schriftgelehrten noch
zu steigern, sondern muss den Qualitätssprung Jesu nachvollziehen,
den Überfluss der Gottesherrschaft nutzen und von daher das Gesetz erfüllen.

Diese Gerechtigkeit hat Jesus zuvor in den Seligpreisungen ein-
geführt:

»Selig, die hungern und dürsten nach der Gerechtigkeit; sie werden gesättigt wer-
den.« (Mt 5,6)
»Selig, die um der Gerechtigkeit willen verfolgt werden; ihrer ist das Himmel-
reich.« (Mt 5,10)

Der Hunger und Durst nach Gerechtigkeit soll bei den Jüngern geweckt werden, ist aber nicht nur ihnen bekannt. Die Verfolgung um
der Gerechtigkeit willen wird das Schicksal Jesu und seiner Jünger
sein, ist aber nicht nur ihr Los, sondern das vieler anderer Menschen. Jesus, der selbst den Weg der Gerechtigkeit geht (Mt 3,15;
vgl. 21,32), ist auf der Seite der Hungernden und Dürstenden, indem er ihren Hunger und Durst teilt; er ist auf der Seite der Verfolgten, der er selbst verfolgt wird. Jesus verdoppelt aber nicht ihre
Misere, sondern beendet sie. Er verheißt, dass Hunger und Durst
gestillt werden und dass sich ein Land der Freiheit eröffnen wird –
im Reich Gottes. Da Jesus das, was die Zukunft ausmacht, bereits

---

[11] Vgl. *Ryszard Zawadzki*, L'abbondare della giustizia in vista del Regno dei cieli (Mt
5,20), in: Antonianum 80 (2005) 453–484.

jetzt zusagt, weil Gottes Reich nahegekommen ist, sind Worte und Orte, Zeichen und Taten gefragt, die in der Lage sind, die Verheißung glaubhaft zu machen. Dafür steht die Kirche in der Nachfolge Jesu.

Die Verbindung des Gottesreiches mit der Gerechtigkeit qualifiziert sein Ethos: Es wird klargestellt, dass Gott kein Despot, sondern als Herr ein Freund des Lebens ist. Die Verbindung der Gerechtigkeit mit dem Reich Gottes qualifiziert das Evangelium Jesu: Es wird klargestellt, dass die Rettung nicht von menschlichen Anstrengungen, sondern nur von Gott kommen kann. Durch die Verbindung mit der Gerechtigkeit wird die Reich-Gottes-Verkündigung Jesu über den biblischen Traditionsraum hinaus kommunikabel. Durch die Verbindung mit der Gottesherrschaft wird das Prinzip der Gerechtigkeit in einer Weise transzendiert, dass Hoffnung auf die Überwindung allen Unrechts gemacht werden kann, ohne dass einer utopischen Ideologie Tribut geleistet werden müsste.[12]

In den Seligpreisungen kommt das Ethos Jesu selbst zum Ausdruck, das seiner Reich-Gottes-Verkündigung Glaubwürdigkeit verleiht und deshalb auch das Ethos seiner Nachfolgerinnen und Nachfolger prägen soll. Alle Seligpreisungen sind so aufgebaut, dass einerseits stärkste Kontraste, andererseits tiefe Entsprechungen miteinander verbunden werden. Die Kontraste spiegeln den qualitativen Sprung der Vollendung, die Entsprechungen das Prinzip der Gerechtigkeit Gottes. Einerseits gilt: Die Armen werden reich, die Hungernden werden satt, die Traurigen werden getröstet, die Verfolgten werden Frieden finden – weil Gott die Macht hat, alles Leid dieser Welt zum Guten zu wenden. Andererseits gilt: Die Gewaltlosen werden das Land besitzen, die Barmherzigen werden Barmherzigkeit erlangen, die Herzensreinen Gott schauen, die Friedensstifter als Gotteskinder erkannt werden – weil Gott nicht willkürlich, sondern gerecht handelt. Die matthäischen Seligpreisungen machen die Zugehörigkeit zum Reich Gottes nicht von mensch-

---

[12] Vgl. *Joachim Wiemeyer*, Keine Freiheit ohne Gerechtigkeit. Christliche Sozialethik angesichts globaler Herausforderung, Freiburg i. Br. 2015.

licher Moralität abhängig; aber sie zeigen die Richtung eines Le-
bensweges, den Jesus eingeschlagen hat, um der Gottesherrschaft
Bahn zu brechen. Wer ihm auf diesem Weg folgt, lebt jetzt schon
glücklicher, auch wenn es Anfeindungen, Niederlagen, Schwächen
und Schuld gibt. Auf diese Weise prägt der Inhalt auch die Situation
und die Kommunikation der jesuanischen Lehre.

e) Die Form der Unterweisung: Das Zeugnis des Glaubens

Die Bergpredigt ist ein didaktischer Monolog Jesu. Es gibt andere
Überlieferungen des lehrenden Jesus, die dialogisch sind: Streitgespräche und Schulgespräche. Die einen lassen entdecken, dass
Jesu Worte nicht selbstverständlich, sondern provokativ sind – weil
es sich um Gottesworte im Menschenmund handelt; die anderen
lassen entdecken, dass die Einsichten des Glaubens nicht einmal zu
einem Ergebnis führen, das dann nur noch festgehalten werden
muss, sondern zu einem permanenten Lernfortschritt führen – so
wie Augustinus die Seligpreisungen einschätzt[13]:

> »Sieben sind es also, die zur Vollkommenheit führen. Denn die achte klärt und
> erhellt, was vollkommen ist, wie auch die anderen über diese Stufen zur Voll-
> kommenheit geführt werden, gleich als ob sie am Anfang wieder begönnen.«

Der didaktische Monolog der Bergpredigt erklärt sich aus ihrer Stellung am Beginn des Evangeliums: Sie ist die erste, konzentrierte
und programmatische Darstellung der Lehre Jesu. Deshalb hat Matthäus die Szene so kompakt und dicht konstruiert. Jesus kommt in
seiner ureigenen Autorität zu Wort. Dass seine Lehre Heilsbedeutung hat, soll zum Ausdruck kommen – deshalb spricht der einzige,
der das originäre Lehramt der Kirche hat: Jesus selbst. Was er zu
sagen hat, kann nicht im Diskurs gefunden, es muss offenbart werden, weil es sich um Gottes Reich handelt.

---

[13] *De Sermo Domini in monte I/3 10* (CCSL 35 [1967] 9).

Freilich ist die Lehre Jesu in sich dialogisch. Sie geht von Anfang bis Ende auf die Einwände und Fragen, den guten Willen und die Vorkenntnisse der Zuhörerschaft ein.[14] Jesus spricht sie auf ihre Liebe zu Gott an, auf ihren Gehorsam gegenüber dem Gesetz, auf ihren Gottesdienst im Alltag der Welt. Er greift ihre Versuchungen und Hoffnung auf; er stellt ihnen die Konsequenzen ihrer Reaktionen vor Augen – werbend, aber nicht manipulativ, offen aber nicht belanglos, konzentriert auf den Anspruch Gottes und auf die Freude, ihm zu genügen, weil Gottes Recht das Heil der Menschen ist. Die Seligpreisungen machen den Auftakt: Die Gottesherrschaft kommt als Trost und Zuspruch, als Glückwunsch und Aufmunterung zur Sprache, weil sie nicht Angst verbreiten, sondern Hoffnung machen will – schon hier und jetzt, für immer. Die Gottesherrschaft ist teils direkt, teils indirekt die Aussicht und Begründung der Seligpreisungen. Die Aussichten, die Jesus macht, sind nicht immer neue, sondern dieselben; sie sind aber so facettenreich, dass nicht nur monoton das Reich Gottes, sondern ein kleiner Ausschnitt an Varianten und Konkretionen vor Augen treten soll. Dadurch werden Anhaltspunkte in der Gegenwart markiert, die Hoffnung machen können. Dass Menschen glücklich sein wollen, ist die Schnittstelle. Selig ist überglücklich; die Seligkeit ist ein von Gott gesegnetes himmlisches Glück. Dieses Glück ist jetzt schon zu spüren, auch in Not und Elend – wenn man Jesus glaubt.

Das wichtigste Mittel, das Jesus einsetzt, um dieses Glück zu verbreiten, ist, dass er Zeugnis von sich selbst ablegt. Die Seligpreisungen sind ein Portrait Jesu selbst. Wenn einer das Gebot der Feindesliebe erfüllt hat, dann Jesus. Das Vaterunser hat Jesus seine Jünger so gelehrt, dass sie auf ihre Weise an seinem Gottesverhältnis teilhaben können. Die Sorge um die Gottesherrschaft und ihre Gerechtigkeit hat er zu seinem Lebensprinzip gemacht (Mt 6,33). Er selbst hat keinen Menschen verurteilt, sondern alles auf Gottes Gerechtig-

---

14 Im Ansatz erschlossen von *Susanne Luther*, Sprachethik im Neuen Testament. Eine Analyse des frühchristlichen Diskurses im Matthäusevangelium, im Jakobusbrief und im 1. Petrusbrief (WUNT 230), Tübingen 2013.

keit gesetzt (Mt 7,1). Er selbst ist der Fels, auf dem das Haus festen Halt findet, selbst wenn Unwetter toben (Mt 7,24–27).

In späteren Jüngerbelehrungen kommt heraus, wie sehr Jesus daran liegt, dass seine Jünger auch wirklich verstanden haben, was er sie gelehrt hat (Mt 13,51ff.) – und dann tun, was er ihnen beigebracht hat. Damit sollen sie ihrerseits Lehrstunden geben, die zu Lernstunden werden.

f) Das Ziel und der Effekt der Erziehung: Erstaunlicher Glaube – ungläubiges Staunen

Die Bergpredigt dient nach Matthäus in erster Linie der Erziehung der Jünger. Sie sollen überzeugte Zeugen des Evangeliums werden, glaubwürdige Glaubensboten, die leben, was sie verkünden, und sagen, was sie denken. Die Jünger durchlaufen nach dem Matthäusevangelium einen regelrechten Religionskurs: Zuerst werden sie mit den entscheidenden Inhalten vertraut gemacht – in der Bergpredigt (Mt 5–7); dann wird ihnen gesagt, wie sie das, was sie gelernt haben, weitergeben sollen – in der Aussendungsrede (Mt 10), und wie sie mit ihren Erfolgen und Misserfolgen umgehen sollen – in der Gleichnisrede (Mt 13), wie sie aber auch ihre internen Konflikte lösen sollen – in der Gemeinderede (Mt 18); den Schluss bildet der Blick voraus auf die Vollendung der Gottesherrschaft – in den Endzeitreden und -gleichnissen Jesu (Mt 23–25).

So anspruchsvoll freilich das didaktische Programm der Bergpredigt ist – die Jünger bleiben kleingläubig. Matthäus hat den Kleinglauben zum Kennzeichen der Jüngerschaft gemacht[15] – nicht nur vor-, auch nachösterlich. Kleinglaube ist weder Un- noch Aberglaube. Er ist ein Vertrauen, das schwach, ein Bekenntnis, das unsicher oder allzu sicher ist, eine Lebenseinstellung, der es an Entschie-

---

[15] Vgl. *Andreas Dettwiler,* La conception mathéenne de la foi (à l'exemple de Matthieu 14/22–33), in: Etudes théologiques et religieuses 73 (1998) 333–347.

denheit fehlt. Petrus, der aus dem Boot steigt, um zu Jesus zu gelangen, aber im See versinkt, da er nur noch den heftigen Wind sieht, ist die Verkörperung dieses Kleinglaubens (Mt 14,22–33). Das Wort, das Jesus an seine schlafmützigen Jünger in Gethsemane richtet, bringt das Problem auf den Punkt:

»Der Geist ist willig, aber das Fleisch ist schwach« (Mt 22,41 par. Mk 14,38),

Jesus kritisiert den Kleinglauben, um ihn zu ertüchtigen. Aber er akzeptiert ihn, weil er der Glaube von Menschenkindern ist, denen Gott immer beispringen muss. Nach Matthäus ist die Kirche nicht durch Großglauben, sondern durch Kleinglauben gekennzeichnet. Deshalb ist sie lernfähig, auch im Lehren, deshalb ist sie aber ebenso des Lernens bedürftig, auch im Lehren.

Das Volk, so schreibt Matthäus, kommt ins Staunen – nicht mehr und nicht weniger. Es ist ein ungläubiges Staunen – und deshalb offen für den staunenswerten Glauben, den nach Matthäus nicht die Jünger an den Tag legen, aber der heidnische Hauptmann von Kapharnaum (Mt 8,5–13 par. Lk 7,1–10), die Träger, die den Lahmen durch das Dach eines Hauses Jesus zu Füßen legen (Mt 9,1–8 par. Mk 2,1–12), die blutflüssige Frau, die sich, obgleich unrein, von hinten an Jesus heranstiehlt, um gesund zu werden (Mt 9,20ff.), die beiden Blinden, die den Davidssohn Jesus um Barmherzigkeit anflehen (Mt 9,27–31) oder die heidnische Frau, die Jesus um die Heilung ihrer Tochter bittet (Mt 15,21–28). Den Jüngern werden – in der erzählten Welt des Evangeliums wie auf der Ebene der Leserschaft – diese Beispiele als Vorbilder vor Augen geführt, an denen sie sich orientieren können, was bereits ein erheblicher Lernfortschritt wäre. Jesus erzwingt diesen Glauben nicht, sondern macht ihn möglich, spricht ihn zu und lässt ihn wirken. Die Bergpredigt legt dafür die Grundlage.

g) Optionen der Didaktik im Licht der Bergpredigt

Die Bergpredigt zeigt, dass die Didaktik einen sehr hohen theologischen Stellenwert hat. Jesus lehrt in der Bergpredigt als Prophet, der sich verständlich macht. Matthäus entwickelt weder einen Unterrichtsentwurf noch ein katechetisches Materialheft, sondern präsentiert ein programmatisches Statement, aus dem hervorgeht, was Jesus wichtig gewesen ist und was er deshalb seinen Jüngern ans Herz gelegt hat. Im Religionsunterricht und in der Gemeindekatechese wird die Didaktik Jesu nicht imitiert, sondern thematisiert. Religionsunterricht und Katechese werden nicht unter Vorbehalt, sondern in der Offenheit Jesu erteilt. Die christliche Didaktik, ob sie in der Kirche oder der Schule getrieben wird, macht nichts vor, sondern klärt auf, was es heißt, Gottesliebe und Nächstenliebe zu verbinden. Der christliche Unterricht verurteilt nicht, sondern schafft Raum für die Begegnung mit Gott. Jesus ist für alle offen, die zu ihm kommen wollen; er kommt ihnen entgegen; er nennt aber auch klar die Ansprüche, die Gott auf das Leben der Menschen erhebt; wer ihnen nicht genügt, muss hoffen, dass die Ethik der Bergpredigt keine Illusion, sondern der klarste Ausdruck der Liebe Gottes ist.

So wenig eine Kopie der Bergpredigt möglich ist, so aufschlussreich ist doch ihre didaktische Konstellation. Matthäus sieht die Jüngerschaft als eine kleine Gruppe, die angetreten ist, die Welt zu verbessern, und hofft, die Welt zu überwinden. In den gesellschaftlichen Konstellationen, die den Glauben als Minderheitenprogramm kennt, ist diese Orientierung von großem Interesse – so wie die volkskirchlichen Milieus immer jene Männer und Frauen gebraucht haben, die mehr als nur das getan haben, was die Mehrheit glaubt. Das Christentum steht in der Antike unter hohem Konkurrenzdruck. Es hat sich durchgesetzt, weil es eine überzeugende Botschaft mit einer innovativen Organisation verbunden und sich nicht von der Umwelt abgeschottet, sondern in sie eingebracht hat – mit der Fähigkeit, sich verständlich zu machen, aber auch mit dem Interesse, neue Impulse aufzunehmen. In der Bergpredigt ist die Goldene Regel ein Markenzeichen:

»Alles, was ihr wollt, dass die Menschen euch tun, tut ihnen. Denn dies ist das Gesetz und die Propheten.« (Mt 7,12)

Die Goldene Regel ist eine Maxime internationaler und interkultureller Ethik.[16] Die positive Wendung, die Jesus ihr gibt, unterstreicht den ethischen Gestaltungsanspruch. Dass aber die Goldene Regel – wie später das Doppelgebot – als moralischer Inbegriff der Tora gilt (wofür es Parallelen im Judentum der Zeit gibt), zeigt, wie wenig Jesus eine Sondermoral, wie sehr er vielmehr Moralität überhaupt lehrt und dass Matthäus ihn als Lehrer zeichnet, der sich über den engsten Kreis seiner Getreuen verständlich machen will und kann.

In diesem theologischen Kommunikationsfeld zeichnen sich Optionen christlicher Didaktik ab, die in unterschiedlichen Bildungsprozessen kreativ konkretisiert werden müssen. Der Religionsunterricht steht in der Wirkungsgeschichte dieses Ansatzes – und muss auf die Lebensbedingungen heute abgestimmt werden, wie Jesus sich auf die damaligen Bedingungen eingestellt hat.

Im Blick auf die Lehrerschaft: Weil Jesus *der* Lehrer ist, kann kein anderer Lehrer der Messias sein: der Retter des Lebens. Im Religionsunterricht wird wie in der Gemeindekatechese diese Differenz zwischen *dem* Lehrer und den vielen menschlichen Lehrerinnen und Lehrern in seiner Nachfolge aufgedeckt, so dass eine kritische Auseinandersetzung mit der Lehre Jesu und dem, was von ihm gelehrt wird, möglich wird. Alle, die lehren, haben zuerst die Schule besucht; niemand macht seine eigene Klasse auf, alle sind bei Jesus in die Lehre gegangen. Eine wichtige Lektion Jesu lautet:

»Ihr sollt euch nicht Rabbi nennen lassen, denn einer ist euer Lehrer, ihr alle aber seid Brüder.« (Mt 23,8)

Im Blick auf die Schülerschaft: Eine Didaktik, die sich von der Bergpredigt inspirieren lässt, ist ebenso adressiert wie transparent. Sie wendet sich in erster Linie an diejenigen, die sich bereits auf den

---

[16] Vgl. *Albrecht Dihle*, Die goldene Regel. Einführung in die Geschichte der antiken und frühchristlichen Vulgärethik (SAW 7), Göttingen 1962. Allerdings deutet der Autor die Goldene Regel als sublimen Egoismus.

Weg des Glaubens gemacht haben: um ihnen zu zeigen, worauf sie sich eingelassen haben und welche Aussichten sich ihnen bieten. Sie ist aber offen für diejenigen, die möglicherweise nur staunen und viel zu kritisieren haben, weil gerade so der Glaube verbreitet werden kann. Der Religionsunterricht, gerade der an einer öffentlichen Schule, ist ein Ort, an dem genau diese Orientierung erfolgen kann. Er ist geeignet, die nötige Offenheit zu entwickelt, ohne die es keinen legitimen Anspruch auf öffentliche Religionsausübung geben kann. Er bietet die Chance, sich mit der Bergpredigt auseinanderzusetzen, so dass die Schülerinnen und Schüler heute die Möglichkeit haben, informiert und qualifiziert zu entscheiden, welche Position sie einnehmen wollen. Die Gemeindekatechese muss Sorge tragen, nicht ins Hinterzimmer einer geschlossenen Kirche verlegt zu werden, sondern zu einer Kommunikationszone zu werden, in der die Verbindungen zwischen Glaube und Leben entdeckt und gestärkt werden. In der Bergpredigt selbst steht das entscheidende Wort Jesu:

> *»Nicht jeder, der zu mir sagt: ›Herr! Herr!‹, wird in das Himmelreich kommen, sondern nur, wer den Willen meines Vaters im Himmel erfüllt.«* (Mt 7,21)

Im Blick auf den Zeitraum: Nach Matthäus gibt es keine Komfortzonen, in denen unangefochten der Glaube trainiert werden kann, sondern nur die Konfliktherde mitten im Leben, die Glauben herausfordern. Das Evangelium geht alle Welt an, zu jeder Zeit, bleibt aber nicht im Ungefähren, sondern ergibt sich aus der Konzentration auf Israel wie der Öffnung für die Völker und der Nutzung des Augenblicks wie der Offenheit für die Zukunft. Weder der Religionsunterricht noch die Gemeindekatechese finden auf der Spitze des Berges statt, den vielmehr Jesus einnimmt. Ebenso wenig sind sie in den Tiefebenen des Lebens platziert, wo sich die Sehnsucht der Nachfolge ausgebreitet hat. Die Jünger sind am Berg, mit Jesus zusammen, an ihm orientiert. Dort hören sie, von dort aus sollen sie losziehen, um zu lehren, was sie gelernt haben. Das ist der symbolische Ort des Religionsunterrichts wie der Gemeindekatechese: Der Religionsunterricht stellt die Verbindung zum Volk

dadurch her, dass er die Lehre Jesu öffentlich macht; die Gemeindekatechese die Verbindung mit Jesus dadurch, dass sie die öffentliche
Lehre Jesu internalisiert. Auf diese Weise ergibt sich, in welchen bildungspolitischen Organisationsformen auch immer, eine funktio-
nale Differenzierung, die eine theologische Kooperation erst möglich macht. Unter den Bedingungen der Gegenwart kann so die
Hermeneutik der Bergpredigt zum didaktischen Ernstfall werden.
Das Weisheitswort Jesu, mit dem die Warnung vor der Sorge
schließt, öffnet die Augen für die Möglichkeit und Notwendigkeit
einer je neuen Orientierung am Wesentlichen:

»*Sorgt euch also nicht um morgen; denn der morgige Tag wird für sich selbst sorgen. Jeder Tag hat genug eigene Plage.*« (Mt 6,34)

Im Blick auf den Inhalt: Gott und seine Herrschaft ist das wichtigste
Thema der Didaktik. Heute ist es ein Fremdwort. Dieses Fremdwort
muss gelernt werden – wie man Fremdsprachen lernen muss, um
sich richtig ausdrücken und gut bewegen zu können. Es muss und
kann aber auch übersetzt werden, so dass es in den eigenen Wort-
schatz der Schülerinnen und Schüler wie der Katechumenen über-
gehen kann. Die matthäische Verbindung mit der Gerechtigkeit ist
eine stabile Brücke, die auch heute trägt. Das Evangelium lässt sich
nicht auf Ethik reduzieren; aber die Ethik ist eine Bewegungsfläche,
auf der sich die Gottesfrage stellt und auf der sie ernsthaft beantwortet werden kann. In der Schule ist es nur der Religionsunterricht, in dem diese Gottesfrage *expressis verbis* zur Sprache kommt;
deshalb gilt es, ihre befreiende und bildende Kraft zu entwickeln,
die allein schon dadurch entsteht, dass sie gestellt wird und dass
die überlieferten wie aber auch je neue Antworten bekannt werden.
In der Kirche ist die Katechese der einzige Ort, an dem die Gottesfrage als Frage thematisiert wird, deren Antwort von den Katechumenen selbst gebildet werden muss, weil der Glaube eine Gewis-
sensfrage ist, und in die Gemeinschaft der Gläubigen führt, weil
der geteilte Glaube die Kirche zur Kirche macht. So heißt es in der
Gleichnisrede:

»Viele Propheten und Gerechte haben sich danach gesehnt zu sehen, was ihr seht, und haben es nicht gesehen, und zu hören, was ihr hört, und haben es nicht gehört.« (Mt 13,17)

Im Blick auf die Form: Die didaktische Kompetenz Jesu besteht nach Matthäus darin, die großen Hoffnungen und wesentlichen Orientierungen Israels in der Tora und der Prophetie nicht zu leugnen, sondern zu affirmieren und zu transzendieren. Historisch-kritisch betrachtet, ist das erste ein »ökumenisches Evangelium« (Ulrich Luz), weil es – letztmalig, aber nachhaltig – genuin judenchristliche mit ambitioniert heidenchristlichen Traditionen vermittelt. Dies geschieht nicht auf dem Weg der Kompromissbildung, sondern der radikalen Vertiefung und Öffnung. Matthäus prägt zum Schluss der Gleichnisrede das Bild des gelehrten Lehrers, der freigiebig austeilt:

»*Jeder Schriftgelehrte also, der ein Jünger des Himmelreichs geworden ist, gleicht einem Hausherrn, der aus seinem reichen Vorrat Neues und Altes hervorholt.*« (Mt 13,52)

Im Blick auf das Ziel und den Effekt: Der Anspruch Jesu ist klar: Umkehr – Glaube – Nachfolge, Hören – Verstehen – Befolgen, Lernen – Lehren – Lernen. Matthäus hat sich diesen Anspruch zu Eigen gemacht und deshalb sein Evangelium geschrieben. Die Bergpredigt hat allerdings einen offenen Schluss: Die Jünger wollen und können sich von Jesus belehren lassen, müssen aber noch viel lernen. Das hört nie auf. Nach Mt 7,28f. gibt es im Volk ein großes Staunen. Das hört gleichfalls nicht auf – nicht unähnlich dem, das heute eintritt, wenn eine Tageszeitung – wie in Deutschland vielfach geschehen – in friedenspolitischen Debatten den Text der Bergpredigt abdruckt. Das Staunen kann zur Ablehnung und zur Zustimmung werden – oder es kann einem Desinteresse weichen. Jesus zwingt zu nichts, er trägt und erträgt alles – indem er sich auf die Situation einlässt und in ihr die Tür zu Gott öffnet. Diese Offenheit ist gewollt. Denn der Glaube kann sich nur frei entscheiden; die Kritik braucht er nicht zu fürchten, sondern kann von ihr profitieren. Die Gemeindekatechese und der Religionsunterricht haben – je an ihrem Ort und auf ihre Weise – die Aufgabe, diese Möglichkeiten zu eröffnen. Diese Offenheit behält die Bergpredigt beim Lesen des Matthäusevangeliums. Wer sie liest, wird gefragt, ob er lieber in sicherer Distanz bleiben oder protestieren oder in den Kreis der Jünger eintreten will, die sich um Jesus versammeln. Ihnen gilt die Zusage, damals wie heute, in Israel wie in Europa und der ganzen Welt:

»Wo zwei oder drei in meinem Namen versammelt sind, da bin ich mitten unter ihnen.« (Mt 18,20)

6. Ein Spitzentext: Das Johannesevangelium

Im Verhör vor Hannas und Kaiaphas sagt Jesus nach dem Johannesevangelium:

> »Ich habe öffentlich vor der Welt gesprochen, und allezeit habe ich gelehrt in der Synagoge und im Tempel, wo alle Juden zusammenkommen, und im Geheimen habe ich nichts gelehrt.« (Joh 18,20)

Im Kontext des Johannesevangeliums ist dies die Antwort des verfolgten Propheten auf die drängende Frage des Hohenpriesters, sich in einem hochnotpeinlichen Verhör zu einer Lehre zu bekennen, die lange schon im Verdacht der Blasphemie steht (Joh 10,33), weil sie das Wort Gottes zu usurpieren scheint. Der Vierte Evangelist hat das Logion genau auf seine Offenbarungstheologie abgestimmt, dass die Inkarnation des Logos (Joh 1,14) einen definitiven Ort göttlichen Redens in der Welt markiert. Jesus ist gesandt, Kunde von Gott zu bringen (Joh 1,18). Er ist Zeuge der Wahrheit Gottes (Joh 18,37), die er nach Johannes nicht nur schriftgemäß verkündet (Joh 10,35), sondern auch selbst verkörpert (Joh 14,6).

a) Die johanneische Provokation

Jesus erfüllt nach dem Vierten Evangelium von Anfang bis Ende die Aufgabe, nicht dies und das, sondern den Einen und Einzigen zur Sprache zu bringen, und zwar nicht nur als neue Information über Aspekte der Theologie, sondern als Mitteilung im genauen Sinn des Wortes: als Anteilgabe an der Liebe Gottes, die der ganzen Welt gilt und in der Sendung seines eingeborenen Sohnes ewiges Leben schafft (Joh 3,16). Weil dieser Gott der Gott Israels ist, muss Jesus in Israel und als Jude das Wort ergreifen. Weil der Gott Israels der Eine ist, der alles beherrscht und belebt, wendet

Jesus sich mitten in Israel an die weltweite Öffentlichkeit. Weil die Wahrheit auf dem Spiel steht, redet er als Lehrer, der auf Einsicht und Erkenntnis aus ist, auf freie Zustimmung und überzeugten Glauben. Weil es nur eine Wahrheit für alle gibt, redet er nichts im Geheimen, sondern agiert in voller Freiheit auf der Bühne der Welt. Weil diese Wahrheit unendlich ist, sucht er eine große Fülle von Orten und Formen. Die absolute Offenheit der Lehre Jesu setzt Prozesse des Lernens und Verstehens frei, von denen der Lehrer selbst nicht ausgenommen ist und von denen er seinen Schülerinnen und Schülern Kunde gibt, damit sie, von ihm eingeladen und angeleitet, ihre eigenen Lehren ziehen können.

Das Johannesevangelium eröffnet einen denkbar weiten Horizont der Theologie und postuliert denkbar viele, aber auch denkbar bestimmte Orte theologischer Lehre, des argumentativen, kritischen, reflektierten, des überzeugenden, gewinnenden, befreienden Redens von Gott zur Belehrung, Erziehung und Bildung sowohl von Lehrerinnen und Lehrern, angefangen mit Jesus selbst, als auch von Schülerinnen und Schülern, angefangen mit seinen Jüngerinnen und Jüngern. Keine Christologie des Neuen Testaments setzt höher an als die johanneische, die im Munde Jesu selbst begegnet; kein theologischer Anspruch des Neuen Testaments ist größer als der johanneische, der auf die Exegese Gottes durch Jesus zurückgeführt wird. Deshalb steht das Johannesevangelium nicht nur im Fokus neutestamentlicher Offenbarungstheologie, sondern auch im Brennpunkt antiker und moderner Offenbarungskritik. Sie richtet sich gegen den Anspruch absoluter Wahrheit, die der Weisheit letzter Schluss sein will und darin den Menschen den Himmel auf Erden verspricht. Ist dieser Anspruch zu rechtfertigen? Ist er nicht hypertroph? Und fundamentalistisch? Zerstört er nicht jede Möglichkeit eines Dialoges mit anderen Religionen? Entzieht er sich nicht der Religionskritik? Denunziert er nicht religiöse Skepsis? Kann er wirklich Lernprozesse in ihrer eigenen Dynamik gelten lassen, oder legt er nicht immer schon das Ziel jedes denkbaren Lernweges ein für alle Mal fest? Der Verdacht kommt auf, im Namen Gottes solle monopolisiert und uniformiert werden, was sinnvolles Leben sein möchte, obwohl es sich nur in Freiheit entfalten kann.[1]

Keine andere neutestamentliche Schrift macht deshalb die Frage nach dem Religionsunterricht als Ort der Theologie brisanter als das Johannesevangelium. Die Brisanz liegt im Verständnis von »Theologie« und »Ort« ebenso wie im Verständnis von »Religion« und »Unterricht«. Wenn Theologie gelehrt und gelernt werden kann, sind Religion und Glaube nicht Gegensätze, sondern Entsprechungen. Wenn Religion unterrichtet wird, kommt so oder so Theologie vor. Aber wie? Mit welchen Rückkopplungen und Wechselwirkungen?

Die Fragen gewinnen hohe Relevanz, ob sie in kirchlichen oder in gesellschaftlichen Räumen diskutiert werden und wo die Antworten zu didaktischen Prozessen führen, die Kenntnisse und Kompetenzen, Urteilsvermögen, Methodenbeherrschung und Kritikfähigkeit junger Menschen in Sachen Religion und Glaube fördern wollen. Das wird in der Schule besonders brisant. Denn in der Universität und in Volkshochschulen sind es auf allen Seiten Erwachsene, die aufgrund freier Entscheidungen handeln; in der Schule aber sind es Kinder und Jugendliche, die der Schulpflicht unterliegen und erst mit 14 Jahren religionsmündig werden.

Der Ansatz bei Johannes spitzt die hermeneutische Frage zu, ob der Wahrheitsanspruch Jesu unterrichtstauglich und der Religionsunterricht theologieträchtig ist. Wie verhält sich das Evangelium zur Offenheit und zur Bestimmung menschlichen Lebens, das in der Schule durch Bildung gefördert werden soll? Und wie verhalten sich Schülerinnen und Schüler, Lehrerinnen und Lehrer zur Eindeutigkeit und Vielseitigkeit der Christologie im Namen Gottes? Für den Religionsunterricht müssen diese Fragen unter

---

[1] Vgl. *Jan Assmann,* Die mosaische Unterscheidung oder der Preis des Monotheismus, München – Wien 2003. Das Problem dieses Verdachts besteht darin, dass die Verbindung der Glaubens- mit der Wahrheitsfrage als aggressiv, aber nicht als rational eingeschätzt wird.

den Bedingungen des weltanschaulich neutralen, pluralistischen und demokratischen Rechtsstaates diskutiert werden. Sollte die Diskussion in einer Sackgasse enden, machte es weder aus neutestamentlicher Sicht noch von einer demokratischen Warte aus Sinn, am öffentlichen Religionsunterricht festzuhalten. Das Neue Testament – mit dem Johannesevangelium als Spitzentext – könnte dann zwar nach religionswissenschaftlichen, kulturgeschichtlichen, entwicklungspsychologischen und bildungspolitischen Maßstäben, deren relatives Eigenrecht nicht zu bestreiten ist, immer noch Unterrichtsgegenstand sein, müsste aber darauf beschränkt werden, als Anschauungsmaterial in andere Deutungssystemen eingeordnet zu werden, ohne die Beurteilungsmaßstäbe mitbestimmen zu dürfen. Das hätte weitreichende Folgen. Man würde zwar immer noch die christliche Urkunde des Glaubens behandeln, müsste aber darauf verzichten, vom Kanon der Theologie selbst her die Schule und den Religionsunterricht als einen theologischen Ort zu definieren. Man stünde vor einem Dilemma.

Zu erkennen, ob es besteht oder nicht und welche theologischen wie didaktischen Konsequenzen sich aus der einen oder anderen Antwort ergeben, setzt voraus, die Form der öffentlichen Gottesrede genauer zu betrachten, die der Vierte Evangelist auf Jesus von Nazareth zurückführt und durch die Auferstehung Jesu von den Toten bestätigt sieht. Dass die Ur-Szene der Johannespassion in der Geschichte des Christentums seit langem als Plädoyer für Religions- und Redefreiheit gedeutet worden ist (allerdings oft nur im eigenen Interesse und zu selten stellvertretend für andere), lässt den Versuch einer Interpretation nicht *a priori* aussichtslos erscheinen. Dass die johanneische Szene das Bekenntnis Jesu mit der Verleugnung Petri synchronisiert (Joh 18,12–27)[2], ist von schmerzlichem, aber ernüchterndem Realismus: Es zeigt die ganze Schwierigkeit aller Schülerinnen und Schüler, zu Lehrerinnen und Lehrern im Namen Jesu zu werden, und die qualitative Differenz

---

[2] Zu den exegetischen Fragen vgl. *Jean Zumstein*, L'Évangile selon Saint Jean (13–21) (CNT IVb), Genève 2007, 205–214.

zu dem, der selbst durch die Schuld wie die Not der Menschen bis in seiner tiefsten Seele Grund erschüttert worden ist; es zeigt aber auch, dass die Zeugenschaft Jesu nicht in der Anklage der Versager zum Ziel kommt, sondern im Freispruch derer, die er von ihrer Schuld entlastet: durch sein Leben, seinen Tod und seine Auferstehung. Das ist die Lehre, die Jesus erteilt.

b) Die freie Rede Jesu und seiner Jünger nach Johannes

Die Öffentlichkeit, die Jesus nach dem Johannesevangelium für seine Lehre in Anspruch nimmt, wird von ihm genau bestimmt: hinsichtlich der Orte, die er wählt, und hinsichtlich der Formen, die er prägt, um Gott zur Sprache zu bringen.

(1) Orte

Die Orte, die Jesus nach Johannes für die freie Rede von Gott betritt, sind ebenso bestimmt wie verbreitet. Sie zeichnen sich nach dem Vierten Evangelium in einer Folge ab, die auf den geschichtlichen Grundzug des Offenbarungshandelns Gottes abgestimmt ist: auf die Dynamik seines universalen Heilswillens, der seine Liebe zur Welt, die er durch die Sendung seines eingeborenen Sohnes verwirklicht (Joh 3,16)[3], als Konsequenz seiner Erwählung Israels und als Vollendung der Schöpfung erweist.

Synagoge und Tempel

Weil der eine Gott, in dessen Namen Jesus das Wort ergreift, der Gott Israels ist, spricht Jesus durchweg als Jude und wendet sich zu

---

[3] Vgl. *Enno Edzard Popkes,* Die Theologie der Liebe Gottes in den johanneischen Schriften. Zur Semantik der Liebe und zum Motivkreis des Dualismus (WUNT II/197), Tübingen 2005.

erst an Juden.[4] Im Verhör vor den Hohenpriestern[5] bezieht er sich auf den Tempel und die Synagoge; er bestimmt sie dadurch, dass hier »alle Juden zusammenkommen«. Das ist idealtypisch formuliert. »Jude« ist bei Johannes keine geographische und soziologische[6], sondern eine theologische Bezeichnung, die durch die Erwählung des Gottesvolkes, die Gesetzgebung durch Mose, die Entstehung und Rezeption der Schrift, die wahre Gottesverehrung auf dem Zion, die Erwartung des Messias, zuletzt durch das Zeugnis des Täufers Johannes, aber auch durch den Gegensatz zu den Heiden (Joh 18,35) und durch den Konflikt mit den Samaritern geprägt ist (Joh 4,9.19–24).[7]

Synagoge und Tempel[8] sind nach Johannes die markanten Orte des Judentums, das sich als Volk Gottes versteht, sich also von Gott

---

[4] Das Judesein Jesu ist angewandte Inkarnationstheologie bei Johannes; vgl. *Thomas Söding*, Der Gottessohn aus Nazareth. Das Menschsein Jesu im Neuen Testament, Freiburg i. Br. [2]2008, 53–59.331–337. Der jüdische Hörerkreis ist ein wesentlicher Aspekt jesuanischer Ekklesiologie nach Johannes.

[5] Zu Funktionen und Personen vgl. *James C. VanderKam*, From Joseph to Caiaphas. High Priests after the Exile, Minneapolis/Assen 2004.

[6] So *Malcom Lowe*, Who where the IOYDAIOI?, in: Novum Testamentum 18 (1976) 101–130. Kritische Differenzierung: *Cornelis Bennema*, The Identity and Composition of hoi Ioudaioi in the Gospel of John, in: Tyndale Bulletin 69 (2009) 239–263.

[7] So *Wendy E.S. North*, »The Jews« in John's Gospel. Observations and Interferences, in: James G. Kroskey (Hg.), Judaism, Jewish Identities and the Gospel Tradition. FS Maurice Casey, London 2010, 207–226.

[8] Über die Tendenzen der Forschung zu Synagogen informiert *Stephen K. Catto*, Reconstructing the First-Century Synagogue. A Critical Analysis of Current Research (Library of New Testament Studies 363), London 2007. Einen ersten Eindruck verschafft *Martin Hengel*, Proseuche und Synagoge. Jüdische Gemeinde, Gotteshaus und Gottesdienst in der Diaspora und in Palästina (1971), in: ders., Judaica et Hellenistica. Kleine Schriften I (WUNT 90), Tübingen 1996, 171–195. Einen weiten Bogen schlägt *Lee L. Levine*, The Ancient Synagogue. The First Thousand Years, New Haven – London 1990. Kulturwissenschaftlich arbeitet *Stephen Fine*, Sacred Realm. The Emergence of the Synagogue in the Ancient World, Oxford 1996. Den religionsgeschichtlichen Hintergrund des Neuen Testaments beleuchtet *Carsten Claußen*, Versammlung, Gemeinde, Synagoge. Das hellenistisch-jüdische Umfeld der frühchristlichen Gemeinde (StUNT 27), Göttingen 2002; *ders.*, Synagogen Palästinas in neutestamentlicher Zeit, in: Stefan Alkier – Jürgen Zangenberg (Hg.) Zeichen aus Text und Stein. Studien auf dem Weg zu einer Archäologie des Neuen Testaments, Tübingen – Basel

bestimmen lässt und sich auf Gott bezieht. Tempel und Synagoge sind im Judentum der Zeit Jesu wie im Vierten Evangelium nicht nur Orte der Gottesdienstfeier, sondern auch der Lehre: der Disputation und Deklaration, der Pädagogik und der Mystagogik. Alle Dimensionen gehören zusammen. Tempel und Synagoge sind Orte öffentlicher Lehre in einem Horizont, den der Glaube an den einen Gott definiert und die Geschichte Israels konkretisiert. Es sind, soweit aus den historischen Quellen bekannt, die wesentlichen Orte jüdischer Lehre, die nicht nur dem privaten Studium, sondern der verantworteten, der sozialen und politischen, vor allem aber der ethischen und theologischen Orientierung des ganzen Volkes am Gesetz dienen soll, insofern es den Willen Gottes kodifiziert und zu immer neuer Auseinandersetzung nötigt.

Das Vierte Evangelium hat die jüdische Theologie und Kultur des Tempels wie der Synagoge christologisch affirmiert und transzendiert. Jesu Besuch in der Synagoge von Kapharnaum (Joh 6) ist

---

2003, 351–380. Die Symbolik der Architektur erschließt *David Milson,* Art and Architecture of the Synagogue in Late Antiquity Palestine (Ancient Judaism and Early Christianity 65), Leiden 2007. Spezialforschungen zum für Joh 6 wichtigen Aspekt bieten *Heinrich Kohl – Carl Watzinger,* Antike Synagogen in Galiläa (Wissenschaftliche Veröffentlichungen der Deutschen Orientgesellschaft 29), Osnabrück 1975; vgl. auch *Lee L. Levine,* The Nature and Origin oft he Palestinian Synagogue Reconsidered, in: Journal for Biblical Literature 115 (1996) 425–448. Zu Zeitgenossen des Johannesevangelisten vgl. *Frowald G. Hüttenmeister,* »Synagoge« und »Proseuche« bei Josephus und anderen antiken Quellen, in: Dietrich-Alex Koch – Hermann Lichtenberger (Hg.), Begegnungen zwischen Christentum und Judentum in Antike und Mittelalter. FS Hans Schreckenberger (STDJ 1), Göttingen 1993, 163–181.
Das Standardwerk zur Architektur und Baugeschichte des Tempels ist *Theodor A. Businik,* Der Tempel von Jerusalem. Von Salomo bis Herodes: Eine archäologisch-historische Studie unter Berücksichtigung des westsemitischen Tempelbaus. I: Der Tempel Salomos. II: Von Ezechiel bis Middot, Leiden 1970.1980. Aspekte der Sozial- und Religionsgeschichte verknüpft *Jostein Ådna,* Jerusalemer Tempel und Tempelmarkt im 1. Jahrhundert, Wiesbaden 1999. Ekklesiologisch orientiert *Beate Ego* (Hg.), Gemeinde ohne Tempel. Zur Substituierung und Transformation des Jerusalemer Tempels und seines Kults im Alten Testament, antiken Judentum und frühen Christentum (WUNT 188), Tübingen 1999.

so signifikant wie seine Pilgerschaft[9] zu den jüdischen Festen[10], die zu seinen zahlreichen Auftritten im Tempel führt. Hier wie dort agiert er als Lehrer. Hier wie dort führt er Dialoge über Gott und die Welt. Hier wie dort ist es sein Wort, das die Orte für Gott öffnet, so wie er ihn verkündet. Hier wie dort ist es die von Jesus selbst provozierte Kritik, die zum Medium der Erkenntnis wird. Hier wie dort ist die jüdische Hermeneutik des Lehrens und Lernens virulent.

Die jüdische Theologie braucht diese Form der Lehre in der Öffentlichkeit, weil das fortgesetzte Lehren und Lernen das Medium ist, in dem der Wille Gottes durch die Interpretation der Tora in seinem gegenwärtigen Anspruch erkannt wird.[11] Diese Lehre vollzieht sich im Austausch verschiedener Auffassungen und in der Dokumentation anerkannter, wenn auch zuweilen spannungsreicher, gar widersprüchlicher Auslegungspositionen. Davon ist das Textbild des Talmuds bis heute geprägt. Es gehört zur Matrix des Judentums.[12] Die schriftgemäße Lehre setzt auf die Vermittlung von Kenntnissen und Kompetenzen, auf die Bildung von begründeten Überzeugungen, auf die Entstehung von Schülerschaft.[13] Dass die Synagoge und der Tempel, also Häuser der Gottesverehrung, zum bevorzugten Ort der Lehre geworden sind, ist auch der begrenzten Infrastruktur geschuldet, folgt aber aus dem Ernst der Lehre, die

---

[9] Den Hintergrund beleuchten *Shemuel Safrai,* Die Wallfahrt im Zeitalter des Zweiten Tempels, Neukirchen-Vluyn 1981; *Oliver Dyma,* Die Wallfahrt zum Zweiten Tempel. Untersuchungen zur Entwicklung der *Wallfahrtsfeste* in vorhasmonäischer Zeit (FAT II/40), Tübingen 2009.

[10] Vgl. *Dorit Felsch,* Die Feste im Johannesevangelium. Jüdische Tradition und christologische Deutung (WUNT II/308), Tübingen 2011.

[11] Vgl. *Daniel Krochmalnik,* Im Garten der Schrift. Wie Juden die Bibel lesen, Augsburg 2006.

[12] Vgl. *Jacob Neusner,* Judaism. The Basics, London 2006.

[13] Vgl. *James L. Crenshaw,* Education in Ancient Israel. Across the deadening Silence, New York 1998; *Holger Delkurt,* Erziehung nach dem Alten Testament, in: Jahrbuch für Biblische Theologie 17 (2002) 227–253; *David M. Carr,* Writing on the Tablet of my Heart. Origins of Scripture and Literature, Oxford 2005; s. u. *Franceso Gioia,* Metodi e ideali educativi dell'antico Israele e del vicino Oriente, Roma 2008.

eng mit der Feier des Gottesdienstes verknüpft ist und mit den caritativen Einrichtungen, die zur Synagoge wie zum Tempel gehörten. Das Hauptgebot verbindet die Liebe zu Gott, die im Gottesdienst ihre dichteste Gestalt findet, mit dem Ethos und der Praxis des Lernens (Dtn 6,1–8). Beides gibt es nicht ohne die Tora; ohne beides gäbe es die Tora nicht. Das gilt es zu lernen und zu lehren.

Die Form offener, weil wahrheitsgetreuer Lehre in der Synagoge und im Tempel wird von Jesus, wie er bei Johannes agiert, genutzt, um die äußerste Konsequenz der Vermittlungsstrategie jüdischer Schrifthermeneutik zu ziehen: die Gegenwart des Wortes Gottes. Diese Gegenwart macht er an seiner eigenen Person fest. Jesus bringt in der Synagoge und im Tempel sich selbst als Wort Gottes zur Sprache: durch die Brotrede in der Synagoge von Kapharnaum (Joh 6) und schließlich durch die Hirtenrede im Tempel von Jerusalem (Joh 10).

Aus dieser johanneischen Offenbarungstheologie, die sich in der erzählten Lehre Jesu ausdrückt, folgt nicht, wie die christliche Exegese vielfach gemeint hat, eine Aufhebung, sondern eine Aufwertung der Synagoge wie des Tempels, allerdings von dem Standpunkt aus, den Jesus mit Berufung auf Gott eschatologisch neu definiert: Sie sind jetzt konkrete, nämlich von Gott selbst bestimmte Orte der Offenbarung Gottes durch die Selbstoffenbarung Jesu. Sie stehen untereinander in Verbindung: aufgrund der Geschichte Israels und durch die Verkündigungswege Jesu. Sie sind allesamt nicht End-, sondern Durchgangstationen des Glaubensweges, der durch Jesus in den Himmel führt. Das johanneische Trauma des Ausschlusses aus der Synagoge (Joh 9,22; 12,42; 16,2)[14] – wie immer es um die historische Realität dieses schwierigen und schmerzlichen Prozesses bestellt gewesen sein mag – spiegelt die überragende Bedeutung jenes Ortes wieder, der nicht nur ein Gebäude, sondern eine Kommunität ist: das gelebte, auch das gelehrte Judentum. Der Tempel ist für Jesus nach Johannes das Haus seines Vaters, das nicht zu

---

[14] Vgl. *Jörg Frey*, Das Bild der Juden im Johannesevangelium, in: Michael Labahn – Klaus Scholtissek – Angelika Strotmann (Hg.), Israel und seine Heilstraditionen im Johannesevangelium. Festgabe Johannes Beutler, Paderborn 2003, 33–53: 38–45.

einer Markthalle verkommen darf (Joh 2,13–22)[15]; seine Jünger erinnern sich an Ps 69,10: »*Der Eifer für dein Haus wird mich verzehren*«, und werden, schreibt der Evangelist, nach Ostern verstehen, dass Jesu gesamte Sendung bis hin zu seinem Tod und seiner Auferstehung der Heiligung dieses Ortes dient (Joh 2,17).[16]

Aus der johanneischen Topographie jesuanischer Didaktik ergeben sich weitreichende Konsequenzen für die christliche Pädagogik, die vom Johannesevangelium angebahnt, aber nicht vorgeschrieben werden: Unter den hermeneutischen Bedingungen der johanneischen Christologie wäre zu fragen, wo heute der Tempel und die Synagoge als »Lehrhaus«, verbunden mit Gottesdienst und Caritas, in der Gemeinschaft seiner Schüler errichtet werden und an welchen Orten alles Volk erreicht werden kann, dass es mit dem Wort Gottes in Kontakt komme.

Aus der erzählten Didaktik Jesu ergibt sich aber auch, dass es eine christliche Erziehung ohne Einführung ins Judentum nicht geben kann (so oft es sie auch gegeben hat). Das Judentum ist für die Schülerinnen und Schüler Jesu nach dem Johannesevangelium keine fremde Religion, sondern die ihres Lehrers, der seine Theologie als Sohn des himmlischen Vaters nicht zufällig in Israel gelernt hat und sich mitten in Samaria am Jakobsbrunnen in der 1. Person Plural mit allen anderen Juden zusammenschließt:

»*Wir wissen, was wir anbeten; denn das Heil kommt von den Juden.*« (Joh 4,22)[17]

---

[15] Zum weiteren Horizont der neutestamentlichen Sicht auf den Tempel vgl. *Timothy Wardle*, The Jerusalem Temple and Early Christian Identity (WUNT II/291), Tübingen 2010.

[16] Vgl. *Christine Metzdorf*, Die Tempelaktion Jesu. Patristische und historisch-kritische Exegese im Vergleich (WUNT II/168), Tübingen 2003.

[17] Allerdings ist dieser Punkt in der Exegese sehr strittig. Johannes wird oft ein mehr oder weniger starker Antijudaismus unterstellt. Den Forschungsstand eruiert *Reimund Bieringer* (Hg.), Anti-Judaism and the Fourth Gospel. Papers of the Leuven Colloquium 2000, Assen 2001. Nach dem »Lexikon für Theologie und Kirche« kann allerdings kein Zweifel am johanneischen Antijudaismus herrschen: vgl. *Gerhard Dautzenberg*, Art. Antijudaismus, in: LThK[3] 1 (1993) 749f. Nach *Michael Theobald* (Das Evangelium nach Johannes [RNT], Regensburg 2009) ist es gerade die christologisch aufgeladene Offenbarungstheologie, die Israels Heilsgeschichte aufsaugt und

Die Konflikte Jesu mit Pharisäern und Sadduzäern sind bei Johannes gerade deshalb so scharf zugespitzt. Eine mehr oder weniger sublime Vereinnahmung des Judentums durch das Christentum ist bei Johannes ausgeschlossen. Dass es Streit um das gibt, was das Judentum der Juden, den Anspruch des Gesetzes und den Sinn der Heiligen Schrift ausmacht, ist – nicht nur, aber besonders stark – durch das Johannesevangelium dem kanonischen Gedächtnis des Neuen Testaments eingebrannt.[18] Der Streit zeigt, was auf dem Spiel steht: das Grundverständnis Gottes in seinem Verhältnis zu Jesus von Nazareth. Die Differenzen müssen heute in eine jüdisch-christliche Unterscheidungslehre eingebracht werden, die dem Religionsfrieden dient.[19]

Der Jakobsbrunnen

Die eschatologische Einmaligkeit seines öffentlichen Lehrens erlaubt und gebietet es Jesus, so erzählt Johannes, den kulturellen Ho-

---

damit dem Judentum seinen Platz im Heilsplan Gottes streitig macht. Allerdings gibt es Gegenstimmen, die von der Christologie her einen johanneischen Zugang zur bleibenden Erwählung Israels und der theologischen Sendung der Juden ausmachen; vgl. vor allem *Franz Mußner,* Traktat über die Juden, München [2]1988 ([1]1979); weiter: *Klaus Scholtissek,* Antijudaismus im Johannesevangelium? Ein Gesprächsbeitrag, in: Rainer Kampling (Hg.), »Nun steht aber diese Sache im Evangelium ...«. Zur Frage nach den Anfängen des christlichen Antijudaismus, Paderborn 1999, 151–181; *Udo Schnelle,* Die Juden im Johannesevangelium, in: Christoph Kähler (Hg.), Gedenkt an das Wort. FS Werner Vogler, Leipzig 1999, 217–230. Die Bedenken, die von jüdischer Seite aus nicht nur *Mischa Brumlik* (Johannes: das judenfeindlichste Evangelium, in: Kirche und Israel 4 [1989] 102–113) geltend gemacht hat, zeigen aber, dass die Diskussion an diesem empfindlichen Punkt nicht beendet ist. Ein differenziertes Urteil begründet *Maria Neubrand,* Das Johannesevangelium und »die Juden«. Antijudaismus im vierten Evangelium?, in: Theologie und Glaube 99 (2009) 205–217.

[18] Vgl. *Jean Zumstein,* Ausgrenzung aus dem Judentum und Identitätsbildung im Johannesevangelium, in: Friedrich Schweitzer (Hg.), Religion, Politik und Gewalt (Europäischer Kongress für Theologie 12), Gütersloh 2006, 383–393.

[19] Ansätze dazu bei *Peter Hünermann – Thomas Söding* (Hg.), Methodische Erneuerung der Theologie. Konsequenzen der wieder entdeckten jüdisch-christlichen Gemeinsamkeiten (QD 200), Freiburg i. Br. 2003.

rizont jüdischer Theologie zu überschreiten und neue Orte der Lehre zu definieren, an denen die Theologie Israels in ihrer Universalität zur Geltung kommt. Als Paradigma steht – in den Grenzen historischer Plausibilität der *vita* Jesu – das Gespräch Jesu mit der Samariterin am Jakobsbrunnen (Joh 4). Dieser Brunnen rührt an die gemeinsamen Wurzeln von Juden wie Samaritern.[20] Jesus redet mit der Frau als »Jude«, als »Prophet«, als »Messias«, als »Retter der Welt« (Joh 4,42). Er bietet in diesem Gespräch, das man als ein Religionsgespräch lesen kann, keine zweitklassige, sondern eine originäre Theologie; er offenbart sich ebenso als eschatologischer Offenbarer des Vaters wie zuvor im Dialog mit Nikodemus, den der Evangelist politisch als Mitglied des Synhedrion (Joh 3,1) und den Jesus theologisch als »Lehrer Israels« tituliert (Joh 3,10).

Jesus ist jedoch nach Joh 4 als Exeget auch ein Hermeneut Gottes, denn er versteht es, zuerst die Frau, dann auch die anderen Samariter von deren eigenen Voraussetzungen her, heißt: aus dem Horizont ihrer eigenen – biographischen und politischen – Geschichte als Samariter heraus, zur Begegnung mit dem Wort Gottes und damit zu einer wahren Erkenntnis Gottes zu führen, die sich im Bekenntnis zu Jesus artikuliert und zugleich den alten Streit mit den Juden befriedet. Indem Jesus als Mann und als Jude mit der Samariterin am Jakobsbrunnen ins Gespräch kommt, überwindet er eine hohe Hürde der Verständigung, ohne dass er irgendetwas von seinem Anspruch, seinem Wissen, seiner Zusage minderte. Er redet als Mann, als Jude, als Prophet, als Messias, als Gottessohn, als Heiland der Welt; nur deshalb kommt es überhaupt zum Gespräch, zum Fragen, zur Erkenntnis – und in diesem glücklichen Fall zum Einverständnis.

Die hermeneutische Kompetenz Jesu, die der Evangelist beschreibt, ist keine Konzession an die Schwäche des Fleisches oder die Grenzen geschichtlicher Kontingenz, sondern eine Konsequenz aus der Stärke des Geistes und der Unbegrenztheit der Liebe Gottes. Sie

---

[20] Den kulturellen Kontext beleuchtet *Jürgen Zangenberg*, ΣΑΜΑΡΕΙΑ. Antike Quellen zur Geschichte und Kultur der Samaritaner in deutscher Übersetzung (TANZ 15), Tübingen – Basel 1994.

gründet in der Absolutheit, mit der Jesus die Wahrheit des einen Gottes als die Wahrheit aller offenbart, zu der sie in Freiheit gelangen können. Denn nur weil es sich nicht um eine, sondern um *die* Wahrheit handelt, kann sie befreien (Joh 8,32) – wenn sie von Menschen als ihre Wahrheit verstanden wird. Im Gespräch, das Jesus mit der Frau und mit den Samaritern führt, wird ihre Geschichte besprochen – kritisch und empathisch. Im Glauben, zu dem Jesus die Frau und ihre Landsleute nach Joh 4 führt, wird ihre Geschichte als Samariter nicht ausgelöscht, sondern aufgewertet: weil Jesus ihren Ursprung bei Jakob mit ihrem Ziel verbindet, der Vereinigung mit Gott.

Jesus hat gemäß seinem Selbstzeugnis nach Joh 18,20 dadurch »zur Welt« geredet, dass er in der Synagoge und im Tempel das Wort ergriffen hat. Er konnte sich auf diese Orte beschränken, weil dort – so sagt er es jedenfalls nach dem Vierten Evangelium – alle Juden zusammenkommen. Er wollte sich auf sie konzentrieren, weil hier die besten Voraussetzungen bestanden, Gott zur Sprache zu bringen. Um die Samariter einzubeziehen, musste Jesus aber an den Jakobsbrunnen gehen. Nur dort, vor Ort, konnte er den Gegensatz zwischen dem Zion und dem Garizim als theologisches Problem aufdecken, aber auch die Lösung formulieren – und zwar nicht nur theoretisch, sondern praktisch, nicht deklaratorisch, sondern diakonisch, nicht über die Köpfe der Samariter hinweg, sondern im Lehrgespräch von Angesicht zu Angesicht. Die Lösung besteht darin, die »Anbetung Gottes« weder auf den Tempelberg noch gar auf den Garizim zu fixieren, sondern »im Geist und in der Wahrheit« zu lokalisieren, d. h. aber: Jesus, den Exegeten Gottes, als Ort der Gotteserfahrung und des Gottesdienstes zu erkennen (Joh 4,22f.). Anders als die liberale Theologie protestantischer Provenienz im 19. Jahrhundert meinte, trägt die Spiritualität Jesu nach Johannes keinen anti-institutionellen Zug an sich, sondern lässt die Ortsbestimmungen theologischer Rede, die er vorgefunden hat, neu markieren:[21] Es gibt weder eine Fixierung authentischer Litur-

---

[21] Betont von *Erik Peterson*, Johannesevangelium und Kanonstudien, hg. v. Barbara Nichtweiß (Ausgewählte Schriften 3), Würzburg 2003, 185–189.

gie auf den Tempel noch auf die Kultstätte der Samariter, es gibt auch keine Multiplikation heiliger Stätten, sondern deren aller Transzendierung. Es ist ein qualitativer Sprung, der mit der Inkarnation des Logos und der Verkündigung des Gotteswortes durch Jesus gegeben ist und dadurch die Konkretionen auf einer neuen Ebene ansiedelt.

Aus den Lernwegen, die der Lehrer Jesus nach Johannes bahnt, indem er sie selbst vorangeht, ergeben sich Konsequenzen für eine christliche Didaktik, die sich vom Vierten Evangelium Inspiration holt. Das Gespräch am Jakobsbrunnen ist das Paradebeispiel für einen interreligiösen Dialog. Jesus führt ihn aus der Tiefe seiner Gotteserkenntnis heraus und öffnet dadurch einen Zugang zur Glaubens- und Lebenswelt der Samariterin. Das setzt Maßstäbe. Interreligiöses Lernen führt nicht von einem neutralen Beobachterstandpunkt aus, sondern von der Mitte der eigenen Religion her zu einer Begegnung mit anderen. Dass das Christentum, das sich oft anders zeigt, diese Kraft hat, zeigt das jesuanische Beispiel, von dem Johannes erzählt. Für den Religionsunterricht hieße dies, dass er sich auf die Suche nach den Jakobsbrunnen dieser Welt machen müsste. So wie Jesus Durst hatte und sich nicht zu schade war, die Frau aus Samaria um Wasser zu bitten, so können die religiösen Brunnen dieser Welt auch von seinen Schülerinnen und Schülern aufgesucht werden, weil sie trinken müssen; so kann durch sie bei denen, die dort schöpfen, der Durst nach dem Lebenswasser Gottes entstehen.

Die Diaspora

Da Jesus nach Johannes in den Synagogen und im Tempel Israels »vor aller Welt« Öffentlichkeit für seine Lehre herstellt, ergibt sich die Frage, wie er von diesen Orten aus in aller Welt, im ganzen Kosmos, Orte der Gottesrede (im doppelten Sinn des Genitivs) erschließt. Die Grenzen des historisch Plausiblen werden im Johannesevangelium beachtet; sie sind für den Vierten Evangelisten auch theologisch stimmig: Der weltweite Horizont öffentlicher Gottesrede kommt bei Johannes als Vorausschau Jesu auf die Zeit nach seinem Tod und seiner Auferstehung in den Blick. Unmittelbar vor Beginn der Passionsgeschichte erzählt der Vierte Evangelist in gewollter Umständlichkeit von den Versuchen gottesfürchtiger Griechen, über Philippus und Andreas Kontakt mit Jesus aufzunehmen (Joh 12,20ff.).[22] Der jedoch verweigert sich – weil zuerst geschehen muss, was die Stunde geschlagen hat (Joh 12,23). Aber wenn das Weizenkorn gestorben sein wird, wird es viele Früchte bringen (Joh 12,24ff.), die auch die Griechen nähren.

Doch ist in der Exegese strittig, wie der Wunsch der Griechen zu bewerten und ob er zu erfüllen ist. Das Johannesevangelium treibt keine Apologie der Völkermission, sondern bleibt bei seinem Thema, die konkreten Orte der Gottesrede zu definieren, die Jesus vor der Passion mit Verweis auf den Zeitfaktor, also auf das, was noch geschehen muss, in einem kosmischen Horizont avisiert. Die Frage wird, wie es sich gehört, im Tempel diskutiert. Als Jesus dort von seinem Weggang an einen Ort spricht, an den ihm niemand folgen kann (Joh 7,34), rätseln die Hörer, ob er wohl – wie ein Wanderprediger – in die Diaspora aufbrechen wolle (Joh 7,35). Es gehört zur johanneischen Ironie, dass sie gar nicht wissen, wie recht sie haben. »Diaspora«[23] heißt Zerstreuung; in einer jüdischen Hermeneutik, die Johannes projiziert, ist die Diaspora ein negativer Ort: Die Distanz zu Jerusalem, zum Tempel, zum Heiligen Land wird erlitten, weil Gott das Volk für seine Schuld büßen lässt. Jesus widerspricht nicht der Kennzeichnung des Kosmos als Diaspora; aber durch seinen Tod und seine Auferstehung macht er die Zerstreuung zu einem Ort der Sammlung – und entspricht dadurch der Diasporatheologie der Schrift.[24] Diese Ortsbestimmung wird die Aufgabe

---

[22] Joh 12,26 spricht dafür, dass es sich nicht um Diasporajuden, sondern um Gottesfürchtige handelt; vgl. *Johannes Beutler,* Greeks come to see Jesus (John 12,20s), in: Biblica 71 (1990) 333–347; er schlägt den Bogen zu Jes 52,15 LXX.

[23] Vgl. *Frank Lothar Hossfeld,* Israel in der Diaspora, in: Clemens A. Kathke – Günter Riße (Hg.), Diaspora: Zeugnis von Christen für Christen. 150 Jahre Bonifatiuswerk der deutschen Katholiken, Paderborn 1999, 205–216.

[24] Das ist – ohne dass Johannes es zitierte – schriftgemäß, wie sich aus Ez 11,16 LXX ergibt: »*So spricht der Herr: Ich werde sie zu den Völkern vertreiben und auf der ganzen*

seiner Jünger sein, die er ausführlich in den Abschiedsreden darauf vorbereitet.

Erste Zwischenfrage

Nach dem Johannesevangelium gibt es prinzipiell keinen Ort, an dem das Evangelium nicht kommuniziert werden könnte. Es ist aber nicht heimatlos, sondern sucht sich auf der ganzen Welt bestimmte Orte: eine Synagoge, einen Tempel, einen Jakobsbrunnen, ein Weizenkorn. Alle Orte sind dadurch ausgezeichnet, dass über Gott gesprochen wird. Einige sind für solche Gespräche prädestiniert, andere werden erst durch das Gespräch zu einem heiligen Ort. Wo Jesus dabei ist, wird die Frage nach Gott als Wahrheitsfrage gestellt und so beantwortet, wie es der Theologie Jesu selbst entspricht. Überall ist es letztlich ein Mensch, der zum Ort der Gottesrede wird: ein Mensch aus Fleisch und Blut, wie der göttliche Logos einer geworden ist (Joh 1,14).

So sehr aber an allen Orten der eine Gott zur Sprache kommt, so unterschiedlich redet Jesus von ihm. Nach Johannes hat Jesus einen starken Sinn für den *spiritus loci*. Die Kernfragen der Christologie, die Schlüsselfragen des Glaubens sind, werden im innersten Bezirk des Heiligen diskutiert: in der Synagoge und im Tempel. Die Welt, wie sie im Johannesevangelium erscheint, braucht diese heiligen Orte, weil die Herzensangelegenheiten der Religion nicht auf dem offenen Markt ausgetragen werden können, sondern, mitten in der Öffentlichkeit, den geschützten Raum der gegebenen Voraussetzungen, der gesicherten Vorkenntnisse, der getroffenen Vorentscheidungen benötigen, um mit dem nötigen Ernst, der nötigen Anteilnahme, der nötigen Offenheit besprochen werden zu können. Gerade nach dem Johannesevangelium ist Jesus ein spiritueller Meister der Einzelgespräche. Die Orte heiliger Intimität werden im Johannesevangelium durch die Religion des Judentums definiert, in

---

Erde zerstreuen; und ich werde ihnen zum kleinen Heiligtum in den Ländern, in die sie gekommen sind.«

die Jesus eintaucht und aus der heraus er selbst agiert. Sie sind als bestimmte Orte immer kategorial. Gerade im Blick der Religionssoziologie verstärkt sich die Tendenz: Sobald der Funktionalismus die Maßstäbe setzt, ist von *identity markers,* von Unterscheidung und Abgrenzung die Rede.

Die Didaktik Jesu lässt allerdings nach Johannes entdecken, dass dies theologisch nur die halbe Wahrheit ist. Denn es ist der eine Gott und Vater aller, der die Orte jüdischer Identität bestimmt. Deshalb ist es an Jesus, der Gottes Wort und Heiligtum verkörpert, auch die heiligen Orte anderer Religionen für die Verehrung des einen Gottes aufzuschließen; dafür steht das Gespräch am Jakobsbrunnen. Damit wird die Bestimmung des Tempels, die sich in der Bestimmung der Synagoge spiegelt, so transzendiert, dass die Entgegensetzung überwunden und eine neue Qualität der Verbindung geschaffen wird: die Anbetung »im Geist und in der Wahrheit«, die überall dort möglich ist, wo Jesus ist – vorösterlich in seiner somatischen, österlich in seiner pneumatischen Präsenz.

Aus demselben monotheistischen Grund ist es die Welt der Diaspora, der Zerstreuung und der vermuteten Gottesferne, in die hinein Jesus Gott bringt, so dass erkennbar wird, wie sehr Gott sie immer schon geliebt hat (Joh 3,16). Der Zeitfaktor, den Jesus nach Joh 12 geltend macht, ist der Wahrheit geschuldet: Erst muss Jesus selbst, von Pontius Pilatus verurteilt, durch den Tod dieser Welt hindurch gegangen sein, bevor in diese Welt das Licht Gottes getragen werden kann, das er selbst ist (Joh 8,12).

Das ist ein erster johanneischer Maßstab, um die Frage zu diskutieren, ob und wann und in welchem Sinn der Religionsunterricht ein Ort der Theologie ist. Entscheidend ist, dass die Gottesfrage gestellt und als Wahrheitsfrage diskutiert wird. Geschähe das nicht, müsste man Religionskunde treiben, dürfte aber nicht schriftgemäß von Theologie sprechen. Geschieht es, wird das Projekt »Religion als Aufklärung« und »Aufklärung als Religion« (Joseph Ratzinger) fortgesetzt, das seit der Antike vom Johannesevangelium inspiriert worden ist. Mit diesem Projekt ist aber zugleich die Frage nach der Form des Religionsunterrichts gestellt: Wie es unter den Bedingungen der

Schule geschehen kann, lässt sich nicht durch eine Johannesexegese beantworten, aber mit ihrer Hilfe vielleicht stimulieren.

Gleichzeitig aber ist johanneisch zu würdigen, dass nicht alles sofort und an jedem Ort besprochen und erreicht werden kann, sondern dass an jedem Ort Wege gebahnt und Verbindungen geknüpft werden müssen. Außerhalb der Synagoge wird anders geredet als innerhalb, weil die Hörerinnen und Hörer sich in einer je anderen Lebenssituation befinden, die aber gerade von Gott erhellt werden soll. Entscheidend ist nur, dass der Weg in die Synagoge hinein wie der aus ihr heraus in die Welt nicht versperrt, sondern offengehalten wird, so dass er gangbar wird für diejenigen, die ihn gehen wollen.

Jesus ist nach dem Johannesevangelium zeit seines Lebens und bis in seinen Tod hinein unterwegs, um Orte öffentlicher Rede über Gott zu finden und durch seine Lehre mit theologischer Form und theologischem Inhalt so zu prägen, dass sie einerseits Gott vor Ort erkennen lassen, andererseits aber untereinander verbunden werden. Damit zeichnet er die Wege aller Lehrerinnen und Lehrer vor, die in seiner Schule begonnen haben. Der Weg in die Synagogen und in den Tempel ist der Weg an die exponierten Orte Israels, wo sich die entscheidenden religiösen Fragen stellen. Der Weg an den Jakobsbrunnen ist der Weg zu einem neuen Anfang, weil er die Juden und die Samariter *back to the roots* führt, zurück in ihre gemeinsame Geschichte, die zum Zwiespalt geführt hatte, aber auch den Keim der Versöhnung birgt, weil sie im Zeichen der Abrahamsverheißung steht, dass sein Nachkomme allen Völkern den Segen Gottes bringe (Gen 12,1–3). Der Weg zu den Griechen ist der, den seine Jünger, seine Schüler, gehen werden, weil der Geist sie »in die ganze Wahrheit führen« wird (Joh 16,13).

Formen

Johannes arbeitet präzis heraus, wie Jesus seiner Sendung gerecht wird und wie seine Jünger ihr gerecht werden können. Zwischen ihnen gibt es den entscheidenden Unterschied, dass Jesus das Wort

Gottes, das er als Lehrer verbreitet, im Original zur Sprache bringt, weil er mit ihm eins ist (Joh 1,14.18), während die Jünger es nur aus dem Munde des Meisters vernehmen können und nichts Besseres als das den Menschen weiterzugeben haben, was sie aus der Erinnerung an ihn zu sagen wissen. Aber zwischen Jesus und den Seinen gibt es die Verbindung der Nachfolge, die Jesus selbst durch die Berufung der Jünger hergestellt hat und die der Heilige Geist mit Leben erfüllt. Deshalb kann nicht nur der Lehrer Jesus, sondern können auch seine Schülerinnen und Schüler, die durch ihn zu Lehrerinnen und Lehrern werden, Menschen in Israel und der ganzen Welt erreichen. Wie bei Jesus selbst sind kritische Gespräche, skeptische Verständigungen und nüchterne Klärungen die Formen, in denen eine Auseinandersetzung geschieht.

Sowohl Jesus als auch seine Jüngerinnen und Jünger sind nach dem Vierten Evangelium darauf aus, den Glauben zu wecken und die Gotteserkenntnis zu befördern; das ist ihre Sendung, die dem Johannesevangelium selbst eingeschrieben ist (Joh 20,30f.)[25]. Da die »Wahrheit frei macht« (Joh 8,32), gibt es nicht nur keinen Zwang, das Evangelium durchzusetzen; vielmehr muss Jesus selbst zuerst die Freiheit leben, die der Inbegriff des Wortes Gottes und deshalb die Wirkung des Glaubens ist. Davon sind die Formen seines Lehrens geprägt.

Weil jedoch in der Theologie des Westens, insbesondere im Denkraum der Neuscholastik, die Wahrheit instruktionstheoretisch verstanden worden ist, lag der Vorwurf der Indoktrination auf der Hand. Das Zweite Vatikanische Konzil hat aber den Paradigmenwechsel eingeleitet, die Wahrheit – wie es der Bibel entspricht – kommunikationstheoretisch als Heilswahrheit zu verstehen, die Anteil am Leben Gottes selbst gibt. Es ist ein genuin johanneischer Gedanke, der in *Dei Verbum* – nicht spannungsfrei – prägend geworden ist. Er stößt auch auf Resonanz im politischen Raum, wenn die

---

[25] Zur hermeneutischen Schlüsselfunktion des Epilogs vgl. *Jean Zumstein,* Kreative Erinnerung. Relecture und Auslegung im Johannesevangelium (AThANT 84), Zürich 2004.

Unterscheidung zwischen Lüge und Wahrheit eine Kategorie des moralischen Überlebens ist.[26] Die Religionspädagogik kann von ihm profitieren, weil er es ermöglicht, von Wahrheit in einer Weise zu sprechen, die sowohl Verbindlichkeit als auch Verständlichkeit, sowohl Identifizierung als auch Distanzierung, sowohl Reflexion als auch Spiritualität und Ethik verbindet.

Das Lernen des Lehrers

Nach Johannes redet Jesus nur, was er hört; er zeigt nur, was er sieht; er lehrt nur, was er lernt.[27] Sein entscheidender Bezugspunkt ist Gott, der Vater. Das Vierte Evangelium arbeitet heraus, dass Jesus der Gesandte des Vaters ist, der die Wahrheit und nichts als die Wahrheit sagt, so wie er es vor Pilatus selbst bekennt und als seine einzige Machtbasis einräumt:

> *Du sagst, dass ich ein König bin, denn dazu bin ich geboren und in die Welt gekommen, um die Wahrheit zu bezeugen.«* (Joh 18,37)

Die Forschung hat diesen Zug der johanneischen Theologie stark nachgezeichnet.[28] Er steht für das katabatische Moment der Theologie; er entspricht der Inkarnation des Logos: Das ewige Wort, Fleisch geworden in Jesus von Nazareth, erhebt durch den prophetischen Messias, den Sohn Gottes, seine Stimme, um Gott zur Sprache zu bringen (Joh 1,18): seinen Willen, sein Wesen, seinen Plan (Joh 3,16ff.31–36). Ohne diese Gesandtenchristologie wäre es nicht möglich, das Skandalöse im Auftreten Jesu zu verstehen, das von Juden am besten erkannt wird, weil sie an den einen Gott glauben und auf die Gültigkeit seiner Tora bauen; ohne die Gesandtenchris-

---

[26] Vgl. *Václav Havel,* Versuch, in der Wahrheit zu leben, Reinbek bei Hamburg 1989; *ders.,* Am Anfang war das Wort, Reinbek b. Hamburg 1990.

[27] In die johanneische Offenbarungstheologie eingezeichnet von *Philippe Van den Heede,* Der Exeget Gottes. Eine Studie zur johanneischen Offenbarungstheologie, Diss. Bochum 2016.

[28] Vgl. *Jan-A. Bühner,* Der Gesandte und sein Weg im 4. Evangelium (WUNT II/2), Tübingen 1977.

tologie ließe sich auch die johanneische Antwort auf den Vorwurf der Blasphemie nicht verstehen: dass in Jesus Gott selbst zu Wort kommt und alles Heil dieser Welt verwirklicht.[29]

Das qualifiziert seine Lehre. Sie hängt an seiner, des Lehrers, Person. Jesu Lehre besteht vor allem darin, dass er von seinem ureigenen Verhältnis zu Gott, seinem Vater, der ihn gesandt hat, Kunde gibt. Subjektiver als bei Johannes könnte das objektive Zeugnis des Lehrers, der die Wahrheit sagt, nicht sein: Es ist die Wahrheit, die nur ihm, Jesus, dem »Sohn« des himmlischen Vaters, aufgegangen ist und die deshalb allen einleuchten soll. Gott findet keinen anderen Weg zu den Menschen als den menschlicher Vermittlung, wenn er sie nicht zu etwas zwingen will. Das gilt nach Johannes in äußerster Zuspitzung dort, wo Gott seine ganze Liebe offenbart: in Jesus, dem Sohn. Um diese Zusammenhänge zu erhellen, ist in der philosophisch-theologischen Diskussion der Antike der Begriff der Person entwickelt worden.[30] Die Wahrheit, die der Lehrer Jesus vermittelt, ist höchst subjektiv, weil er selbst diese Wahrheit ist; deshalb befreit sie, lässt also Menschen zu Subjekten werden: zu Geschöpfen, die sich ohne Zwang Gott unterstellen und darin sich selbst finden. Diese höchste Subjektivität ist aber, weil sie das Heil des ewigen Lebens vermittelt, die höchste Objektivität; denn sie offenbart Gott als prägendes Gegenüber, als »Du«, als »Vater«, wie Jesus ihn verkündet.

Genau wegen dieses menschlichen Faktors gehört aber nicht nur die katabatische, sondern auch die anabatische Linie zur johanneischen Christologie.[31] Wäre es anders, würde auch der Trinitätstheologie ein neutestamentliches Standbein fehlen. Der Gesandte ist

---

[29] Johannes spitzt ein Thema zu, das auch in der synoptischen Jesustradition anklingt; vgl. *Thomas Söding,* Die Verkündigung Jesu – Ereignis und Erinnerung, Freiburg i.Br. 2012, 262–268.
[30] Problemorientiert aufgezeigt von *Karl-Heinz Menke,* Jesus ist Gott der Sohn. Denkformen und Brennpunkte der Christologie, Regensburg 2008.
[31] Grundlegend erschlossen von *Wilhelm Thüsing,* Die neutestamentlichen Theologien und Jesus Christus. Grundlegung einer Theologie des Neuen Testaments. Bd. III: Einzigkeit Gottes und Jesus-Christus-Ereignis, Münster 1999.

Hörer des Wortes: Gott vertraut ihm die Botschaft an, die er weitersagen soll. Das letzte Wort, das Jesus in der Öffentlichkeit spricht, bringt es auf den Punkt:

>»Was ich sage, sage ich so, wie der Vater zu mir gesprochen hat.« (Joh 12,50)

In der Abschiedsrede führt er den Gedanken weiter:

>»Die Worte, die ich euch sage, sage ich nicht aus mir heraus, sondern der Vater, der in mir bleibt, tut sein Werk.« (Joh 14,10)

Jesus kann aber nur deshalb den Mund aufmachen, weil er ganz Ohr ist (Joh 17,8). Jesus konzentriert sich vollkommen auf das Wort, das Gott ihm sagt. Die »Wahrheit«, die er sagt, hat er »gehört« (Joh 8,48). Sein Richteramt, das er ausübt, um zwischen Gut und Böse zu unterscheiden, so dass der Tod durch das Leben besiegt werden kann, übt er nicht in eigener Machtvollkommenheit aus, sondern als gehorsamer Sohn des Vaters (vgl. 6,38):

>»Von mir selbst aus kann ich nichts tun; wie ich höre, richte ich, und mein Gericht ist gerecht, weil ich nicht meinen Willen suche, sondern den Willen dessen, der mich gesandt hat.« (Joh 5,30)

Dem Hören entspricht das Sehen. Jesus schaut auf Gott; deshalb kann er ihn sichtbar machen:

>»Der Sohn kann nichts von sich aus tun, nur, was er den Vater tun sieht.« (Joh 5,20)

In diesem Blick aktualisiert sich, was nach Joh 1,18 die Basis der gesamten Gottesverkündigung Jesu ist: dass er, der Präexistente, Gott geschaut hat (Joh 6,45), den kein Mensch schauen kann, auch Mose nicht. Aber der Tora zufolge wird der verheißene Prophet ihn sehen, der »wie Mose« sein wird, auf dass Gottes Volk auf Gottes Wort hört (Dtn 34,10). Jesus könnte nicht Zeuge sein, wenn er nicht genau gesehen hätte – und genau das aussagt, was er wahrgenommen hat (Joh 3,11). Dass Jesus Zeugnis von Gott ablegt, setzt voraus, dass er Gott geschaut hat; dass, was er sagt, bleibende Bedeutung hat, setzt voraus, dass Jesus stets mit offenen Augen für Gott durch die Welt geht.

Aus dem Hören und Sehen folgt nach Johannes das Wissen: Jesus ist derjenige, der Gott kennt. Das ist nach dem Vierten Evan-

gelium nicht einfach eine Selbstverständlichkeit, sondern die singuläre Erkenntnis dessen, dem der Vater alles zeigt (Joh 3,11; 8,53;
10,15 u.ö.). Weil es die *Erkenntnis* Jesu ist, kann es – durch ihn –
auch die seiner Jüngerinnen und Jünger werden. Deshalb ist er in
der Lage, als *Lehrer* von Gott zu sprechen, so dass eine Schule des
Glaubens besucht, wer in seine Nachfolge eintritt.

Was Jesus hört und sieht, so dass er es weiß, prägt sein Leben. In
Samaria tut er seinen Jüngern kund:

> *»Meine Speise ist es, den Willen dessen zu tun, der mich gesandt hat, und sein*
> *Werk zu vollenden.«* (Joh 4,34)

So wie er aber sein Leben von Gott annimmt, so auch seinen Tod:
Jesus trinkt aus freien Stücken den Becher des Leidens, den Gott
ihm reicht, und weist deshalb die religiös motivierte Gewaltaktion,
den Schwertstreich des Petrus, zurück (Joh 18,11).

In diesem Sehen und Hören, diesem Erkennen, diesem Essen
und Trinken nimmt Jesus seine Sendung durch Gott an. Er macht
sie sich zu eigen. Diese Annahme ist höchste Aktivität und Passivität in einem. Jesus achtet auf den Vater, weil der »größer ist« als er
selbst (Joh 14,28). Eben deshalb geht er zu ihm, wie er von ihm gekommen ist (Joh 13,1ff.), auch wenn er deshalb mit dem Verdacht
der Dämonie (Joh 7,32) und des Suizids (Joh 8,21) konfrontiert
wird. Er verherrlicht ihn, wie er von ihm verherrlicht wird.[32] Er ist
der Sohn, der den Vater liebt (Joh 14,31) und seine Gebote hält (Joh
15,10). Er ist auch nach Johannes ein großer Beter[33]: nicht erst bei
seinem Abschied von den Jüngern (Joh 17), sondern auch in der

---

[32] Grundlegend: *Wilhelm Thüsing,* Die Erhöhung und Verherrlichung Jesu im Johannesevangelium (NTA XXI 1/2), Münster ³1979 (¹1959).

[33] Zum größeren Kontext vgl. *Hans Klein u. a.* (Hg.), Das Gebet im Neuen Testament. Vierte europäische orthodox-westliche Exegetenkonferenz in Sâmbăta de Sus
4.–8. August 2007 (WUNT 249), Tübingen 2009. Die religionssoziologischen Aspekte
untersucht *Karl-Heinrich Ostermeyer,* Die identitätsstiftende Funktion der Gebetster-
minologie im Johannesevangelium, in: Albert Gerhards – Stephan Wahle (Hg.), Identität durch Gebet. Zur gemeinschaftsbildenden Funktion institutionalisierten Betens
im Judentum und Christentum, Paderborn 2005, 205–225; religionsgeschichtlich
justiert bei *Emmanuel O. Tukasi,* Determinism and Petionary Prayer in John and the

johanneischen Variante des Gethsemane-Gebetes (Joh 12,27f.)[34], überdies ausgesprochen (Joh 11,22.41f.[35]; vgl. 9,31) und unausgesprochen (Joh 6,11) bei den Zeichen, die er setzt, um Gottes Herrlichkeit sichtbar zu machen. Jesus klagt allerdings nicht, er bittet – in der Gewissheit, erhört zu werden. In diesem Bitten macht er nicht seine eigene Not geltend, sondern die der anderen Menschen, die er sich zu Herzen nimmt. Deshalb sind die von Johannes erzählten Gebete keine Show, sondern echte Bitten. Sie hören mit seinem Tod nicht auf: Vom Vater erfleht der Erhöhte den Geist, der den Jüngern die Wahrheit seines Wortes erschließen wird (Joh 14,16; vgl. 16,26f.).

Von derselben dialogischen Struktur ist das Lehren Jesu. Gott, der Vater, ist sein Lehrer – niemand sonst:

»*Wie mich mein Vater gelehrt hat, so rede ich.*« (Joh 8,28)

Nach Johannes ist Jesus »unmittelbar zu Gott« (Leopold Ranke), aber nicht als der Naturbursche aus Galiläa, der genialisch seine Unabhängigkeit von allen Bildungsinstitutionen des Judentums genösse, sondern als der Sohn, der zum Vater betet (Joh 17). Als ihm in Jerusalem entgegengehalten wird, kein kompetenter Lehrer zu sein, weil er nicht anständig studiert habe, kontert Jesus deshalb:

»*Meine Lehre ist nicht meine, sondern die dessen, der mich gesandt hat.*« (Joh 7,16)

Hier ist das Prinzip der Sendung – »Der Gesandte ist wie der Sendende selbst« (mBer 5,5) – genau getroffen, auch unter dem Aspekt der Autorität, aber so, dass der Gesandte aus seiner Beziehung zum Sendenden heraus verstanden wird, nicht nur der Sendende im

---

Dead See Scrolls. Ideological Reading of John and the Rule of Community (1QS) (Library of Second Temple Studies 66), London 2008.
[34] *Jörg Frey* arbeitet die Unterschiede zu den Synoptikern als Gegensatz heraus: Das Vierte Evangelium auf dem Hintergrund der älteren Evangelientradition. Zum Problem: Johannes und die Synoptiker, in: Thomas Söding (Hg.), Johannesevangelium – Mitte oder Rand des Kanons (QD 203), Freiburg i. Br. 2003, 60–118.
[35] Vgl. *Wendy E.S. North*, Jesus' Prayer in John 11, in Steve Moyise (Hg.), The Old Testament in the New Testament (JSNTSS 189), Sheffield 2000, 164–180.

Blick auf den Gesandten. Deshalb ist der lehrende ein lernender Jesus. Er lehrt Gott, wie er von Gott gelehrt worden ist und gelernt hat.[36]

Die christologische Grundlegung der Religionspädagogik, wie sie im Johannesevangelium angelegt ist, wird mithin durch den Absolutheitsanspruch der Wahrheit, die es für Jesus geltend macht, nicht behindert, sondern gefördert. Die Wahrheit ist das Geheimnis Gottes selbst, das unergründlich ist. Diese Wahrheit soll die eines jeden menschlichen Lebens werden – und zwar nicht in der Weise, dass aus einer allgemeinen Idee der Humanität die Identität eines Individuums deduziert wird, sondern so, dass aufgedeckt wird, was die Wahrheit dieses Lebens ist. Denn da dieses Leben – eine elementare Voraussetzung biblischer Theologie, die johanneisch wohl am umfassendsten eingeholt wird – von Gott geschaffen ist, ist es auch auf die unendliche Zukunft Gottes hin angelegt. Das gerade hat der Lehrer Jesus entdeckt und entdecken lassen; darin ist die Dynamik christlicher Lebens- und Lernwege begründet. Sie fordern die kritische Auseinandersetzung mit den Realitäten der Welt wie die Versenkung ins Gebet, die Aneignung der Glaubensgeschichte Israels wie die Betrachtung der Gestalt Jesu, der Gott sichtbar macht (Joh 12,45; 14,9; vgl. 1Joh 1,1–4).

Das Zeugnis der Schülerinnen und Schüler

Der Lehrer Jesus redet von Gott, um Menschen von der Wahrheit zu überzeugen, die im Kern Liebe ist (Joh 3,16). Dem entsprechen Form und Inhalt seiner Lehre.[37] Inhaltlich spricht er in aller Freiheit

---

[36] Um den christologischen Sinn dieses Zusammenhangs zu erschließen, lohnt ein Vergleich mit dem Brief an die Hebräer (vgl. *Knut Backhaus,* Der Hebräerbrief [RNT], Regensburg 2009). Dort begegnet zwar auch das Motiv der Versuchung, das bei Johannes kennzeichnenderweise fehlt. Aber die starke Wort-Gottes-Theologie ist durch eine humane Christologie abgedeckt, die den Gehorsam und das Lernen des Gottessohnes betont, um auf diese personale Weise seine Sündlosigkeit zu begründen.
[37] Eine Einführung gibt *Franz-Georg Untergaßmaier,* »Du bist der Lehrer Israels und verstehst das nicht?« (Joh 2,10b) – Lernen bei Johannes, in: Beate Ego – Helmut Mer-

von seinem Vater und dem göttlichen Geheimnis seiner eigenen Person, das vom Geist erschlossen wird, so dass jetzt schon das ewige Leben verwirklicht wird: durch Anteilnahme und Anteilgabe an seinem Leben.[38] Deshalb besteht die Form seiner Lehre nicht darin, dass er Instruktionen ausgibt, sondern Verbindungen knüpft, die auf Einsicht und Zustimmung beruhen. Aus diesem Grund baut er enge Beziehungen zu denen auf, die ihm zuhören und Glauben schenken. Sie werden seine Jünger, sie gehen in seine Schule.[39] Von Anfang an ist es sein Bestreben, nicht der einsame Rufer in der Wüste zu sein, sondern Freunde zu finden, wie es in der zweiten Abschiedsrede heißt (Joh 15,12–17).[40] Denn was er zu verkünden hat, ist Gott selbst in seiner Liebe zu den Menschen. Daraus kann keine Isolation, sondern nur eine Kommunikation erwachsen: eine Gemeinschaft im Glauben, die zur Einheit wird – eine Einheit freilich, die Unterschiede nicht aufhebt, sondern fruchtbar macht. Seine Freunde sollen verstehen, wer Jesus ist und was die Freundschaft mit ihm bedeutet. Seine Freundschaft zu ihnen soll durch ihre Freundschaft zu ihm beantwortet werden.[41] Diese Freundschaft erschließt ihnen die Liebe Gottes selbst. Sie verbürgt, dass die Jünger nicht nur richtige Informationen von Jesus über Gott beziehen, sondern ihn selbst in seiner Liebe zu Gott verstehen, so dass sie dazugehören wollen: zu ihm, zum Vater, zur Liebe in der Kraft des Geistes.

---

kel (Hg.), Religiöses Lernen in der biblischen, frühjüdischen und frühchristlichen Überlieferung, Tübingen 2005, 211–233.

[38] Vgl. *Klaus Scholtissek*, In ihm sein und bleiben. Die Sprache der Immanenz in den johanneischen Schriften (HBS 21), Freiburg i. Br. 2000.

[39] Spiritualitätstheologisch erschlossen von *Michael Höffner*, Berufung im Spannungsfeld von Freiheit und Notwendigkeit (Beiträge zur systematischen und spirituellen Theologie 47), Würzburg 2009. Exegetisch: *Nicolas Farelly*, The Disciples in the Fourth Gospel. A Narrative Analysis of Their Faith and Understanding (WUNT II/290), Tübingen 2010.

[40] Vgl. *Thomas Söding*, Freundschaft mit Jesus. Ein neutestamentliches Motiv, in: Communio 36 (2007) 220–231.

[41] Vgl. *Wilfried Hagemann*, Freundschaft mit Christus. Hinführung zu einem bewussten Leben mit Jesus Christus, München ⁶1990.

Die Lernwege, die sich durch den Ruf in die Nachfolge abzeich-
nen, lassen sich in dreifacher Hinsicht kennzeichnen: im Blick auf
die Ziele als Mystagogie, im Blick auf die Prozesse als Hermeneutik
und im Blick auf die Subjekte als Befreiung. Alle Hinsichten sind
durch den Inhalt und die Kompetenzen jesuanischer Lehre verbunden: Der Inhalt ist Gott; die Kompetenz ist die Freiheit, glauben zu
können.

Mystagogie kann das Ziel johanneischer Religionspädagogik genannt werden, wenn sich der Blick nicht auf eine Einführung in die
Sakramente verengt, obwohl Taufe (Joh 3,3ff.) und Eucharistie (Joh
6,51–59) eine herausragende Bedeutung im Vierten Evangelium
spielen[42], sondern für das Geheimnis Gottes *in persona* Jesu Christi
weitet.[43] Das Evangelium erzählt, wie Menschen den Weg zu Jesus
finden – der seinerseits auf dem Weg zu ihnen ist. Das Evangelium
erzählt auch, wie Menschen die Beziehung zu Jesus abbrechen, weil
sie erkennen, dass er selbst sich als Ziel ihres Lebens definiert, aber
verkennen, dass sie genau dadurch erreichen können, was sie erreichen wollen: Gott zu begegnen – und wie Jesus den Kontakt zu ihnen nicht abbricht, sondern sein Leben für sie und ihr Heil einsetzt
(Joh 11,45–53). Die Gesamtanlage des Evangeliums spiegelt eine
Mystagogie wieder, die mit dem Prolog in globaler Weite ansetzt
(Joh 1,1–18), um dann zur denkbar größten Öffentlichkeit Jesu in
Israel zu führen (Joh 18,20) und über die denkbar größte Konzentration Jesu auf die Seinen, die ihm nach der galiläischen Krise (Joh
6,60–71) bis Jerusalem gefolgt sind (Joh 11,16), so dass er ihnen die
Füße waschen kann (Joh 13,1–20), wieder alle Welt zu erreichen,
die von der Liebe Gottes überzeugt werden soll (Joh 17)[44]. So gelesen, erklärt sich, dass die dualistischen Züge, die das Evangelium
kennt, die heilsuniversalistischen nicht einschränken, sondern auf-

---

[42] Stark relativiert von *Jürgen Becker*, Johanneisches Christentum. Seine Geschichte
und Theologie im Überblick, Tübingen 2004.
[43] Vgl. *Annegret Meyer*, Kommt und seht. Mystagogie im Johannesevangelium ausgehend von Joh 1,35–51 (FzB 103), Würzburg 2005.
[44] Vgl. *Wilhelm Thüsing*, Herrlichkeit und Einheit. Eine Auslegung des Hohepriester-
lichen Gebetes Jesu (Joh 17), Münster 1975.

schließen: Sie machen das Drama sichtbar, ohne das Gott seinen universalen Heilswillen nicht verwirklicht, aber auch die Freiheit derer, die das Wort hören und allesamt so provoziert werden, dass ihr Widerspruchsgeist angestachelt wird, weil die Botschaft Jesu so unglaublich gut ist. In der mystagogischen Perspektive johanneischer Didaktik verbinden sich Rationalität und Spiritualität, Dynamik und Identität, Personalität und Sozialität: Rationalität, weil es um die Erkenntnis göttlicher Wahrheit geht; Spiritualität, weil der Geist selbst diese Wahrheit erschließt; Dynamik, weil die Lernenden von Jesus geführt werden; Identität, weil sie auf diesem Weg sich selbst als von Gott geliebt erfahren; Personalität, weil es nicht nur um etwas, sondern um sie selbst und ihre Gottesbeziehung geht; Sozialität, weil Gott Liebe ist. Erst dieser umfassende Ansatz wird dem Lernobjekt und der angestrebten Kompetenz gerecht: Gott, dem Vater Jesu, und dem Glauben, der durch Erkenntnis erleuchtet ist und im Bekenntnis den Grund seines Vertrauens ausspricht.

Hermeneutisch kann die johanneische Didaktik genannt werden, wenn nicht nur Aktualisierungsideen, sondern umfassend die Vermittlungsprozesse im Blick stehen, die das Evangelium nachzeichnet.[45] Johannes stellt Jesus so dar, dass er an ganz verschiedene Orte geht, um mit ganz verschiedenen Menschen ins Gespräch über Gott und den Sinn ihres Lebens zu kommen, so dass sie sich seiner Wahrheit öffnen können[46]: vom Brautpaar zu Kana, dem er die Feier rettet (Joh 2,1–12), bis zu Maria und Martha, deren Bruder Lazarus er aus dem Grab ruft (Joh 11,1–44); vom jüdischen Ratsherrn und Lehrer Nikodemus, der zunächst so gut wie nichts versteht (Joh 3,1–21), bis zur Samariterin am Jakobsbrunnen, die recht schnell so gut wie alles versteht (Joh 4,1–42); vom Gelähmten am Teich Bethesda, der Jesus wegen Sabbatbruchs belastet (Joh 5,1–15),

---

[45] Die Verbindung zwischen Form und Inhalt des Evangeliums erschließt als Strukturelement johanneischer Hermeneutik *Hans Weder*, Neutestamentliche Hermeneutik (ZGB), Zürich 1986.

[46] Vgl. *Peter Dschulnigg*, Jesus begegnen. Personen und ihre Bedeutung im Johannesevangelium, Münster 2000.

bis zum Blindgeborenen am Teich Schiloach, der ihn in derselben Sache entlastet (Joh 9,1–41); von den Gottesdienstbesuchern in Kapharnaum, denen er die Mannageschichte vergegenwärtigt (Joh 6,22–59), bis zu seinen Verwandten, denen er die Zeit seines Wirkens vor dem Hintergrund des jüdischen Festkreises erklärt (Joh 7,1–13). Ohne dass er Jüngerbiographien geschrieben hätte, lässt der Evangelist an wenigen Szenen die Glaubensfreude und den Glaubenszweifel, die Glaubenswege und die Glaubensbrücken von Andreas und Simon Petrus, von Thomas und Philippus, aber auch von Judas Iskarioth und vom Lieblingsjünger erkennen, die durch die Begegnung mit Jesus über sich hinaus zu Gott geführt werden.[47] Jesus hat für alle ein eigenes Wort, ein eigenes Ohr, eine eigene Geste. Er zeigt, dass es keinen Punkt eines gelebten Lebens gibt, an dem nicht der Weg des Glaubens beginnen könnte, weil Gottes Liebe alle umfasst und Gottes Wort alle angeht. Jesus zeigt auch, dass es keinen Glaubensweg gibt, der nicht durch eine tiefe Krise führte, weil die menschliche Not größer ist als die individuelle Schuld[48] und Gottes Gnade größer als die menschliche Hoffnung.[49] Jesus zeigt aber vor allem, dass es keine Krise gibt, die Gott nicht zum Guten führen würde, weil es gerade das qualitative Übergewicht des Lebens vor dem Tod ist, das sie auslöst, dann aber auch löst.[50]

Nach Johannes zielt die Didaktik Jesu auf die Befreiung derer, die sich von ihm belehren lassen. Der Evangelist hebt sich die Theologie der Befreiung[51] für den Höhepunkt der kritischen Auseinandersetzung auf, die Jesus, ausgehend vom Laubhüttenfest (Joh

---

[47] Vgl. *Roberto Vignolo*, Personaggi del Quarto Vangelo. Figure della fede in San Giovanni (Biblica 2), Milano 2003.

[48] Vgl. *Rainer Metzner*, Das Verständnis der Sünde im Johannesevangelium (WUNT 122), Tübingen 2000.

[49] Vgl. *Martin Hasitschka*, Befreiung von der Sünde nach dem Johannesevangelium. Eine bibeltheologische Untersuchung (IthSt 27), Innsbruck 1989.

[50] Grundlegend ist die Studie von *Josef Blank*, Krisis. Untersuchungen zur johanneischen Christologie und Eschatologie, Freiburg i.Br. 1964.

[51] Grundlegend: *Kurt Niederwimmer*, Der Begriff der Freiheit im Neuen Testament (TBT 11), Berlin 1966, 220–228.

7,37), im Tempel von Jerusalem auslöst, weil er in mehreren Anläufen (Joh 8,12.20.21.30) sich selbst als den verkündet, der Gottes Wahrheit bringt. Von Anfang an lässt Jesus sich in Debatten verstricken, die um den entscheidenden Punkt seiner Gottesbeziehung kreisen. Durchgehend lässt Jesus sich auf die Diskussion ein; durchgehend argumentiert er genuin theologisch: mit Berufung auf Gott und mit Rekurs auf seine Beziehung zum Vater. Durchgehend kritisiert, kritisiert er durchgehend selbst seine Kritiker und seine Sympathisanten, um so das Problem der Skepsis, aber auch des Glaubens aufzuzeigen. Zuerst löst Jesus die Skepsis derjenigen aus, die gar nicht wissen, wie Recht sie haben, wenn sie bezweifeln, dass der Messias aus Nazareth in Galiläa kommt (Joh 7,37–52), also einfach nicht skeptisch genug gegenüber dem sind, was sie von Jesus gehört haben und zu wissen glauben; danach führt Jesus den Glauben derjenigen in die Krise, die zu ihm kommen (Joh 8,30), weil sie noch nicht erkannt haben, worauf sie sich einlassen und wie groß ihre Hoffnung ist, wenn sie sich an Jesus halten. Dazu müssten sie seine Jünger werden und länger in seiner Schule bleiben. Erst wenn das geschieht, werden sie frei:

> »Wenn ihr in meinem Wort bleibt, seid ihr wahrhaft meine Jünger; und ihr werdet die Wahrheit erkennen, und die Wahrheit wird euch frei machen.« (Joh 8,31f.)

Gerade weil Jesus – wie jeder gute Lehrer – seinen Schülerinnen und Schülern die Zukunft erschließt, kommt es zum Widerspruch derer, die wissen, dass sie zum Gottesvolk gehören, aber noch nicht erkannt haben, wie groß die Verheißung ist, die ihnen gilt. Deshalb führt das Gespräch weiter zur denkbar härtesten Konfrontation zwischen Leben und Tod, Gott und Teufel (Joh 8,30–47). Ohne dass die Auseinandersetzung geführt würde, gäbe es aber keinen Lernerfolg im Sinne Jesu. Die ältere Exegese hat – bis weit in das 20. Jahrhundert hinein – die Skepsis gegenüber Jesus und den mangelnden Glauben an Jesus moralisch verdächtigt und deshalb – mit selbstreferentieller Folgerichtigkeit – auf einen johanneischen Antijudaismus geschlossen, der in Joh 8 seinen schärfsten Ausdruck finde. Dabei wird jedoch die konstruktive Bedeutung der Kritik in der johanneischen Theologie übersehen. Ohne die Auseinandersetzung gäbe es keine Erkenntnis. Jesus provoziert den Widerspruch, nicht aus Lust am Streit, sondern aus Freude an der Erkenntnis, die hier nicht Sachen, sondern Personen betrifft: Gott, den Vater, Jesus, den Sohn – und die Hörerinnen und Hörer selbst, um deren Leben es geht. Wer nicht skeptisch wird und ungläubig staunt, hat noch gar nicht geahnt, wie groß das Geheimnis Gottes ist. Wer hingegen den eigenen Zweifel bezweifelt, kann zum Glauben finden.

Die mystagogischen, hermeneutischen und befreiungstheologischen Dimensionen der Didaktik Jesu, die Johannes erzählt, gehören zusammen. Die Befreiung zielt auf die Subjektwerdung derer, die von Gott geschaffen – und im Fall, den Joh 8 diskutiert, zum Mitglied des Gottesvolkes erwählt – sind, aber erst durch die Begegnung mit dem lebendigen Wort Gottes selbst hören und verstehen können, welche Zukunft ihnen erschlossen wird und in welchen Horizonten sich ihr Ich neu entdecken kann. Das Wort, dessen Wahrheit sie befreit, muss den Menschen von Jesus gesagt werden, weil es von Gott kommt; aber es ist ihnen nicht fremd, sondern trifft ihren Nerv, die sie als Geschöpfe Augen zum Sehen, Ohren zum Hören und einen Verstand zum Denken bekommen haben. Ihnen müssen allerdings erst die Augen und Ohren geöffnet werden, damit sie die Herrlichkeit Gottes erkennen, die Jesus ihnen erschließt; das aber geht nicht ohne die menschliche Krise des Verstehens. Deshalb übernimmt Jesus auch nach Johannes den prophetischen Auftrag (Jes 6) der Verstockung (Joh 9,39ff.; 12,37–43), der aber keine Verwerfung bedeutet, sondern eine Verstörung, die auf eine kommende Verständigung angelegt ist.[52] Zur johanneischen Hermeneutik gehören das Einfühlungsvermögen des Lehrers so gut wie seine Urteilskraft und seine Sprachkompetenz so gut wie seine Kritikfähigkeit.

---

[52] Vgl. *Roman Kühschelm*, Verstockung, Gericht und Heil. Exegetische und bibeltheologische Untersuchung zum sogenannten »Dualismus« und »Determinismus« in Joh 12,35–50 (BBB 76), Frankfurt/Main 1990.

Die Lernwege, die Jesus anbahnt, finden in einem Raum statt, den Gott geordnet hat, die Menschen jedoch ständig in Unordnung bringen. Gott aber ist nicht nur die Voraussetzung, sondern auch Gegenstand und Horizont, ja das letzte Ziel des Lernweges. Der Glaube, der nur in Freiheit gelebt werden kann, ist der Effekt, den Jesus erreichen will und den in seiner Nachfolge auch der Evangelist im Sinn hat, wenn er von Jesus und seinen Zeichen erzählt (Joh 20,30f.). Dieser Glaube aber zielt seinerseits auf die innigste Verbindung mit Gott: auf eine Teilhabe am Leben Gottes selbst, die durch seine Liebe zum Sohn in der Kraft des Geistes möglich ist (Joh 17). Mystagogie heißt johanneisch, dieses Geheimnis der Erlösung ahnen zu lassen – und Schritte der Verständigung auf dem Weg der Emanzipation zu suchen. Nach Johannes ist die Befreiung ein soteriologischer Akt. Jeder menschliche Lehrer würde sich vermessen, wenn er dieser Heilsbringer sein wollte – bis auf den einen, den Gott selbst gesandt hat und der als Erlöser die Lehrerrolle übernimmt, weil sich die Wahrheitsfrage stellt, die beantwortet werden soll.

Zweite Zwischenfrage

Indem Jesus, als Sohn selbst Gott (Joh 1,18; 20,28), Gott, seinen Vater, zur Sprache bringt, gibt er der Wahrheit die Ehre. Weil er auf die Wahrheit baut, kann er lehren. Seine Kompetenz als Lehrer hat Jesus nicht durch ein regelrechtes Studium erworben, sondern durch das Lernen vom Vater, der ihm alles sagt und zeigt, was wichtig ist. Deshalb erschließt sich ihm die Schrift mitsamt dem Gesetz in einem Horizont, den Gott selbst durch die Inkarnation des Logos und das Pascha Jesu geöffnet hat.

Daraus ergibt sich, dass Jesus *der* Lehrer ist. Er ist »Rabbi« (Joh 1,38.49; 3,2; 4,31; 6,25; 9,2; 11,8; 20,16) – wie Johannes der Täufer und andere (Joh 3,26), weil er wie sie auf Gesetzeskenntnis, Exegese, Argumentationskraft und Vorbildlichkeit für Schülerinnen und Schüler setzt, um die Menschen die Wahrheit entdecken zu lassen, den Sinn der Schrift, das Gebot der Stunde. Er ist *der* Lehrer, weil er in der Perspektive des »Sohnes« etwas sehen, hören, lernen, erkennen und wissen kann, was keiner sonst könnte, was aber für alle gedacht ist und deshalb von ihm unterrichtet wird. Als Erlöser ist er Lehrer, weil er auf die Erkenntnis des Glaubens setzt, auf die Freiheit der Bildung und die Öffentlichkeit des Glaubens. Als Lehrer ist er der Erlöser, weil er, der »Sohn«, auf dem Weg der Disputation und Proklamation, der Argumentation und Meditation Einblick in das Geheimnis der Heilswahrheit Gottes gibt, die nur verstehen kann, wer einverstanden ist und deshalb von dieser Wahrheit das ganze Leben und Sterben geprägt sein lassen will.

Der beste Schüler ist Nathanaël, der gleich zu Beginn bekennt:

»*Rabbi, du bist der Sohn Gottes, du bist der König von Israel.*« (Joh 1,49)

Die beste Schülerin ist Martha[53], die sich in all ihrer Trauer um Lazarus die Augen für die Identität Jesu und die Gegenwart ihrer Hoffnung öffnen lässt, so dass sie zu ihrer Schwester Maria sagen kann, was als Grundbotschaft aller Männer und Frauen in der Verkündigung Jesu gelten darf:

»*Der Lehrer ist da, und er ruft dich!*« (Joh 11,28)

Jesus selbst aber verbindet in der Fußwaschung seine Würde als Kyrios und seine Autorität als Lehrer mit seinem Dienst als Sklave – und bringt damit genau die Verbindung von Souveränität und Proexistenz zum Ausdruck, die er als Weg der Erlösung nicht nur lehrt, sondern lebt (Joh 13,1–20).[54]

Dass Jesus der einzig wahre Lehrer ist, ist entscheidend für alle, die in seinem Namen lehren. Zwei komplementäre Konsequenzen ergeben sich daraus. Erstens: Weil Jesus nach Johannes *der* Lehrer ist, kann kein anderer an seine Stelle treten. Mithin können diejenigen, die für die Wahrheit seiner Lehre eintreten, für ihre persönlichen Glaubenseinsichten nicht ihrerseits die Position einer absolu-

---

[53] Vgl. *Bart J. Koet – Wendy E.S. North*, The image of Martha in Luke 10,38–42 and in John 11,1–12,8, in: Joseph Verheyden (Hg.), Miracles and Imagery in Luke and John. FS Ulrich Busse, Leuven 2008, 47–66.

[54] Vgl. *Luise Abramowski*, Die Geschichte von der Fußwaschung, in: Zeitschrift für Theologie und Kirche 102 (2005) 176–203.

ten Wahrheit beanspruchen. Es ist vielmehr gerade der konkrete Monotheismus johanneischer Offenbarungstheologie, der den Fundamentalismus irdischer Glaubensinstanzen untergräbt und Lehrerinnen und Lehrern – wie Katechetinnen und Katecheten – die Freiheit gibt, von sich selbst weg und auf Gott hin zu verweisen und das Vorläufige, Fragmentarische, Gebrochene ihrer eigenen Glaubenseinsichten nicht zu verstecken, sondern in einen Prozess der Suche nach Gott und seiner Wahrheit einzubringen. Das Zurückbleiben hinter dem Anspruch Jesu ist kein moralisches oder intellektuelles Problem der Lehrerschaft, sondern eine ekklesiologische Realität, die alle Menschen in der Nachfolge Jesu qualifiziert. Sie betrifft – je nach den Aufgaben in verschiedener Weise – auch das Dogma und die Schrift, den Glaubenssinn des Gottesvolkes und den Dienst des Lehramtes, selbstverständlich auch die wissenschaftliche Theologie: Je stärker mit der Inspiration gerechnet wird, desto deutlicher wird auch der menschliche Faktor und damit der ehrliche Verweis auf die je größere Wahrheit Gottes, die, wie Paulus es gesagt hat, von Menschen, solange die Zeit währt, immer nur im Spiegel und änigmatisch erkannt werden kann. Sie entlastet in den didaktischen Prozessen der Religionspädagogik, die immer sehr persönlich werden können, aber immer die qualitative Differenz zu dem einen Lehrer wahren müssen, der Kyrios ist. Damit werden aber die institutionellen Hierarchien, ohne die es schulisches Leben gar nicht gäbe, so transformiert, dass jenseits von Rollenunsicherheiten und Anbiederungen eine prinzipielle Gleichheit von Lehrenden und Lernenden vor Gott sichtbar wird, insofern alle sich als Fragende, Suchende, Hoffende und Entdeckende verbünden können.

Zweitens: Weil alle auf den einen Lehrer Jesus angewiesen sind, dessen Wahrheit höchste Subjektivität und Objektivität verbindet, kann es für alle, die Religion gut lehren wollen, kein distanziertes Verhältnis zu Jesus und zu seinem Vater geben. Bei den Schülerinnen und Schülern darf diese Distanz aber durchaus herrschen – wobei dann die pädagogische Aufgabe darin bestände, durch Reflexion und Motivation zu einer Klärung des Standpunktes zu kommen. Aber die Lehrerinnen und Lehrer müssen Zeugen und Zeuginnen des Glaubens sein (wollen), wenn sie im Religionsunterricht ehrlich bleiben wollen. Das ist ein ungeheurer Anspruch, aber die einzige Chance, nicht doch zu Instrukteuren einer – wie immer hoch gestochenen oder tief gestapelten – Glaubenswahrheit, sondern zu Vertrauenspersonen im Unterricht zu werden.

Weil Jesus nicht eine, sondern *die* Wahrheit verbreitet, führt er Streit, agitiert also nicht als Demagoge, sondern begibt sich in lange Diskurse, die auf eine Verständigung aus sind, aber selten Einmütigkeit erzielen, weil den Menschen, wie Jesus sie im Johannesevangelium sieht, das Wort Gottes nicht unmittelbar einleuchtet, sondern immer zuerst unverständlich ist und durchweg erklärungsbedürftig bleibt. Die Öffentlichkeit der Lehre provoziert Streit, den Jesus nicht vermeidet, sondern sucht, weil das Wort Gottes nach Johannes nur im Modus der Kritik seine Wahrheit zu Gehör bringen kann.

Das ist ein zweiter johanneischer Maßstab, um die Frage zu diskutieren, ob und wann und in welchem Sinn der Religionsunterricht ein Ort der Theologie ist. Entscheidend ist, dass die Kritikfähigkeit der Schülerinnen und Schüler in Sachen Religion und Glaube, Kirche und Theologie eingeübt wird. Diese Kritikfähigkeit gibt es nicht ohne Urteils- und Dialogfähigkeit. Sie kann erst im Laufe der Zeit langsam wachsen. Aber die Schule ist der denkbar beste Ort, sie zu fördern, und der Religionsunterricht das wichtigste Fach, sie zu entwickeln und anzuwenden. Je größer das Wissen, desto größer die Fähigkeit, sich reflexiv zum Glauben zu verhalten; sonst wäre alles nur angelernt.

Nach dem Johannesevangelium spitzt sich die Kritik in der Religionskritik zu. Jesus gehört in die Reihe der Religionskritiker: Gerade nach Johannes klagt er die Einheit von Gottesliebe und Nächstenliebe ein; er bricht die herrschenden Gottesbilder auf – bei seinen Gegnern wie bei seinen Anhängern. Er kritisiert aber auch die Kritiker seiner eigenen Theologie, die aus dem prophetischen Geist der Religionskritik hervorgegangen ist. Seine Kritik zielt darauf, dass sie nicht kritisch genug gegenüber ihrer eigenen Kritik sind, weil sie Gott Grenzen seiner Offenbarung und seines Heilswillens setzen und damit genau das machen, was sie Jesus vorwerfen: das Recht Gottes in die eigenen Hände zu nehmen. Ob eine theistische, atheistische oder agnostische Religionskritik kritischer ist, braucht den Religionsunterricht nicht als eigene Frage zu interessieren; aber dass die materialistische Religionskritik des 19. Jahrhunderts bei all ihrer Brillanz und Relevanz nicht der Weisheit letzter Schluss ist, darf im fortgeschrittenen Unterricht durchaus gelehrt werden. Entscheidend ist aber, dass der Religionsunterricht sich von Anfang an nicht vor dem Fragen, vor dem Zweifel, vor der Skepsis abschirmt, sondern es in sein genuines Erziehungs- und Bildungsprojekt integriert, weil er sonst nicht ein Ort der Theologie wäre. Je stärker die Kritikfähigkeit ist, desto verbindlicher sind die Auseinandersetzungen mit den religiösen Wahrheitsansprüchen und desto größer die Chancen einer freien Glaubensentscheidung.

c) Exegese Gottes im Religionsunterricht – eine johanneische Perspektive

Der heutige Religionsunterricht gewinnt für die neutestamentliche Exegese als Ort der Theologie große Bedeutung, ist aber in der Forschung kaum präsent. Als Katalysator eines Gesprächs eignet sich wegen ihrer Problemschärfe und Reflexionshöhe die johanneische Offenbarungstheologie, die sich aus der johanneischen Jesusgeschichte ergibt. Jesus ist nach Joh 1,18 der Exeget Gottes, der durch seine Theologie darauf aus ist, viele weitere Exegeten Gottes zu qualifizieren und viele weitere Exegesen Gottes zu inspirieren. Exegese Gottes heißt im Sinn der johanneischen Theologie zweierlei: *zum einen* Gott in den Mittelpunkt des Redens und Denkens zu stellen, über ihn zu sprechen, mit ihm, von ihm her, auf ihn hin – und zwar so, wie er von den Heiligen Schriften Israels bezeugt und durch Jesus in einer Weise offenbar gemacht worden ist, die alle Zeit und Ewigkeit von der Unbedingtheit der Liebe Gottes her erschließt[55]; *zum anderen*

---

[55] In einer Exegese von Joh 17 hergeleitet durch *Joseph Ratzinger – Benedikt XVI.*, Jesus von Nazareth II: Vom Einzug in Jerusalem bis zur Auferstehung, Freiburg i. Br. 2011, 93–117.

Gott auszulegen, also den Sinn der Gottesrede auszuloten, ihre Aktualität, ihre Substanz, ihre Kreativität. Das gelingt nicht, ohne dass die persönliche Beziehung zu Jesus geklärt wird, das Gottesbild, aber auch das Bild des eigenen Ich im Lichte des Lebens, das Gott selbst ausstrahlt (Joh 1,5), und das Bild der anderen im Glanz der Wahrheit, die Liebe ist. Wo dies beginnt, öffnet sich der Weg ins Reich der Freiheit, auf dem alle ganz persönlich die Entscheidungen treffen, aber auch die Konsequenzen übernehmen, die den Glauben ausmachen[56]: und zwar nicht nur für sich allein, sondern mit anderen, die Weggemeinschaften als Lerngemeinschaften bilden.

Jesus hat damit neu begonnen, indem er selbst immer ein Lernender gewesen ist; seine Jünger sollen damit nicht aufhören, indem sie in der Schule Jesu selbst zu Lehrern ausgebildet werden, die wiederum andere befähigen und begeistern sollen, über Gott die Wahrheit zu sagen, die sie erkannt haben. Über Gott kann, über Gott muss aber auch im Lehren und Lernen gesprochen werden, weil nicht einfach immer schon alles klar ist, was er zu denken gibt, sondern Prozesse der Erkenntnis Gottes und der Selbst- wie der Welterkenntnis in Gang gesetzt werden, die auf jeder Altersstufe zu intensiven Auseinandersetzungen und echten Entdeckungen führen.

(1) Johanneische Didaktik

Der johanneische Ansatz fordert die Religionspädagogik. Er wird seinerseits durch religionspädagogische Erwägungen inspiriert. Der Siegeszug der historisch-kritischen Methode in der katholischen Bibelwissenschaft hat lange Zeit zu einer Marginalisierung des Johannesevangeliums geführt, weil es als Quelle für die Rückfrage nach Jesus nicht in Betracht komme[57]; das korrespondiert mit einer ka-

---

[56] *Rudolf Bultmann* (Das Evangelium des Johannes [KEK II], Göttingen ²1986 [1941]) hat die anthropologische Perspektive existentialer Theologie gerade am Johannesevangelium exemplifiziert, allerdings stärker die anthropologische Dimension der Theologie als die theologische Dimension der Anthropologie erschlossen.

[57] Vgl. *Gerd Theißen – Annette Merz*, Der historische Jesus. Ein Lehrbuch, Göttingen ³2001 (¹1996).

tholischen Reformpädagogik aus der Zeit des Zweiten Vatikanischen Konzils und danach, die auf die Differenzierung zwischen Dogma und Geschichte, zwischen Kirchlichkeit und Glaubensfreiheit, zwischen *fides qua* und *fides quae* zielt. Umgekehrt zeigt sich die gegenwärtige Suche nach Orientierungswissen in einer verstärkten Nachfrage kanonischer Exegese, die ihrerseits dem neuen Stellenwert der Bibel in den Prozessen der Selbstvergewisserung und Profilierung Rechnung trägt, zu denen die Kirchen im Prozess der Globalisierung und des Pluralismus genötigt sind. Dadurch aber gelangt, jenseits des Historismus, das Johannesevangelium zu neuem Glanz. Traditionell gilt es als Krönung des neutestamentlichen Jesusgedächtnisses. Nach der altkirchlichen Hermeneutik ist Johannes das Evangelium für Fortgeschrittene. Eusebius (*historia ecclesiae* VI 14) überliefert die Einschätzung, die Clemens von Alexandrien abgegeben hat:

> Johannes habe als letzter, von seinen Schülern angespornt und vom Geist inspiriert, in der Erkenntnis, dass das Leibliche in den Evangelien schon dargelegt sei, ein pneumatisches Evangelium verfasst.

Diese somatische und psychische Hermeneutik lässt sich heute nicht kopieren. Dennoch führt das veränderte Interesse der Religionspädagogik wie die veränderte Hermeneutik der Exegese zu der Frage, ob das Johannesevangelium einen Ort im Religionsunterricht haben kann und welche Konsequenzen dies für die Debatte über den theologischen Ort des Religionsunterrichts hat.

Johannes erzählt bedrückende und berückende Glaubensgeschichten, die seit jeher dem Christsein existentielle Dichte, humane Weite und spirituelle Tiefe gegeben haben. Aber wer das Johannesevangelium vom Nachtgespräch mit Nikodemus bis zum Dialog mit der Samariterin am Brunnen vor dem Tor, liest von der Hochzeit zu Kana bis zur Auferweckung des Lazarus, von der Heilung zu Bethesda bis zum Ostern der Maria Magdalena und des ungläubigen Thomas, stößt nicht nur auf literarisch exquisite, kulturell arrivierte und historisch formidable Jesusgeschichten, sondern im selben Atemzug auf den eminenten Wahrheitsanspruch Jesu, die Gottesfrage nicht nur zu stellen, sondern auch zu beantworten.

Mithin ist es gerade das Johannesevangelium, das den Religionsunterricht unmissverständlich fragt, wovon er denn spreche, wenn er von Gott rede – so wie umgekehrt der Religionsunterricht gerade die Johannesexegese herausfordert, Rechenschaft von der Kritikfähigkeit der Offenbarungstheologie und der Entwicklungsfähigkeit des Glaubens abzulegen. Erst wenn diese Herausforderung angenommen wird, haben die Sachwalter johanneischer Christologie die Möglichkeit, den Anspruch universaler Anerkennung, der dem Vierten Evangelium eingeschrieben ist, unter den konkreten Lebensbedingungen einer Schule heute zu bewähren. Indem aber das Johannesevangelium diese Fragen forciert, spitzt es zu, was der theologische Anspruch der Bibel seit der Entdeckung des Monotheismus aus dem Geist der Prophetie[58] immer schon gewesen ist.

Der Religionsunterricht hat, vom Johannesevangelium aus geurteilt, die Aufgabe, unter seinen eigenen Voraussetzungen die Wahrheitsfähigkeit der christlichen Gottesrede zu erhellen, und zwar nicht, indem er sie voraussetzt oder eintrichtert, sondern indem er sie auf den Prüfstand stellt. Denn die Wahrheitsfähigkeit christlicher Theologie zu erhellen, heißt nach Johannes, ihre Kritikfähigkeit aufzuweisen und die Freiheit der Entscheidung zu begründen. Das sollte in jedem katechetischen Prozess selbstverständlich sein. Die staatliche oder kirchliche Schule indes, in der Religionsunterricht erteilt wird, ist (wie die Universität) ein Ort, an dem durch den Erziehungsauftrag der Schule, durch die politische Verantwortung der Pädagogik und durch die heterogene Zusammensetzung der Schülerkreise diese Dimension kritischer Verantwortung unabweisbar wird. Deshalb ist der Religionsunterricht, der seinen eigenen Anspruch nicht verfehlt, eine Quelle theologischer Erkenntnis, auch an johanneischen Maßstäben gemessen.

---

[58] Vgl. *Erich Zenger*, Der Monotheismus Israels. Entstehung – Profil – Relevanz, in: Thomas Söding (Hg.), Ist der Glaube Feind der Freiheit? Die neue Debatte um den Monotheismus (QD 196), Freiburg i. Br. 2003, 9–52.

(2) Johanneische Bildung

Das Johannesevangelium legt insofern die Basis jeder theologischen Bildungstheorie, als es den Logos als Prinzip der Schöpfung wie der Erlösung bezeugt (Joh 1,1–18). Die Kirchenväter haben gerade diese Logostheologie[59] als eine Religions- und Kulturtheologie ihrer Zeit ausgebaut, insofern sie zwischen dem Wirken des Logos und der Präsenz des Evangeliums unterschieden haben, um mit den Augen des Glaubens die Spuren des Geistes auch außerhalb der Kirche lesen zu können. Die Basis dieser Hermeneutik ist das Walten des *logos asarkos* als Licht der Welt in der Schöpfung und der Geschichte vor dem Kommen Jesu Christi.[60] Um das weite Wirken des Geistes nach der Inkarnation zu entdecken, muss man den Hinweisen folgen, die Jesus mit der Markierung theologischer Orte gegeben hat. Der entscheidende Hinweis ist der Mensch als Ort der Gegenwart Gottes, den Jesus gerade im Leiden repräsentiert: *ecce homo* (Joh 19,5).

Das Johannesevangelium führt aber gerade wegen seiner Offenbarungstheologie vor die Frage, ob sich die absolute Dominanz Gottes mit der menschlichen Freiheit verträgt. Hans Blumenberg[61] hat

---

[59] Justin hat in seiner Logos-Christologie diesen Ball aufgenommen und ihn für eine positive Einschätzung nicht nur der Welt und der Geschichte, sondern auch der Philosophie genutzt (apol. I 40,5ff.; dial. 11–25; 62; 75,4) und damit den Vätern die geistige Welt der Antike geöffnet, um in ihr das Evangelium zu buchstabieren. Dass seine Lehre von *logos spermatikos* viele neue Probleme aufwirft (und vielleicht, da die Christologie noch nicht geklärt genug ist) aporetisch bleibt, steht auf einem anderen Blatt; vgl. *Alois Grillmeier*, Jesus der Christus im Glauben der Kirche I, Freiburg i. Br. 1979, 202–207.

[60] Die heutige Exegese ist indes strittig. Zur hier vorausgesetzten Interpretation vgl. den Begründungsansatz in *Thomas Söding*, Die Offenbarung des Logos. Biblische Theologie und Religionsgeschichte im johanneischen Spektrum, in: M. Labahn – K. Scholtissek – A. Strotmann (Hg.), Israel und seine Heilstraditionen im Johannesevangelium. FS Johannes Beutler, Paderborn 2003, 387–415.

[61] Die Legitimität der Neuzeit, I–III, Frankfurt/Main 1966, bes. Bd. I: Säkularisierung und Selbstbehauptung; Arbeit am Mythos, Frankfurt/Main 1979, 239–290, bes. 241; Wirklichkeitsbegriff und Wirkungspotential des Mythos, in: Manfred Fuhrmann (Hg.), Terror und Spiel. Probleme der Mythenrezeption (Poetik und Hermeneutik 4), München 1971, 11–66, bes. 31f.42.

eine negative Antwort gegeben. Konsequenterweise hätte das Johannesevangelium – damit aber das gesamte Neue Testament und die ganze Bibel – im modernen Bildungsprozess nichts verloren, wenn es um mehr geht als darum, kulturelle Kenntnisse zu verbreiten, die aber *eo ipso* musealisiert werden müssten, wenn sie nicht die menschliche Entwicklung, den Bildungsprozess also, beschränken sollen. Die Negation zu negieren, setzt die Ausarbeitung einer johanneisch inspirierten Anthropologie der Freiheit voraus, die Bildung auf den Kern des Begriffs zurückführt: die Entdeckung und Gestaltung der Gottebenbildlichkeit durch die *imitatio Christi*.[62]

Die farbige Bildsprache des Johannesevangeliums[63] ist so ausgeprägt, dass die Wurzeln der Metaphern und Symbole tief ins Erdreich der Bibel Israels reichen, aber ihre Stämme und Zweige weit über die Erde und zum Himmel ragen, so dass man geradezu von Archetypen sprechen kann: Wasser, Brot, Hirt, Weg, Weinstock, Lamm sind allgemeine Bilder des Religiösen und präzise Portraits Jesu. Es sind bei Johannes gerade die profiliertesten Christusaussagen, die Ich-bin-Worte, die am einfachsten gehalten sind und dadurch nicht nur die Einheit des Sohnes mit dem Vater aller Welt offenbaren können, sondern auch auf den weitesten Bereich von Lebenssituationen sich beziehen lassen. Sie machen das Geheimnis des Glaubens anschaulich[64] und entwickeln so ihre Motivationskraft für alle, die kommen und sehen (vgl. Joh 1,39). Diese Bilder des Glaubens strahlen so stark, dass sich keine Religionspädagogik ihnen entziehen darf. Es hinge sonst ein Grauschleier über der religiösen Erziehung. Die leuchtenden Bilder haben schlechterdings nichts Militantes an sich. Sie verströmen den Glanz Gottes, wie er sich auf dem Antlitz Jesu widerspiegelt und auf all jene fällt, die es zu

---

[62] Vgl. *Alois Maria Haas*, Europäische Bildung. Antike Paideia und christliche Gottesebenbildlichkeit, in: Philotheos 7 (2007) 279–290.

[63] Einen metapherntheoretischen Zugang eröffnet *Ruben Zimmermann*, Christologie der Bilder im Johannesevangelium. Die Christopoetik des vierten Evangeliums unter besonderer Berücksichtigung von Joh 10 (WUNT 171), Tübingen 2004.

[64] »Anschauliche Christologie« ist ein hermeneutisches Schlüsselwort von *Erik Peterson*, Johannesevangelium und Kanonstudien, Würzburg 2003, 147ff.

betrachten beginnen. Es sind Andachtsbilder, Lernbilder, Glaubensbilder. Sie gehören in die Öffentlichkeit, weil sie Licht ausstrahlen und die Dunkelheit erhellen. Sie können nur entstehen, weil Jesus in der Grenzenlosigkeit der Liebe Gottes wirkt und deshalb die Eindeutigkeit und Fülle des göttlichen Lebens verkörpert. Jedes Bild sagt mehr als tausend Worte; und jedes Wort malt mehr als tausend Bilder.

Das Johannesevangelium liefert die hermeneutische Theorie zu diesem Bildungsprozess, indem es den Heiligen Geist[65] als Parakleten[66] vor Augen führt, den Jesus selbst in seiner Abschiedsrede verheißen habe. Er wird einerseits – retrospektiv – die Erinnerung an Jesus wachhalten und andererseits – prospektiv – in alle Wahrheit einführen, deren volle Dimensionen in dieser Welt schlechterdings nicht zu ermessen sind. Durch das Wirken des Geistes werden Menschen inspiriert, die Worte des Glaubens zu hören und die Bilder des Glaubens zu sehen. Von der Warte der Didaktik aus gesehen, ist diese Begeisterungsfähigkeit nicht zu operationalisieren, aber die theologisch-anthropologische Basis jeder Operationalisierung – die dann im Unterricht und jenseits des Unterrichts ihre eigene Dynamik entfalten können muss.

(3) Johanneische Pädagogik

Von johanneischer Warte aus geurteilt, stellen sich zwei Fragen zum theologischen Stellenwert eines Religionsunterrichts, der seinem Bildungsauftrag gerecht werden soll.

Die eine Frage betrifft die Weite der religiösen Bildungswege, die er anbahnt. Entscheidend ist allerdings weniger die Quantität als die Qualität. Würde sich der Religionsunterricht einer mystagogischen

---

[65] Vgl. *Kurt Erlemann*, Unfassbar? Der Heilige Geist im Neuen Testament, Neukirchen-Vluyn 2010.

[66] Vgl. *David Pastorelli*, Le Paraclet dans le corpus johannique (BZNW 142), Berlin 2006; *Mulopo Apollinaire Makambu*, L'esprit-pneuma dans l'évangile de Jean. Approche historico-religieuse et exégetique (FzB 114), Würzburg 2007.

Dimension im johanneischen Sinn verschließen, wäre er nicht gleich Religionskunde, aber auf eine reduzierte Ebene theologischer Informationsvermittlung festgelegt und müsste die Pointe der kommunikationstheoretischen Offenbarungstheologie verfehlen, wie sie das Zweite Vatikanische Konzil markiert hat.[67] Kann er sich aber einen genuin religionspädagogischen Zugang zur Mystagogie erschließen[68], wie ihn das Vierte Evangelium geöffnet hat, gewinnt er nicht nur zur biblischen Theologie und johanneischen Christologie Zugang, sondern auch zur transzendentalen Freiheitstheologie[69]. Das dient nicht dazu, den intellektuellen Ehrgeiz Praktischer Theologie zu befriedigen, sondern Schülerinnen und Schülern Lernwege als Lebenswege zu zeigen, die sie beschreiten können, so dass es ihre eigenen Wege mit Gott werden können. Eine entscheidende didaktische Qualität ist deshalb die Offenheit der Pädagogik: So wenig es irgendeinen Zwang geben kann, den Weg zu beschreiten, so wenig, ihn zu beenden. Wenn sich der Religionsunterricht auf Theologie einlässt, ist eine Dynamik des Bildungsweges begründet, die bei allen Schülerinnen und Schülern ihr eigenes Tempo und ihre eigene Intensität hat. Ein Ausstieg muss jederzeit möglich sein, über dessen Gründe, wenn sie die Intimsphäre nicht verletzen, kann im Religionsunterricht gesprochen werden. Aber ebenso gut müsste ein Fortschreiten möglich gemacht werden, über dessen Gründe unter denselben Bedingungen gleichfalls zu reden ist. Die Lehrerinnen und Lehrer sind diejenigen, die mit ihrer didaktischen Kompetenz die Schülerinnen und Schüler fördern sollten, ihren eigenen Weg zu finden. Je tiefer sie selbst im Glauben verwurzelt sind, desto freier sind sie in ihrem pädagogischen Handeln. Je klarer sie sich selbst

---

[67] Vgl. *Markus Knapp*, Die Vernunft des Glaubens. Einführung in die Fundamentaltheologie, Würzburg 2009.

[68] Begründet von *Mirjam Schambeck*, Mystagogisches Lernen. Zu einer Perspektive religiöser Bildung (Studien zur Theologie und Praxis der Seelsorge 62), Würzburg 2006.

[69] Transzendentaltheologisch reflektiert von *Markus Tomberg*, Religionsunterricht als Praxis der Freiheit. Überlegungen zu einer religionsdidaktisch orientierten Theorie gläubigen Handelns (Praktische Theologie im Wissenschaftsdiskurs 7), Berlin 2010.

als Schülerinnen und Schüler Jesu verstehen, desto besser können sie die Lehre Jesu vertreten. Der mystagogische Weg der Religionspädagogik ist ein Weg zur Begegnung mit Gott, der zur Entdeckung der eigenen Subjektivität führt.

Die andere Frage betrifft die Verbindung des Lernorts Schule mit anderen Orten der Theologie, vor allem der Liturgie und Katechese. So wichtig die Unterscheidung bleibt, so wichtig wäre – in einem johanneischen Horizont betrachtet – auch die mögliche Verbindung: auf der Basis subjektiver Freiwilligkeit, aber auch objektiver Zusammenhänge. Den Religionsunterricht gäbe es nicht, gäbe es keine konfessionell verfassten Kirchen. Das nicht nur als Machtfaktor, sondern als pädagogische Herausforderung zu meistern, ist eine religionsdidaktische Aufgabe erster Güte. Sie setzt eine hohe theologische Urteilskompetenz der Lehrerinnen und Lehrer voraus – und ein nicht minder großes pädagogisches Einfühlungsvermögen. Die Verbindungsmöglichkeiten zwischen Klassenraum und Kirche, Unterricht und Katechese, Lernen und Liturgie aufzuzeigen, so dass sie bei Bedarf realisiert werden können, gehört zu den *essentials* eines Religionsunterrichts, der einen theologischen Anspruch hat. Ohne diese Schnittstellen wäre er ärmer. Mit ihnen kann er sich aber desto getroster auf das konzentrieren, was im Klassenzimmer sinnvollerweise erwartet und erreicht werden kann. Wenn die Unterscheidung nicht zur Trennung führt, wird der Religionsunterricht von einem Erwartungsdruck entlastet, der im Zeichen der Säkularisierung aufgebaut wird, als ob die Religionslehrerinnen und -lehrer alles ersetzen könnten: fromme Eltern und engagierte Pfarrer, religiöse Freundschaften und kompetente Katecheten. Der Religionsunterricht hat seine ureigenen Aufgaben im schulischen Kontext. Von Johannes her betrachtet, muss er die Freiheit haben, sich auf seine Charakteristika zu konzentrieren – und Möglichkeiten der Grenzüberschreitungen zu schaffen, die zu den ureigenen Glaubenserfahrungen der Schülerinnen und Schüler werden können.

Das Johannesevangelium hilft aber nicht nur, den Religionsunterricht in aller Öffentlichkeit mystagogisch zu vertiefen und ekklesial zu vernetzen, sondern auch, ihn theologisch zu relativieren und dadurch didaktisch zu präzisieren. In der Synagoge von Kapharnaum erinnert Jesus nach Joh 6,45 an die prophetische Verheißung des Neuen Bundes, dass den Menschen das Gesetz ins Herz geschrieben ist, so dass sie auf keinerlei menschliche Vermittlung mehr angewiesen sind, sondern selbst von Gott belehrt werden:

> »*Bei den Propheten steht geschrieben:* ›*Alle werden von Gott Belehrte sein*‹.« (Jes 54,13)

Nach Johannes sieht Jesus die Zeit gekommen, dass diese Verheißung erfüllt wird; deshalb fährt er fort:

> »*Jeder, der vom Vater hört und lernt, kommt zu mir.*« (Joh 6,45)

Einerseits ist Jesus selbst derjenige, der unmittelbar von Gott lernt und über Gott belehrt. Andererseits ist er aber derjenige Lehrer, der alle menschliche Lehre überflüssig macht, indem er die Unmittelbarkeit göttlicher Lehre vermittelt. Davon können alle profitieren und darauf können alle vertrauen, die – an welchem Ort auch immer – Unterricht halten. Je profunder das ist, was sie vermitteln, desto transparenter werden sie für Gott, der letztlich der einzig wahre Lehrer ist.

Zur Öffentlichkeit gehört die Freiheit der Rede, die nach Johannes eine Gabe des Geistes Gottes und ein Recht ist, um das die Glaubenden kämpfen müssen – für sich, aber auch für andere. Die große Chance, in einer Schule des demokratischen Rechtsstaates nicht nur über, sondern auch mit Religion aufzuklären, ist ein Freiheitsgewinn, den das Christentum nicht für sich vereinnahmen, aber nutzen kann. Am besten geschieht dies, wenn es im Prinzip keine Abstriche an der christologischen Intensität johanneischer Theologie gibt, sondern das Freiheits- und Bildungspotential ausgenutzt wird, das gerade die Rede vom einen Gott und seiner Liebe zu den Menschen prägt.

7. Ein Programmauftrag: Paulus und seine Schule

In den didaktischen Konzepten, die das Neue Testament dokumentiert, spielt das Corpus Paulinum eine herausragende Rolle. Paulus hat sich immer auch als Lehrer seiner Gemeinden verstanden; seine Theologie hat Schule gemacht.[1] In den authentischen und nachgeahmten Episteln kommt genau jenes Konzept von Didaktik zum Ausdruck, das Meister Eckhart zum Bildungsbegriff geführt hat. Die paulinischen Impulse sind nach wie vor stark, weil der Apostel grundlegende Diskussionen über das Verhältnis von Gnade und Freiheit, Erwählung und Erziehung, Lehren und Lernen so geführt hat, dass starke Spiegelungen mit dem Bild Gottes und der Menschen, der Kirche und der Welt entstehen. Als *homo politicus* hat Paulus durch seine Didaktik und Katechese gerade diejenigen auf einen Bildungsweg geleitet, denen ihr Bürgerrecht auf Erden verwehrt, von Gott aber im Himmel gewährt wurde (Phil 3,20), auf dass es in der Kirche geachtet und verwirklicht werde.

a) Der paulinische Ansatz einer Bildungstheologie

Die Ikonographie hat Paulus als christlichen Sokrates vorgestellt – hässlich, aber faszinierend, gebildet, aber bescheiden.[2] Der intellektuelle Zuschnitt kommt nicht von ungefähr. Im Ersten Korintherbrief schreibt der Apostel:

---

[1] Allerdings muss man mit einem weiten Begriff von »Schule« arbeiten; die Probleme analysiert *Thomas Schmeller*, Schulen im Neuen Testament? Zur Stellung des Urchristentums in der Bildungswelt seiner Zeit. Mit einem Beitrag von Christian Cebulj zur Johanneischen Schule (HBS 30), Freiburg i. Br. 2001.
[2] Vgl. *Paul Zanker*, Die Maske des Sokrates. Das Bild des Intellektuellen in der antiken Kunst, München 1995, 284.

»In der Kirche will ich lieber fünf Worte mit Verstand reden, damit ich auch andere unterrichte, als zehntausend in Zungengestammel.« (1 Kor 14,19)

Bei der »Kirche« *(ekklesia)* denkt Paulus hier an die Versammlung der Gemeinde. Das Zungengestammel, die Glossolalie[3], ist das verzückte Reden in Engelszungen (1 Kor 13,1), das bis heute zu charismatischen Gottesdiensten gehört. In Korinth steht es ganz oben auf der Hitliste der Charismen, weil es am deutlichsten die Ergriffenheit vom Heiligen Geist zu bezeugen scheint; von Paulus aber wird es relativiert, auch wenn er es durchaus schätzt (1 Kor 14,5) und beherrscht (1 Kor 14,18). Der Apostel plädiert entschieden dafür, nicht auf exaltierte Erlebnisse, sondern auf exakte Erkenntnisse zu setzen. Fünf Worte mit Verstand zu reden, ist offenkundig nicht einfach. Aber es ist möglich. Auf diese fünf Worte kommt es an. Sie dienen der Unterweisung; im Griechischen steht: Katechese. Der Gottesdienst wird dadurch nicht zu einer Lehrveranstaltung. Aber die Katechese ist wesentlich, weil der Glaube zu denken gibt. Paulus sagt »ich«; aber alle, die den Brief lesen und an der Versammlung teilnehmen, sollen sich angesprochen wissen.

(1) Konstruktive Didaktik

Die Option für Katechese gehört zu einem dicht geknüpften Netz von Hinweisen, die Paulus gibt, um die Qualität des Gottesdienstes zu verbessern und die Bedeutung der Gemeindeversammlung zu erhöhen. Man hatte damals nicht oft Gelegenheit, zusammen zu sein. Der Sonntagabend bot die beste und oft auch einzige Möglichkeit; dafür war nicht alles schon nach einer Dreiviertelstunde vorbei. Gebet und Gespräch gehören zusammen, das gemeinsamen Mahl und die Eucharistie (vgl. 1 Kor 11,17–34).[4] Das entscheidende Kriterium des Apostels ist der »Aufbau« der Kirche (1 Kor 14,4). Es ergibt sich

---

[3] Vgl. *Dieter Zeller*, Der erste Brief an die Korinther (KEK 5), Göttingen 2010, 433–437.

[4] Vgl. *Peter Wick*, Die urchristlichen Gottesdienste. Entstehung und Entwicklung im

unmittelbar aus dem »Hohenlied der Liebe« 1Kor 13. »Liebe baut auf«, hat er zuvor im Brief geschrieben (1Kor 8,1). Beim »Aufbau« denkt Paulus an Wachstum nach innen und außen: an kerygmatische Attraktivität, liturgische Intensität und diakonische Aktivität; Persönlichkeitsbildung und Gemeindebildung gehören zusammen, Herzens-, Gewissens- und Urteilsbildung. Das gesamte paulinische Missionskonzept[5] baut darauf, dass sich vor Ort Glaubensüberzeugungen herausbilden, die so tief verwurzelt sind, dass sie stark werden, und dass in der Kirche Glaubensformen entstehen, die weit genug für viele, aber auch klar und schön genug für alle sind.

Damit sich beides entwickelt, muss Paulus an vielen Baustellen arbeiten. Er kritisiert sublime und offene Spaltungstendenzen (1Kor 1–4); er klagt den Zusammenhang zwischen Eucharistie und Caritas ein (1Kor 11,17–34)[6]; er setzt aber auch auf eine Didaktik des Glaubens, die ihre Gründe und Ziele kennt, ihre Orte und Wege. Wenige Zeilen nach seinem Plädoyer für fünf Worte mit Verstand (1Kor 14,19) schreibt Paulus:

> »Wenn ihr zusammenkommt, hat jeder einen Psalm, hat eine Lehre, hat eine Offenbarung, hat Zungenrede, hat eine Auslegung. Alles geschehe zum Aufbau.«
> (1Kor 14,26)

In diesem Satz[7] sind paradigmatisch wesentliche Elemente des christlichen Gottesdienstes versammelt; einige sind heute verlorengegangen; alle verdienten, wiederentdeckt zu werden. Der »Psalm« steht für das Gebet, die »Offenbarung« für die prophetische Verkündigung des Wortes Gottes, die »Glossolalie« für die Begeisterung

---

Rahmen der frühjüdischen Tempel-, Synagogen- und Hausfrömmigkeit (BWANT 150), Stuttgart 2003.

[5] Vgl. *Wayne A. Meeks*, From Jerusalem to Illyricum, Rome to Spain. The World of Paul's Missionary Imagination, in: Clare K. Rothschild – Jens Schröter (Hg.), The Rise and Expansion of Christianity in the First Three Centuries of the Common Era (WUNT 301), Tübingen 2013, 167–181.

[6] Vgl. *Jens Schröter*, Das Abendmahl. Frühchristliche Deutungen und Impulse für die Gegenwart (SBS 210), Stuttgart 2006.

[7] Vgl. *Wolfgang Schrage*, Der Erste Brief an die Korinther III (EKKVII/3), Neukirchen-Vluyn ²2012 (1999), 443–447.

des religiösen Ausdrucks, die »Auslegung«, auf Griechisch: die »Hermeneutik«, für die Erklärung und Einordnung all dessen, was sonst nur mysteriös wäre, aber nicht das *mysterium fidei,* das Geheimnis des Glaubens, ahnen ließe. Das zweite Element dieser Kette ist die Lehre, griechisch: die *didaché.* Paulus hat in 1Kor 14 Didaktik (V. 26) nicht von Katechetik (V. 19) unterschieden. Beides dient der religiösen Unterweisung, der Einführung ins Christentum, der Erschließung wichtiger Inhalte und Ausdrucksformen des Glaubens. Auch wenn Kinderkatechesen nicht auszuschließen sind, steht der Erwachsenenkatechumenat im Blick, und zwar hier nicht auf dem Weg zur Taufe in die Kirche, sondern auf dem Weg nach der Taufe in der Kirche. Lebenslanges Lernen ist eine Maxime paulinischer Pastoral, weil die Wahrheit des Evangeliums unerschöpflich ist. »Jeder« und »jede« meint nicht, dass alle alles können, sondern dass alle ihre spezifischen Gaben haben, die sie in das Leben der Kirche einbringen, mit ihren Fähigkeiten und in ihrer Verantwortung.[8] Etwas später schreibt Paulus:

> »Alle sollen lernen und alle getröstet werden.« (1Kor 14,31)

Der Trost ist keine Vertröstung; denn er folgt aus der Einsicht in das Evangelium – jedenfalls ist das die paulinische Intention. Das Lernen ist kein trockener Unterricht; denn er vermittelt die Freude am Glauben – jedenfalls ist das die paulinische Vorstellung. Der Trost wird zur Mahnung und Ermunterung; was man in der Gemeindeversammlung nach Paulus lernen kann (und lernen können soll), ist das Wort Gottes, das die Kirche aufbaut, indem es die einzelnen Gläubigen und ihre Gemeinschaft stärkt: durch Kritik und Anerkennung, durch Zuspruch und Anspruch, durch Anteilgabe an der rettenden Kraft des Evangeliums, das im Haus des Glaubens verkündet und gehört, verstanden und gefeiert, verbreitet und getan werden soll.

---

[8] Das hat Paulus in seiner Charismenlehre reflektiert und mit dem Bild des Leibes Christi ekklesiologisch verankert; vgl. *Thomas Söding,* Einheit der Heiligen Schrift? Zur biblischen Theologie des Kanons (QD 211), Freiburg i. Br. 2008 (2005), 204–209.

(2) Apostolische Bildung

Der intellektuelle und pastorale Anspruch dieser konstruktiven Didaktik ist Paulus von Anfang an klar. Er macht ihn sich zu Eigen:

> *Was nützt es euch, wenn ich nicht mit euch rede über Offenbarung, Wissen, Prophetie und Lehre?« (1Kor 14,6)

Viele Übersetzungen schreiben: »zu euch rede«, so die Elberfelder Bibel und das Münchener Neue Testament. Die Einheitsübersetzung vermittelt ein ganz spezielles Bild des Apostels, wenn sie formuliert: »vor euch rede«. Beide Versionen sind grammatikalisch nicht falsch, weil im Griechischen der einfache Dativ steht. Aber am besten scheint die Lutherbibel den Ton zu treffen: »mit euch«. Paulus ist ein großer Kommunikator des Glaubens. Sehr oft appelliert Paulus an das Vorwissen und Mitdenken der Gemeindemitglieder: Selber denken macht schlau (1Kor 10,15). Die Appelle an die eigene Urteilskraft der Leserinnen und Leser sind zahlreich (vgl. 1Thess 1,4f.; 2,1f.5.11; 5,2; Phil 4,15; vgl. Röm 6,3; 7,1; 11,2; 1Kor 3,16; 6,2f.15f.19; 9,24). Paulus lässt es sich nicht nehmen, das Gewicht seines Wortes in die Waagschale zu werfen; aber ihm ist sehr an geistigem Austausch, an Glaubensgesprächen, an wechselseitiger Wahrnehmung und Anerkennung gelegen. So auch in 1Kor 14,6: Nicht nur die Glossolalie bedarf der Hermeneutik (1Kor 14,5.9ff.), »Offenbarung, Wissen *(gnosis)*, Prophetie und Lehre« müssen ebenfalls besprochen werden: Sie sind alles andere als selbstverständlich; sie geben zu denken; sie fordern heraus; sie weisen einen Bildungsweg, der gegangen sein will, weil er zu Gott führt.

Was Paulus in 1Kor 14 über die Kirche als Bildungsinstitution ausführt, ist theologisch tief begründet und weit geöffnet. Der Erste Korintherbrief ist selbst ein Beispiel apostolischer Didaktik. Er beginnt mit dem »Wort vom Kreuz«, das alle Weisheit dieser Welt als Torheit entlarvt, um die Torheit des Kreuzes als Weisheit Gottes zu begründen (1Kor 1,18–2,16); er endet mit dem Evangelium der Auferstehung, das aus Jesu Tod und Auferweckung die Realität des Sterbens, aber auch des neuen Lebens ableitet, um die Standfestigkeit des Glaubens zu stärken (1Kor 15). Dazwischen verhandelt er von der Sexualität bis zum Recht, von der Ehe, der Ehelosigkeit und der Ehescheidung bis zum »Götzenopferfleisch«, von der Eucharistie bis zu den Charismen eine breite Fülle von Themen, die ebenso lebenspraktisch wie theologisch substantiell sind.

Durchweg präsentiert Paulus sich als Erzieher und Aufklärer. Das Lehren ist ihm in Fleisch und Blut übergegangen; es ist ekklesiologisch fundamental:

> »Gott hat in der Kirche eingesetzt: erstens Apostel, zweitens Propheten, drittens Lehrer.« (1Kor 12,28)

Mit diesen drei Diensten beginnt programmatisch eine Liste von Charismen, die noch Heilungs-, Hilfs- und Leitungsdienste umfasst, bevor sie mit der Zungenrede endet. Die Apostel stehen an der ersten Stelle, weil sie gesandt sind, die Kirche vor Ort zu gründen (vgl. 1Kor 3,10–17); die Propheten stehen an der zweiten Stelle, weil sie ansagen können, was der Fall ist (1Kor 14): in der Vergangenheit, der Gegenwart und der Zukunft; an der dritten Stelle stehen die Lehrer, weil sie in die Wahrheit des Glaubens einführen und das Leben im Glauben reflektieren sollen. Wie die Apostel und Propheten sind die Lehrer von Gott »eingesetzt«, also von ihm der Kirche gegeben, von ihm gesandt und geleitet, vom ihm beauftragt und bevollmächtigt. Paulus selbst, der Apostel, ist auch Prophet und Lehrer, weil er dem Geist Gottes dadurch Sprache leiht, dass er auf Gottes Wort hört, und der Wahrheit des Evangeliums dadurch zur Anerkennung verhilft, dass er Überzeugungsarbeit leistet.

Als Pastor der Gemeinde muss der Apostel sich in seinem Brief auf die genuin religiöse Bildung konzentrieren. Aber sein Horizont ist weiter. Dass die Kirche aus Skrupulosität sektiererisch wird, steht ihm als Gefahr deutlich vor Augen (1Kor 5,9ff.). Deshalb appelliert er an die Fähigkeit zur Kritik: Nicht Abschottung, sondern Unterscheidung ist die Devise (1Thess 5,21; Phil 1,9ff.; 4,8f.). Die Reihe dieser Mahnungen hat zwei Voraussetzungen, die Paulus nicht reflektiert, weil sie ihm offenbar selbstverständlich scheinen: *Zum einen* gibt es nicht nur zwischen Christen und Juden, sondern auch zwischen der Kirche und der Welt eine Fülle von Gemeinsamkeiten, vor allem im Ethos, aber auch in der *ratio;* denn so unerhört das Evangelium ist, so geradewegs zielt es in eine Welt, die Gott erschaffen und zur Erlösung bestimmt hat; deshalb ist die Neuheit des Evangeliums, die Paulus stark betont (2Kor 5,17; vgl. 6,1f.), nicht mit der Fremdheit der christlichen Botschaft zu verwechseln, die nach Markion[9] die Welt verneinen muss, um Gott bejahen zu können. *Zum anderen* haben die Gläubigen die Kompetenz, Unterscheidungen zu treffen, die notwendig sind, weil allzu viel Unsinn geredet und gemacht wird, die aber auch möglich sind, weil der Heilige Geist den Verstand nicht aus-, sondern einschaltet. Deshalb beendet das Beten das Denken nicht, sondern beflügelt es.[10]

(3) Aufgeklärter Glaube

Die authentischen Paulinen lassen zwar nicht ein christliches Bildungsprogramm erkennen, aber Ansätze einer Bildungstheologie, die für die Kirche wesentlich sind. Die pädagogische Theologie hat im herrschenden Analphabetismus, in der schreienden Ungerechtigkeit mit sehr viel Armut und Sklaverei, mit der Unterordnung der Frauen und der mangelnden Aufmerksamkeit für Kinder einen starken »Sitz im Leben« (vgl. 1Kor 1,26ff.) – was keineswegs bedeutet, dass die Urkirche den Herausforderungen immer gerecht geworden wäre. Aber Paulus schmiedet ein Bündnis von Glaube und Vernunft, das den theologisch-philosophischen Dialog für alle Zeit notwendig macht. Er konkretisiert die prägende Kraft des Glaubens so, dass Anthropologie und Pädagogik wesentlich zusammengehören, weil die Dynamik des Evangeliums die Entwicklung der Persönlichkeit fördert und das Ethos der Liebe mit dem Wissen über Gott und die Welt wächst. Er reflektiert die Gnade der Rechtfertigung und Heiligung als Befreiung, die Sünder in die Lage versetzt,

---

[9] Vgl. *Sebastian Moll*, The Arch-Heretic Marcion (WUNT 250), Tübingen 2010.
[10] Im Vergleich zwischen Phil 1,9ff. und Epiktet, *diss.* I 22, erhellt von *Ulrich B. Müller*, Der Brief des Paulus an die Philipper (ThHKNT 11/2), Leipzig 1993, 45f.

sie selbst zu sein, so dass sie ihr Leben *coram Deo* zu gestalten vermögen, weil sie wissen, wozu sie berufen sind (Gal 5,1.13).[11] Paulus ist überzeugt, dass der Monotheismus, der sich im Christusbekenntnis konkretisiert, eine religiöse Entfremdung überwindet, die zu einer kulturellen Desorientierung führt (vgl. 1Kor 12,1ff.; Gal 4,8ff.). Die Kirche wird dadurch, gut jüdisch und christlich, als Lehrhaus konstruiert, in dem fleißig gelernt wird. Lehrer (beiderlei Geschlechts) sind nicht alle, aber all jene, die zwei Bedingungen erfüllen: Zum einen müssen sie über die erforderlichen intellektuellen und spirituellen, ethischen und religiösen Kompetenzen verfügen und sie in den Dienst am Aufbau der Kirche stellen, also am Nutzen, den andere davon haben; zum anderen müssen sie »eingesetzt« sein, weil Gott selbst sie berufen hat. Wie die Einsetzung vonstattengegangen ist, lässt sich im Ersten Korintherbrief nicht genau erkennen. Sicher hat der Apostel seine Hand im Spiel gehabt; aber auch eine Wahl oder Zustimmung durch die Gemeinde ist nicht unwahrscheinlich (2Kor 8,13). Kompetenz und Akzeptanz müssen zusammenkommen, Charisma und Institution. Die Träger der paulinischen Bildungsidee sind die Lehrerinnen und Lehrer, die mit ihm zusammenarbeiten.

b) Die didaktischen Programme der Paulusschule

Die Schüler des Paulus haben sein Andenken gepflegt und seine Theologie fortgeschrieben. Sie haben, wenn die moderne Exegese nicht irrt, auch Briefe in seinem Namen geschrieben, um sein Erbe zu pflegen und seine Theologie zu aktualisieren. Lehre und Erziehung spielen eine entscheidende Rolle.

---

[11] Vgl. *Thomas Söding*, Zur Freiheit befreit. Paulus und die Kritik der Autonomie, in: Communio 37 (2008) 92–112.

(1) Der Epheserbrief: Ekklesiale Didaktik

Nach dem Epheserbrief[12] bilden »Apostel und Propheten« das Fundament der Kirche (Eph 2,20), weil sie den »Gott und Vater unseres Herrn Jesus Christus« bekannt gemacht haben, der Juden wie Heiden »mit allem Segen seines Geistes gesegnet« hat (Eph 1,3). Auf diesem Fundament muss weiter gebaut werden, innen wie außen. Die Bauaufsicht obliegt nach Eph 4,11 »Evangelisten, Hirten und Lehrern«[13]. Welche genauen Aufgaben sie hatten, lässt sich nur erschließen; das Gewicht der Verkündigung und der Lehre ist offenkundig. »Evangelisten« dürften – in nachapostolischer Zeit – alle gewesen sein, denen die Verkündigung des Wortes Gottes von Amts wegen anvertraut ist; »Hirten« sind die Gemeindeleiter; »Lehrer« sind und bleiben diejenigen, die vor und nach der Taufe Katechesen halten, damit die Wahrheit des Glaubens nicht vergessen, sondern neu entdeckt werde. Ob es trennscharfe Unterschiede oder starke Überschneidungen bei den Personen und in den Funktionen gegeben hat, kann offen bleiben. Alle stehen in der Nachfolge – oder auf den Schultern – der Apostel und Propheten; alle sind sie von Gott »gegeben« (Eph 4,11): Sie verdanken ihren Status, ihre Kompetenz und ihre Verantwortung dem Geist Gottes, sind aber auch selbst eine Gabe Gottes an die Kirche, die ihren Weg durch die Zeit finden muss. Die »Evangelisten, Hirten und Lehrer« können nur dort anknüpfen, wo die Apostel und Propheten begonnen haben, weil aus der Geschichtlichkeit der Offenbarung die Notwendigkeit einer Tradition folgt, die Jesus Christus mit der Berufung der Apostel in die Geschichte des Gottesvolkes eingestiftet hat (vgl. Eph 3,1–13) und die er als Auferweckter durch das Wirken des Geistes mit dem Geschenk neuer Charismen lebendig hält (Eph

---

[12] Vgl. *Gerhard Sellin,* Der Epheserbrief (KEK 8), Göttingen 2008.
[13] Zur dynamischen Entwicklung der Ekklesiologie im Corpus Paulinum vgl. *Markus Tiwald,* Die vielfältigen Entwicklungslinien kirchlichen Amtes im Corpus Paulinum und ihre Relevanz für die heutige Theologie, in: Thomas Schmeller – Martin Ebner – Rudolf Hoppe (Hg.), Neutestamentliche Ämtermodelle im Kontext (QD 239), Freiburg i. Br. 2010, 101–128.

4,8ff.). Diese Tradition muss durch Verkündigung, Leitung und Lehre fortgeschrieben werden, weil das Wort Gottes vergegenwärtig werden muss: im Reden und im Tun, im Sakrament und im Aufbau der Kirche.[14] Die Inhalte der religiösen Unterweisung werden in einer Neuformulierung der paulinischen Gnadentheologie entwickelt, die ein sehr hohes Reflexionsniveau hat und ihren ekklesialen Sitz im Leben markiert, weil die Kirche selbst als Ort des geschichtlichen Heilshandelns Gottes in den Fokus tritt.

Im Epheserbrief bleiben wesentliche Momente der paulinischen Kirchenlehre erhalten: der charismatische Ansatz, der die Kirche auf das Wirken des Geistes zurückführt, und die diakonische Perspektive, die jede Vollmacht als Dienst versteht. Allerdings ist das Bild der Kirche insofern erheblich verschoben, als Paulus die Kirche als Ganze den »Leib Christi« (1 Kor 12,12–27) oder den »Leib in Christus« (Röm 12,4ff.) nennt, während nach dem Epheserbrief – dem Kolosserbrief folgend (Kol 1,18; 2,10.19) – Christus als »Haupt« des Leibes firmiert (Eph 1,22; 4,15; 5,23); dadurch wird ein hierarchisches Moment verstärkt, das gerade den Primat Jesu Christi sichern soll und sich jetzt in den Diensten der Kirche selbst manifestiert.[15]

In diesem neuen ekklesialen Bezugssystem bleiben Charisma und Diakonie aufeinander bezogen und werden für eine Theologie der Didaktik geöffnet. *Zum einen* sind die Dienste der Evangelisten, Hirten und Lehrer in die charismatische Begabung aller Kirchenmitglieder eingebunden, personal differenziert, aber sozial koordiniert:

> *»Jeden einzelnen von uns ist die Gnade [charis] gegeben, nach dem Maß des Geschenkes Christi.«* (Eph 4,7)

---

[14] Dies steht im Zentrum heutiger Ökumene in der Diskussion des kirchlichen Amtes; vgl. Die Apostolizität der Kirche. Studiendokument der Lutherisch/Römisch-katholischen Kommission für die Einheit, Paderborn – Frankfurt/Main 2009.

[15] Vgl. *Thomas Söding*, Der Leib Christi. Das paulinische Kirchenbild und seine katholische Rezeption im ökumenischen Blick der Moderne, in: Wilhelm Damberg – Ute Gause – Isolde Karle – Thomas Söding (Hg.), Gottes Wort in der Geschichte. Reform und Reformation der Kirche, Freiburg i. Br. 2015, 96–130.

Dieses Maß ist Übermaß; Christus schenkt nicht knauserig, sondern aus der Überfülle heraus, so dass alle mehr als genug von dem geschenkt bekommen haben, was sie für eine aktive Teilhabe am Leben der Kirche brauchen. Das Charisma der Evangelisten, Hirten und Lehrer ist wie das der Apostel und Propheten Dienst, ihr Dienst Charisma – nicht im Gegensatz zum »Amt«, sondern als dessen Form und Inhalt.[16]

Zum anderen ist der Dienst der Evangelisten, Hirten und Lehrer pädagogisch qualifiziert.

> »[11]*Und er hat eingesetzt die Apostel, aber auch die Propheten und die Evangelisten, die Hirten und Lehrer,*
>
> [12]*um die Heiligen zu rüsten für das Werk des Dienstes, für den Aufbau des Leibes Christi,*
>
> [13]*bis wir alle hingelangen zur Einheit des Glaubens und zur Erkenntnis des Sohnes Gottes,*
>
> *zum reifen Menschsein,*
>
> *zum vollen Maß des Wachstums in Christus.«* (Eph 4,11ff.)

Die Apostel und Propheten bilden das Fundament der Kirche, weil sie den Eckstein Jesus Christus gelegt haben (Eph 2,20f.). Sie stehen in einer Reihe mit den Diensten nachapostolischer Zeit. Der paulinische Ansatz schimmert durch (1Kor 12,28), ist aber weitergeführt. Alle zusammen dienen sie den »Heiligen«, gemeint sind wie in den paulinischen Originalbriefen alle Getauften. Die – gänzlich unmilitärische – Aufrüstung soll alle Christinnen und Christen befähigen und motivieren, ihren je eigenen Dienst am Aufbau der Kirche zu leisten, der ihnen als Charisma von Gott geschenkt ist. Eine indirekte Vorlage steht im Kolosserbrief:

> »*Wie ihr nun Christus angenommen habt, wandelt auch in ihm, verwurzelt und auferbaut in ihm, gefestigt im Glauben, so wie ihr belehrt worden seid.«* (Kol 2,16).

---

[16] Zur Theologie des Epheserbriefes vgl. *Udo Schnelle*, Theologie des Neuen Testaments (UTB), Göttingen 2009, 521–536.

Durch diese pädagogische Arbeit wird eine Glaubensgemeinschaft konstituiert, die Apostel und Propheten, Evangelisten, Hirten und Lehrer zusammen mit allen Getauften auf einen Bildungsweg führt, der ehrgeizige Ziele verfolgt, nämlich die »Einheit des Glaubens« und die »Erkenntnis *(epignosis)* des Sohnes Gottes« (Eph 4,13).[17] Die Einheit des Glaubens, die aus der Einheit Gottes folgt, wird in der Taufe gefeiert; die »Erkenntnis Jesu Christi«, die aus der Wahrheit des Evangeliums folgt, soll durch das Zeugnis, die Feier und den Dienst des Glaubens vermittelt werden. Die Erkenntnis Jesu Christi entsteht in der Einheit der Kirche, weil sie die lebendige Tradition Jesu Christi formt; die Einheit der Kirche wird durch die Erkenntnis Jesu Christi vertieft, weil es die Liebe Jesu ist, die ihr, seiner Braut, gilt (Eph 5,25).

Diese Erkenntnis ist ein Wissen, das aus Offenbarung und Überlieferung stammt, aber auch ein Können, das aus der Offenheit für Gott folgt, und ein Handeln, das der eigenen Überzeugung entspricht. Um diese Zusammenhänge zu veranschaulichen, findet der Epheserbrief eine Reihe von pädagogisch aufgeladenen Wertungswörtern, die Tugenden und Haltungen beschreiben. Wer das paulinische Curriculum durchlaufen hat, soll »zum reifen Menschsein, zum vollen Maß des Wachstums in Christus« gelangt« sein (Eph 4,13), »nicht mehr unmündig, durcheinandergebracht und umgetrieben von jedem Windstoß einer Lehre, durch das Würfelspiel von Menschen, durch Verschlagenheit, die auf Lug und Trug aus ist« (Eph 4,14), sondern »die Wahrheit in Liebe bezeugen« (Eph 4,15) und sich fortwährend weiter entwickeln, »in allem auf ihn hin wachsen, der das Haupt ist: Christus« (Eph 4,15). Demnach sind Mündigkeit und Reife, Selbstbewusstsein und Erwachsenwerden, Orientierungsfähigkeit, Standfestigkeit und Dynamik, Liebe und Humanität signifikante Charakteristika des Christseins. Die Arbeit der Evangelisten, Hirten und Lehrer muss gerade darauf gerichtet sein, diese Fähigkeiten und Einstellungen zu fördern und

---

[17] Die treffende Überschrift über Eph 4,11–16 steht bei *Gerhard Sellin*, Der Brief an die Epheser (KEK 8), Göttingen 2008, 338: »Die Dienste der Einheit«.

zu fordern. Ohne deren Dienst kann die Entwicklung nicht verlaufen, weil das Evangelium die Basis dieser Bildung ist. Aber die prägende Kraft des Evangeliums zeigt sich gerade in den Bildungsprozessen, die eine ekklesiale Didaktik anstoßen soll.

Das Kirchenbild aufgeklärten Glaubens, das der Epheserbrief malt, ist gut als eine Transformation paulinischer Theologie zu erkennen. Die große Leistung der Paulusschule ist es, dass sie die Geschichte der Kirche unter dem Aspekt ihrer apostolischen Gründung in das Bild der Kirche einzeichnet. Dadurch wird die Vermittlung zwischen den Generationen zu einem theologischen Hauptthema. Diese Mediation geschieht unter der Ägide des Heiligen Geistes vielfach und vielförmig; die Lehre ist einer der Hauptstränge, weil der Glaube die Wahrheit Gottes erkennen soll. Die Lehre nimmt die Evangelisten, Hirten und Lehrer in die Pflicht, sich fortzubilden, um qualifizierte Bildungsarbeit leisten zu können. Nur wenn alle Getauften eine gute Bildung haben, ist die ekklesiale Didaktik erfolgreich. Dann kann den gläubigen Getauften auch die konstitutive Bedeutung der spezifischen Dienste für den eigenen Bildungsweg vor Augen geführt werden. Der Epheserbrief konzentriert sich auf die religiöse Bildung; seine Theologie hat zwar eine so große Weite, dass sie kulturelles Lernen braucht; aber der Brief ist so sehr auf die ekklesiale Konsolidierung konzentriert, dass er eine Ausweitung des Bildungsgedankens nicht reflektiert. Sie wäre aber sachgerecht, wenn man mit dem Epheserbrief über ihn hinaus denkt.

(2) Die Pastoralbriefe: Ordentliche Erziehung

Die Pastoralbriefe an Timotheus und Titus[18] wollen ein episkopales Leitungsamt der Kirche etablieren, das im Kern ein Lehramt ist. Allein die Tatsache, dass die Kommunikation durch Briefe erfolgt, deutet eine Atmosphäre christlicher Intellektualität an, die sich tief

---

[18] Vgl. *Hermann von Lips*, Timotheus und Titus. Unterwegs mit Paulus, Leipzig ²2010.

ins kulturelle Gedächtnisbild des Morgen- wie des Abendlandes eingeprägt hat. Das Lehramt, das die Pastoralbriefe profilieren wollen, steht nur Männern offen (1Tim 3,1–13; Tit 1,6–9), weil es ein Amt der öffentlichen Religionsausübung ist, die im Rahmen des antiken Weltbildes von Männern mit Reputation repräsentiert werden soll. Der Ausschluss von Frauen aus kirchlichen Führungsaufgaben (1Tim 2,8–15; 2Tim 3,6f.) wird mit männlicher Ruppigkeit betrieben, die starke Argumentationsschwächen verdeckt.[19] Es kann aber nicht übersehen werden, dass die Briefe auf ihre Weise das paulinische Bildungsdenken fortschreiben. Der Ordnungsgedanke ist stark; das Bildungsangebot wird strukturiert, es wird aber auch in der Gnade Gottes selbst verankert.

Die Timotheusbriefe: Gebildete Lehrer

Ein durchgehender Zug der Briefe ist die Sorge, dass Bischöfe und Presbyter gebildet sind.[20] Nur dann können sie andere lehren, wie es ihre Pflicht ist. Paulus mahnt im Pastoralbrief seinen Musterschüler Timotheus:

> »[12]Sei den Gläubigen ein Vorbild im Wort, im Wandel, in Liebe, im Glauben, in Lauterkeit. [13]Bis ich komme, halte dich ans Lesen, Trösten, Lehren. [14]Vernachlässige nicht das Charisma in dir, das dir aufgrund der Prophetien mit der Handauflegung der Presbyter verliehen wurde.« (1Tim 4,12ff.)

Die eigene Bildung ist eine wesentliche Weise, das Charisma des kirchlichen Dienstes nicht zu vernachlässigen, sondern zu pflegen (vgl. 1Tim 4,6f.). Diese Bildung soll vorbildlich sein; sie soll ausstrahlen und nachgeahmt werden, von allen Gläubigen. Sie soll aber auch das Amt prägen: »Lesen«, »Trösten«, »Lehren« lautet der Dreiklang – in dieser Reihenfolge. Zuerst steht das Lesen, dann das

---

[19] Vgl. *Margret M. Mitchell,* Corrective Composition, Corrective Exegesis: The Teaching on Prayer in 1Tim 2,1–15, in: Karl Donfried (Hg.), First Timothy Reconsidered (Colloquium Oecumenicum Paulinum 18), Leuven 2008, 41–62.

[20] Vgl. *Thomas Söding,* Der Rat an Timotheus. Geistliche Schriftlesung im Licht der Pastoralbriefe, in: Pastoralblatt 58 (2006) 355–362.

Trösten und Lehren; nur so kann das Trösten und Lehren Substanz haben, während umgekehrt das Lesen kein Selbstzweck ist, sondern dem Trösten und Lehren dient. Beim Lesen denkt der Autor in erster Linie an die Heilige Schrift. Sie hat selbst eine didaktische Dimension:

>»Die ganze Schrift ist von Gott inspiriert, nützlich zur Lehre, zur Beweisführung, zur Zurechtweisung und zur Erziehung in Gerechtigkeit.« (2Tim 3,16).

Die Restriktionen, die Frauen betreffen, stechen im Gegenüber zur Promotion des episkopalen Lehramtes besonders in die Augen, sind aber nicht ohne Dialektik. Die Frau, die ausdrücklich nicht – gemeint ist: öffentlich in der Kirche – lehren soll, soll aber doch »lernen« (die Einheitsübersetzung modelliert: »sich belehren lassen«), und zwar, wie es dem antiken Pädagogik-Ideal entspricht, in »Ruhe [*hesychia*] und in voller Unterordnung« (1Tim 2,11), nämlich unter den Lehrer, dessen Autorität anerkannt sein soll. Allerdings ist durch die Pointierung nur die Passivität, nicht auch die Aktivität des Lernens betont – das im pädagogischen Idealfall doch dazu führte, dass die Schülerin oder der Schüler besser würde als ihre Lehrerin oder ihr Lehrer.[21] Im Zweifel ist dieser Lehrer allerdings männlichen Geschlechts, der Gatte oder der Bischof, so dass im Sinn des Autors auch der gepfefferte Patriarchalismus zu den Lektionen der Frau gehören soll (1Tim 2,12). So dialektisch wie die Aufforderung zum Lernen ist, so spiegelbildlich dialektisch auch die Kritik an Frauen, die, von Männern verführt (2Tim 3,6), »allezeit lernen und nie zur Erkenntnis der Wahrheit kommen können« (2Tim 3,7): weil ihnen der Ansatz in der apostolischen Überlieferung fehlt, aus der allein die »gesunde Lehre« kommt (1Tim 1,10; 2Tim 1,13; 4,3; Tit 1,9; 2,1) – eine Lehre, die nicht krank macht, weil sie nicht krank ist, sondern Menschen gesunden lässt, weil sie selbst durch den Heilsdienst Jesu geprägt ist.

---

[21] Diese Akzentuierung analysiert *Alfons Weiser*, Der Zweite Brief an Timotheus (EKK XVI/1), Düsseldorf – Neukirchen-Vluyn 2003, 257.

Auf der Kehrseite dieser frauenfeindlichen Attacke steht das Bild einer Frau, die in die Kirche und dort bei einem berufenen Meister in die Lehre geht, um zur Erkenntnis der Wahrheit zu gelangen. So belehrt, sollen die Frauen ihrerseits lehren: von Frau zu Frau, von Mutter zu Kind, von Erwachsener zu Jugendlichen, wenngleich im privaten Rahmen, nicht im öffentlichen Raum (vgl. 1Tim 2,15).

Der Titusbrief: Gnädige Erziehung

Die Timotheusbriefe haben den Bildungsgrad einzelner Lehrer, vor allem der Bischöfe, vor Augen. Der Titusbrief teilt dieses Interesse, nimmt aber ein Argument auf, das den bildungstheologischen Ansatz erheblich vertieft.[22] Der Brief rekapituliert das christologische Heilsgeschehen in Jesus Christus als Epiphanie:

> »*Erschienen ist die Gnade Gottes, die allen Menschen Heil bringt.*« (Tit 2,11)

Der heilsuniversale Ansatz fordert ein besonderes Engagement derjenigen (wenigen), die schon zum Glauben gekommen sind.

Dieser Glaube wird pädagogisch charakterisiert. In einer kleinen Meditation über die Epiphanie Christi aus dem Titusbrief, die als zweite Lesung im Mitternachtsgottesdienst zu Weihnachten verkündet wird und von der Erziehung durch Gottes Gnade handelt, wird diese göttliche Erziehung christologisch begründet (Tit 2,11–14):

> »*[12]Sie erzieht uns, dass wir uns von der Gottlosigkeit lossagen wie den weltlichen Begierden und besonnen und gerecht und fromm leben in dieser Zeit [13]und die selige Hoffnung hegen auf das Erscheinen der Herrlichkeit des großen Gottes und unseres Retters Jesus Christus, [14]der sich hingegeben hat, damit er uns erlöse von aller Ungesetzlichkeit und sich ein reines Volk erschaffe, eifrig zu guten Werken.*« (Tit 2,12ff.)

Die »guten Werke« sind (wie in der Bergpredigt nach Mt 5,13–16) die besten Kommunikationsmittel für den Glauben der Kirche in

---

[22] Vgl. *Wilfried Eisele*, Vom »Zuchtmeister Gesetz« zur »erziehenden Gnade« (Gal 3,24f.; Tit 2,11f.). Religiöse Erziehung in der Paulustradition, in: Biblische Zeitschrift 56 (2012) 65–84.

der Welt. Gute Werke zu tun, ist den Erlösten gemäß, weil sie aus der Ungesetzlichkeit der Sünde befreit worden sind. Sie sind keineswegs die einzigen, die Gutes tun. Aber wer sie nach ihrer Motivation, nach ihrem Verständnis des Guten und nach ihrer Hoffnung auf Güte fragte, erhielte eine Antwort, die Gott beim Namen nannte.

Das Besondere dieses Textes besteht darin, dass er Erlösung als Erziehung versteht. Das griechische Leitwort *paideuo* wird unterschiedlich übersetzt. Die Einheitsübersetzung hat wie das Münchener Neue Testament »erzieht«, die Lutherbibel »nimmt uns in Zucht«, die Elberfelder »unterweist«, die King James Bible hat »teaching«, die New Revised Standard Bible »training«, die Vulgata *erudiens*. Das breite Spektrum spiegelt die Bedeutungsfülle des Satzes, aber auch die Versuchung, Erziehungsideale einer bestimmten Zeit und Kultur auf die Bibel zu projizieren. Vor allem machen die Übersetzungsvarianten die Schwierigkeit der Theologie sichtbar, Gnade und Pädagogik in eine konstruktive Beziehung zu setzen. Zwischen »erziehen« und »züchtigen« liegen – jedenfalls im heutigen Deutsch – Welten; Unterweisung und Training sind nicht dasselbe. Liegt der Fokus auf der Belehrung oder kommt ein Prozess der Bildung in den Blick? Dass die Aktivität des gnädigen Gottes betont wird, steht nicht im Zweifel; aber wie sie auf diejenigen einwirkt, denen sie gilt, muss genau untersucht werden.

Tit 2,11–14 ist ein theologischer Schlüsseltext, der verstehen lässt, warum und in welchem Sinn das Christentum eine Bildungsreligion ist.[23] Die wenigen Verse enthalten das ganze neutestamentliche Evangelium. Sie drücken es mit dem Leitwort »Epiphanie« in einer damals modernen, tief religiösen Sprache aus, die philosophisch anschlussfähig ist.[24] Sie kennzeichnen aber mit we-

---

[23] Anders jedoch *Lorenz Oberlinner*, Titusbrief (HThKNT XI/2.3), Freiburg i. Br. 1996, 129f.: Das Motiv sei »völlig unbetont«; von einem »Bildungsziel« zu sprechen sei »unangebracht«.
[24] Vgl. *Thomas Söding*, Das Erscheinen des Retters. Zur Christologie der Pastoralbriefe, in: Klaus Scholtissek (Hg.), Christologie in der Paulus-Schule. Zur Rezeptionsgeschichte des paulinischen Evangeliums (SBS 181), Stuttgart 2000, 149–192.

nigen Worten auch den Erziehungsprozess: die Erziehungszeit und das Erziehungsziel ebenso wie Objekt und Subjekt der Erziehung.

Der *Zeitraum,* in dem die Erziehung möglich und notwendig ist, erstreckt sich zwischen dem ersten und dem zweiten Kommen Jesu Christi; das erste Kommen ist die Epiphanie der Gnade im Kommen Jesu als Retter (vgl. Tit 3,4f.), das zweite das Erscheinen der vollendeten Herrlichkeit des »großen Gottes« in der Wiederkunft Jesu Christi (Tit 2,13). Das Tempus des Verbs ist das Präsens; es wird also durch die Gnade ein je gegenwärtiger Lernprozess initiiert. Dass lebenslanges Lernen die Devise ist, wird wie im urpaulinischen Konzept darin begründet, dass Gottes Gnade unerschöpflich ist und dauernd aktiv.

Das *Erziehungsziel* wird dreifach differenziert, und zwar prozesshaft, sodass die Zeitstruktur qualifiziert wird, die zur Pädagogik gehört. Ein erster Aspekt erschließt die Vergangenheit: die Absage an die »Gottlosigkeit« und die »weltlichen Begierden« (V. 12), das heißt: an ein Leben, als ob es Gott und den Nächsten nicht gäbe, so dass die Bedürfnisbefriedigung zum Lebenszweck würde. Hier kann Erziehung ansetzen, weil sie die Unterscheidung zwischen Gott und Mensch, Gut und Böse, Sehnsucht und Gier einführen und nahebringen kann. Ein zweiter Aspekt erschließt die Gegenwart: die Einübung von Besonnenheit, Gerechtigkeit und Frömmigkeit (V. 12); alle sind keine spezifisch christlichen Tugenden, aber solche, die der Glaube nicht verachtet, sondern bejaht und fördert. Diese Tugenden fallen nicht vom Himmel, sondern müssen gepflegt werden; deshalb ist genuine Erziehungsarbeit gefragt. Ein dritter Aspekt erschließt die Zukunft: Hoffnung auf die Vollendung in Gemeinschaft mit Jesus (V. 13). Zu dieser Hoffnung kann erzogen werden, weil die Hoffnung als Haltung vorgestellt ist, die eingeübt werden muss. Alle drei Erziehungsziele gehören zusammen; sie konstituieren ein Ethos, das theologisch begründet und – im genauen Wortsinn – zeitgemäß ist.

Objekt der Erziehung sind »wir« – nicht nur Paulus und Titus, sondern alle Getauften. Weil das Lernen lebenslang ist, wird nicht nur an die Erziehung von Kindern, sondern gerade von Erwachsenen gedacht. Unmittelbar zuvor sind im Titusbrief Männer und Frauen, Junge und Alte, Sklaven und Herren genannt worden; alle sollen »die Lehre unseres Retters schmücken« (Tit 2,10), das heißt: in ihrer Schönheit genießen und in ihrer Attraktivität ausstrahlen. Die Ziele sind so definiert, dass die Schülerinnen und Schüler durch die Erziehung nicht verbogen, sondern zu sich selbst geführt werden, weil sie mehr sind als bedürftige Mangelwesen, nämlich Gottes Ebenbilder, mehr als soziale Konstrukte, nämlich sittliche Subjekte, und mehr als Sterbliche, nämlich Erlöste, für die Jesus Christus sein Leben eingesetzt hat. Die Gnade der Erziehung setzt bei denen an, die zum Glauben gefunden haben – gleichfalls durch Gnade, aber keine pädagogische, sondern eine konstituierende. Die rettende Gnade, von der Vers 11 mit Verweis auf die erste Erscheinung Jesu spricht, setzt sich in der erziehenden Gnade fort, die auf die zweite, die endgültige Erscheinung vorbereitet. Für die Lebensrettung prägt der Brief das Bild der Wiedergeburt, die direkt mit der »Erneuerung im heiligen Geist« verbunden ist (Tit 3,5). Diese fortdauernde Erneuerung ist in Tit 2,11–14 qualifiziert.

Das *Subjekt* der Erziehung ist Gott selbst – in seiner Gnade, durch Jesus Christus, der Gottes Gnade ein Gesicht gibt, kraft des Geistes. Die Gnade wirkt, indem sie erzieht.[25] Damit ist im Ansatz die Vorstellung einer Konkurrenz von Gnade und Freiheit überwunden; denn die Gnade offenbart nichts anderes als die Wahrheit, und die Erziehung eines Menschen besteht darin, die Wahrheit Gottes zur Wahrheit des eigenen Lebens werden zu lassen. Die Gnade ist also gerade in dem Maße als Gnade wirksam, wie sie einen Bildungsprozess auslöst, und die Bildung besteht gerade darin, die Gnade wirken zu lassen.

»Paulus« ist der Lehrer, der dies lehrt. Es ist der entscheidende Grund und ein wesentlicher Inhalt seiner Lehre, nicht sich selbst als Quelle der Wahrheit, als Träger der Bildungsarbeit und als Ziel des Bildungsweges zu präsentieren, sondern Gott. Das ist die nachpaulinische Umsetzung der paulinischen Maxime:

---

[25] Vgl. *Marius Reiser,* Erziehung durch Gnade. Eine Betrachtung zu Tit 2,11–14, in: Liebe und Auftrag 69 (1993) 443–449.

>>Wir verkünden nicht uns selbst, sondern Jesus Christus als den Herrn, uns selbst aber als eure Knechte um Jesu willen.<< (2Kor 4,5)

Von diesem Geist soll aber über Paulus hinaus jedes Lehren in seiner Nachfolge sein. Weil die Gnade allezeit so wirkt, dass sie erzieht, benötigt und befähigt sie auch allezeit Menschen, die in diesem Sinne lehren. Der Titusbrief ist geschrieben worden, um diese Praxis theologisch zu etablieren. Er fokussiert den Bischofsdienst als Lehramt. Wer nur den Titusbrief und die Schreiben an Timotheus liest, kann auf die Idee kommen, der Bischof habe ein Lehrmonopol, jedenfalls in der Öffentlichkeit. Da aber die Pastoralbriefe, mit Berufung auf Paulus geschrieben, immer auch weitere – und im Ergebnis des kanonischen Prozesses alle überlieferten – Paulusbriefe voraussetzen, die den Horizont der Charismatik weiter ausgespannt haben, ist der Effekt eher eine Differenzierung: dass es einen eigenen Raum öffentlichen Lehrens in der Kirche gibt, der vom Bischof oder Presbyter qua Amt ausgefüllt werden muss, aber auch ein enges Netz weiterer Lehr- und Lernorte, an denen nicht nur der Episkopos oder der Presbyter doziert, sondern andere, Männer wie Frauen, lehren, vor allem im Haus und – soweit es sie schon gibt – in der Schule.

Die Pointe von Tit 2 ist also, dass die Gnade Gottes gerade in einer Weise wirkt, dass diejenigen, die glauben, durch Erziehung zu den neuen Menschen gemacht werden, die sie dank derselben Gnade Gottes sind. In Tit 2,12 wird *paideuo* am besten mit >>erziehen<< übersetzt, weil die Veränderungsprozesse, die von Gott ausgehen, gerade dadurch entstehen, dass die Schülerinnen und Schüler einsehen, was mit ihnen geschieht, und dann aus sich heraus, mit innerer Überzeugung, in ihrem Ethos, in ihrem Denken und ihrem Beten umsetzen, was Gott ihnen mit auf den Weg gibt. Dieser Erziehungsvorgang ist ein Bildungsprozess, weil seine Form wie sein Ergebnis eine Humanität ist, die durch Gott begründet wird und für Gott geöffnet ist, dessen >>Güte und Menschenfreundlichkeit *(philanthropia)*<< in Jesus Christus erschienen ist (Tit 3,4).

Corpus Pastorale: Etablierte Lehre

Die Pastoralbriefe stehen in der Gefahr einer amtstheologischen
Engführung; sie haben den großen Schwachpunkt, Frauen vom
kirchlichen Lehren zurückzudrängen, weil sie auf die Autorität des
Bischofs fixiert sind. Sie haben aber die große Stärke, dass sie Bildung in der Amtstheologie verankern und dadurch das theologische
Niveau der Pastoral sichern. Überdies ist der gebildete Bischof nicht
nur Dreh- und Angelpunkt, sondern auch Teil eines Bildungswerks,
das die ganze Kirche erfasst, weil alle der Gnade teilhaftig sind und
alle von ihr erzogen werden. Ähnlich wie im Epheserbrief liegt der
Fokus auf der religiösen Bildung. Aber wie das Lernziel Tugend bei-
spielhaft zeigt, ist der Blick nicht eng, sondern weit, allerdings nicht,
wie bei Paulus selbst, auch unter dem Aspekt, mit Gewinn für den
Glauben das Wissen anderer prüfend zu entdecken, sondern in der
Gewissheit, dank der Gnade aus eigenem Bestand kulturelle Größe
zu erlangen.

c) Bildung im Namen Jesu Christi

Dem Corpus Paulinum kann eine Theologie der Bildung abgelesen
werden, die menschliche Bildungsarbeit fundiert, relativiert und
motiviert, innerhalb wie außerhalb der Kirche. Diese Theologie ist
durch und durch zeitbedingt, weil sie von Anfang an eine praktische Theologie ist, die ihre Konkretion zum Kriterium ihrer Wahrheit macht. Aus diesem Grund kann sie in ihren Ausdrucksformen
theologisch nicht ohne weiteres als normativ gelten, sondern muss
reflexiv und kritisch von ihrem eigenen Ansatz her rekonstruiert
und aktualisiert werden. Die Geschlechterverhältnisse und die Er-
ziehungsmethoden sind kulturell geprägt und darin nicht reflektiert. Die Verbindung religiöser mit kultureller Bildung steht kaum
im Blick. Die Theologie der Bildung entsteht in einer Zeit, da die
Kirche eine kleine Minorität mit äußerst begrenzten Gestaltungs-
möglichkeiten gewesen ist; das Bespielen größerer und bunterer

Räume ist eine große Aufgabe, die nur mit großer Kreativität gemeistert werden kann. Der paulinische Erziehungsgedanke selbst ist darauf geeicht, dass es echte Lernfortschritte gibt: neue Entdeckungen und neue Antworten auf neue Herausforderungen, die theologisch integriert werden.

Aber ebendies macht die bleibende Bedeutung der paulinischen Pädagogik aus. Sie begründet theologisch den Stellenwert der Bildung; sie definiert inhaltlich ein Bildungsniveau, das nicht ungestraft unterschritten wird, weil es das Evangelium von Jesu Leben, Tod und Auferweckung selbst ist, das die Bildungsprozesse freisetzt. In einer katholischen, ökumenisch aufgeschlossenen Schrifthermeneutik ist die Bibel nicht die letzte Instanz, sondern die erste Zeugin der Theologie; der Kanon ist keine Grenze, die bewacht wird, sondern eine Richtschnur, die ausgespannt wird, einen Weg zu weisen.[26]

In diesem Sinn können im Corpus Paulinum drei Wegweiser für religiöse Bildung heute gesteckt werden.

Erstens: Bildung ist theologisch wesentlich, weil der Glaube, paulinisch betrachtet, nicht nur ein Vertrauen und ein Bekenntnis, sondern im Grunde eine Erkenntnis ist. Diese Erkenntnis des Glaubens wurzelt in der Wahrheit des Wortes Gottes. Deshalb kann der Glaube vermittelt werden; je tiefer die Erkenntnis ist, desto stärker kann der Glaube das Leben prägen. Bei Paulus und in seiner Schule gibt es keine Erziehung *zum*, sondern *im* Glauben. Es gibt keine Erziehung *zum* Glauben, weil das Evangelium, das er bejaht, im Ansatz *verkündigt* werden muss. Es gibt eine Erziehung *im* Glauben, weil die Verkündigung zur Lehre führt, die der Wahrheit des Evangeliums zur Sprache verhilft. Die Glaubenserkenntnis ist weder vom allgemeinen Bildungsgrad noch vom Intelligenzquotienten abhän-

---

[26] Vgl. *Theodor Schneider – Gunter Wenz* (Hg.), Verbindliches Zeugnis. Bd. I: Kanon – Schrift – Tradition (Dialog der Kirchen 7), Freiburg i. Br. – Göttingen 1992; Bd. II: Schriftauslegung – Lehramt – Rezeption (Dialog der Kirchen 9), Freiburg i. Br. – Göttingen 1995; Bd. III: Schriftverständnis und Schriftgebrauch (Dialog der Kirchen 10), Freiburg i. Br. – Göttingen 1998.

gig, sondern von der Wahrnehmung einer Gotteserfahrung, die vom Geist in die Tradition und die *Communio* der Kirche eingefügt wird. Aber genau das kann reflektiert und begründet, verstanden und angenommen werden. Der paulinische Entwurf einer *theologia crucis* wahrt das Charakteristikum religiöser Bildung (1Kor 1,20), um dann aber weiterzudenken, dass »Gottes Weisheit im Geheimnis« verkündet wird (1Kor 2,7). Es ist der Geist Gottes, der diese Weisheit erkennt – und es ist die didaktische Kunst des Apostels, sie so zu erschließen, dass der Geist Gottes die Vernunft der Gläubigen erfüllt (1Kor 2,16). So lässt sich der Wunsch des Philipperbriefes verstehen:

> *»Und der Friede Gottes, der alles Verstehen übersteigt, bewahre eure Herzen und eure Gedanken in Christus Jesus.«* (Phil 4,7)

Zweitens: Bildung ist eine Kernaufgabe der Kirche. Sie muss nachhaltig organisiert werden. Das gilt besonders für diejenigen, die in der Kirche Führungsaufgaben übernehmen. Wer andere belehren soll und will, muss selbst zuerst in die Schule gegangen sein und seine Lektionen gelernt haben – und darüber auch offen sprechen, weil die Lehrbefugnis eine Macht verleiht, die sich nur als Dienst für andere legitimieren lässt und weil der entscheidende Lehrinhalt nicht selbst kreiert, sondern tradiert wird: durch den Geist, der das Wort Gottes vergegenwärtigt. Bildung ist aber auch eine Verpflichtung und mehr noch eine Chance für alle, die zur Kirche gehören. Das Ziel kirchlicher Lehre muss es sein, die Abhängigkeit der Schülerinnen und Schüler von ihren Lehrerinnen und Lehrern nicht zu zementieren, sondern im Gegenteil zu überwinden, so dass sie ihren eigenen Bildungsweg planen können. Diejenigen, die lehren, haben keine anderen Wissensquellen und Kompetenzressourcen als diejenigen, die sie lehren und die von ihnen lernen sollen, um ihrerseits lehren zu können. Im Prozess des Lehrens und Lernens entsteht ein qualifiziertes Miteinander, das durch geteiltes Wissen kommuniziert wird. Das Christentum paulinischer Prägung setzt auf eine umfassende Bildung, die allen Gläubigen die Sprache des Evangeliums so vermittelt, dass sie sich in Wort und Schrift, durch Denken und Handeln, Beten und Feiern so ausdrücken können, wie es ihrem Glauben entspricht und die Kirche aufbaut. Ohne Alphabetisierung kann weder die Heilige Schrift noch ein Paulusbrief oder ein Evangelium gelesen, geschweige denn ein eigenes Glaubenszeugnis zu Papier gebracht werden; ohne dass der Geist der Liturgie erschlossen wird, gibt es keine aktive Teilhabe am Gottesdienst; ohne dass ein Ethos der Teilhabe begründet wird, bleiben Sympathiebekundungen spontan. Nach Paulus ist Bildung in erster Linie Herzensbildung:

> »[1]Wenn es also eine Ermahnung in Christus gibt, einen Trost der Liebe, wenn eine Gemeinschaft des Geistes, wenn Barmherzigkeit und Erbarmen, [2]dann erfüllt meine Freude, dass ihr eines Sinnes seid, dieselbe Liebe habt, einmütig und einträchtig, [3]so dass ihr nichts aus Eigennutz oder Eitelkeit tut, sondern in Demut einer den andern höher schätzt als sich selbst. [4]Jeder achte nicht nur auf das eigene, sondern auch auf das der anderen.« (Phil 2,1–4)

Drittens: Bildung ist Berufung. Bildungsprogramme zu starten oder nicht, ist nicht ins Belieben einer Generation gestellt, sondern eine Gabe und Aufgabe von Gott. Davon ist auch die kirchliche Bildungsarbeit geprägt, nicht nur in ihren Zielen und Wegen, sondern auch in ihrem Status und in ihren Strukturen. Nach Paulus und seiner Schule gibt es – wie nach Jesus – im Grunde nur einen Lehrer: Gott selbst, der Vater durch den Sohn im Heiligen Geist. Um diese Einzigkeit zu wahren, gibt es in der Kirche ein Lehramt, das eine im Kern pastorale Aufgabe ist. Die Frage lautet, wer es ausübt. Soweit die Briefe, die den Namen des Apostels tragen, schauen lassen, gibt es ein vitales Interesse an einem Lehramt, das durch Kompetenz und Ordination qualifiziert wird. Auf dem Weg zu den Pastoralbriefen verfestigt sich der Bischofsdienst als Lehramt. Das ist eine theologisch konsequente Entwicklung, weil die Kirche vom Evangelium lebt, das gefeiert und geteilt, aber auch gepredigt und gelehrt werden muss, damit seine Aktualität entdeckt werden kann. Allerdings ist diese Konzentration, im Lichte der paulinischen Charismenlehre betrachtet, nicht exklusiv, sondern positiv. Selbst die Pastoralbriefe, die das Thema restriktiv bearbeiten, um das Bischofsamt zu etablieren, lassen neben dem öffentlichen Gottesdienst der Kirche andere ekklesial wesentliche Orte der Lehre erkennen, wie das Haus und vielleicht auch die öffentliche Schule. Der ekklesiologische Status derjenigen Christenmenschen, die an diesen Orten lehren, ist aber notorisch unterbestimmt. Ihn zu markieren ist eine der dringendsten Aufgaben gegenwärtiger Ekklesiologie. Die paulinische Theologie der Charismen bietet einen Ansatz, der bislang kaum genutzt worden ist. Anspruch und Möglichkeit bringt Paulus im Römerbrief kurz auf den Punkt – ohne personelle Restriktion, aber mit theologischer Ambition:

»Wer lehrt, bleibe in der Lehre.« (Röm 12,7)

8. Ein Statement: Katechese und Mission

Im Neuen Testament lassen sich Katechese und Didaktik theologisch nicht trennen. In den modernen Zivilisationen ist die Differenzierung notwendig, weil inner- und außerkirchliche Lernorte unterschieden werden müssen. Reflektiert man das Bildungsthema ekklesiologisch, zeigt sich nicht nur die Aufgabe der Kirche, Bildung in der Gesellschaft zu fördern, sondern auch intern auf Bildung zu setzen. Gegenwärtig wird dies vor allem unter dem Stichwort der »Neuevangelisierung« diskutiert, das durch die erste Enzyklika von Papst Franziskus, *Evangelii gaudium,* populär geworden ist:

> »Der Heilige Geist bereichert die ganze evangelisierende Kirche auch mit verschiedenen Charismen. Diese Gaben erneuern die Kirche und bauen sie auf. Sie sind kein verschlossener Schatz, der einer Gruppe anvertraut wird, damit sie ihn hütet; es handelt sich vielmehr um Geschenke des Geistes, die in den Leib der Kirche eingegliedert und zur Mitte, die Christus ist, hingezogen werden, von wo aus sie in einen Evangelisierungsimpuls einfließen.« *(Evangelii gaudium 130)* [1]

Die Neuevangelisierungskonzepte, die in der katholischen Kirche kursieren, werden mit dem Verdacht konfrontiert, der Disziplinierung zu dienen und damit dem Bildungsgedanken zu widersprechen. Dieser Verdacht kann nur ausgeräumt werden, wenn das Konzept selbst klar vor Augen steht.

---

[1] *Papst Franziskus,* Apostolisches Schreiben »Evangelii gaudium« über die Verkündigung des Evangeliums in der Welt von heute (Verlautbarungen des Apostolischen Stuhles 194), Bonn 2013.

a) Die große Aufgabe

Verbum Domini, das postsynodale Apostolische Schreiben Papst Benedikt XVI., endet mit einer präzisen Beschreibung der Aufgaben, die im Zeichen der Neuevangelisierung angegangen werden sollen[2]:

>»Daher muss unsere Zeit immer mehr die Zeit eines neuen Hörens auf das Wort Gottes und einer Neuevangelisierung sein. Wenn wir die Zentralität des göttlichen Wortes im christlichen Leben wiederentdecken, finden wir den tiefsten Sinn dessen wieder, was Papst Johannes Paul II. nachdrücklich angemahnt hat: die *missio ad gentes* fortzusetzen und mit allen Kräften eine Neuevangelisierung vorzunehmen, vor allem in den Nationen, in denen das Evangelium durch einen weit verbreiteten Säkularismus in Vergessenheit geraten oder den meisten Menschen gleichgültig geworden ist.« *(Verbum Domini* 122)

Diese Aufgabenstellung ist nicht nur eine Konsequenz der Welt-Bischofssynode vom Oktober 2008 über *Das Wort Gottes im Leben und in der Sendung der Kirche* und das Thema der Synode 2012 über *Die Neuevangelisierung für die Weitergabe des christlichen Glaubens* gewesen. Sie ist auch nicht nur der charakteristische Ausdruck eines Pontifikates, das mit Benedikt XVI. einen hohen intellektuellen, spirituellen und moralischen Anspruch erhoben hat.[3] Im Kern ist die Aufgabenstellung die Rückbesinnung auf die Mission Jesu von Nazaret selbst, die von der Kirche fortgesetzt wird, weil Jesus seine Jünger vor- wie nachösterlich zur Evangelisierung ausgesandt hat.[4] Diese Rückbesinnung ist aber zugleich eine Neubesinnung auf

---

[2] Nachapostolisches Schreiben *Verbum Domini* von *Papst Benedikt XVI.* über das Wort Gottes im Leben und in der Sendung der Kirche (30. September 2010) (Verlautbarungen des Apostolischen Stuhles 187), Bonn 2010.
[3] Vgl. *Kurt Koch,* Das Geheimnis des Senfkorns. Grundzüge des theologischen Denkens von Papst Benedikt XVI., Regensburg 2010.
[4] Breite Übereinstimmung und verschiedene Akzentuierungen lassen sich im Vergleich zweier deutscher Dogmatiker mit ausgesprochen fundamentaltheologischen Interessen beobachten; vgl. *Joseph Ratzinger,* Kirche – Zeichen unter den Völkern. Studien zur Ekklesiologie und Ökumene I-II, Freiburg i. Br. 2010; *Walter Kasper,* Die Kirche Jesu Christi. Schriften zur Ekklesiologie I (Gesammelte Schriften 11), Freiburg i. Br. 2008; *ders.,* Die Kirche und ihre Ämter. Schriften zur Ekklesiologie II (Gesammelte Schriften 12), Freiburg i. Br. 2009.

die heutige Herausforderung: Welches sind die großen Chancen, die sich der Verbreitung des Wortes Gottes bieten? Welche sind die großen Krisen, die das Zeugnis, das Wachstum und das Wirken des Glaubens erschweren, aber auch herausfordern?

Diese Fragen zu diskutieren, ist eine wesentliche Aufgabe der Theologie, weil es die Theologie ohne das Evangelium und die Kirche gar nicht gäbe. Umgekehrt kann es keine Antwort auf diese Fragen ohne theologische Reflexion geben; denn weil das Evangelium auf den Glauben aus ist, der in Freiheit gelebt wird und deshalb in der Kirche seinen Ort findet, stellen sie sich niemals nur als Fragen der Technik, der Methode und der Organisation, sondern immer als Fragen der *Martyria,* der *Diakonia* und der *Liturgia,* aber auch als Fragen der Religionskritik, der Kirchenkritik, der Offenbarungskritik – und der Kritik dieser Kritik.

Die Krisen und Chancen der Neuevangelisierung können aber ebenso wenig ohne den Dialog mit den Sozial- und Human-, den Kultur- und Naturwissenschaften beurteilt werden; denn es geht um die Kommunikation des Evangeliums in der Welt, unter heutigen und künftigen Bedingungen. Die Kirche braucht ein offenes Ohr für das, was sich in der Welt ereignet. Sie braucht dieses offene Ohr nicht nur, um unter taktischen oder strategischen Gesichtspunkten die günstigsten Möglichkeiten zu suchen, das Evangelium ins Gespräch zu bringen. Sie braucht es auch, um Impulse aufzugreifen, die dem Verständnis des Evangeliums und dem Prozess der Vermittlung selbst dienen. Dieses Ohr sind die Laien. Was sie hören, muss in der Kirche desto mehr Gehör finden, je mehr sie sich auf ihre Mission besinnt. Die Laien sind nicht nur Ohr, sondern auch Mund und Hand der Kirche; denn weil sie in der Welt den Glauben zu leben berufen sind, sind sie auch die ersten Zeugen: als Eltern und Großeltern, als Freundinnen und Freunde, Kolleginnen und Kollegen. Der Theologie obliegt die wissenschaftliche Reflexion, also die differenzierte Kritik dieser Voten im Lichte der Vernunft, die sich der Gottesfrage öffnet, und des Glaubens, der aus der Schrift und der Tradition seine Lehren zieht. Ob dann die Urteile richtig gefällt, die Schlussfolgerungen richtig gezogen, die

Projekte richtig geplant werden, zeigt sich oft erst im Praxistest und wird nicht ein für alle Mal zu einer gültigen Antwort führen, weil die Phänomene, die zu beobachten und zu berücksichtigen sind, ebenso vielfältig und vieldeutig wie dynamisch und fluid sind. Das *magisterium* hat die wesentliche Aufgabe, diese Reflexionsprozesse zu ermöglichen, ihre Fundierung im *depositum fidei* anzumahnen und ihre Ergebnisse in den Lebensvollzug der ganzen Kirche zu integrieren. Seine zentrale Aufgabe ist also nicht nur, den Prozess der Neuevangelisierung zu motivieren und zu kontrollieren; sie besteht vielmehr grundlegend darin, an diesem Prozess zu partizipieren, sich von ihm in seiner gesamten Struktur charakterisieren zu lassen und darin auf die Kirche als Ganze zu wirken.

Das setzt eine Epistemologie der Neuevangelisierung voraus. Sie muss im Kern zweierlei bedenken: den Begriff des Evangeliums und den Begriff des Neuen. Im Begriff des Evangeliums ist der Prozess der Evangelisierung begründet; denn »Evangelium« ist ein *nomen actionis*. Im Begriff des Neuen ist die Notwenigkeit der Verkündigung begründet; denn das Evangelium ergibt sich nicht einfach von selbst, sondern bringt das zur Sprache, »was kein Auge gesehen und kein Ohr gehört hat und in keines Menschen Herz gedrungen ist, Gott aber denen bereitet hat, die ihn lieben« (1Kor 2,9). Wenn beides, die Begriffsbestimmung des Evangeliums wie des Neuen, wenigstens ansatzweise gelingt, ist auch eine Voraussetzung geschaffen, um die Krisen und die Chancen, vor denen die Neuevangelisierung heute steht, theologisch zu bestimmen.

b) Die große Bedeutung

Die Epistemologie der Neuevangelisierung hat für die Kirche große Bedeutung. Sie zeigt sich im religionsgeschichtlichen Vergleich[5]. Das Christentum – wenn dieser Begriff des 19. Jahrhunderts ver-

---

[5] Vgl. *Johann Figl,* Handbuch der Religionswissenschaft. Religionen und ihre zentralen Themen, Innsbruck – Göttingen 2003.

suchsweise gebraucht werden darf – ist eine im Ansatz missionarische Religion; denn das Christentum ist eine Religion des Glaubens;
es hat ein Credo und eine Lehre; es will die Übereinstimmung von
Ritus und Ethos; es braucht die Kirche, und zwar nicht nur als Organisation kirchlichen Lebens, wie sie Friedrich Schleiermacher gesehen[6], sondern als Subjekt des Glaubens und der Verkündigung,
wie sie Johann Adam Möhler bestimmt hat.[7]

Dass das Christentum Mission treibt[8], ist ebenso konsequent wie
signifikant. Gustave Bardy hat bereits 1949 den Nachweis geführt,
dass den griechischen und römischen Religionen der Missions-
gedanke fremd ist, während er dem Christentum in die Wiege gelegt
war.[9] Denn nur wo der Gottesdienst nicht allein als Tradition, als
Meinung und Ansicht, sondern als Wahrheit, als Erkenntnis und
Überzeugung gesehen wird, kann sinnvoll von Mission gesprochen
werden; dann ist zugleich von Bekehrung und Belehrung, von
Zeugnis und Reflexion die Rede und sogar vom Martyrium. Wo
nämlich Glaube und Vernunft zusammengebracht werden, bricht
der Monotheismus sich Bahn. Im Horizont der Antike ist dies sowohl in der sokratischen Philosophie als auch in der alttestamentlichen Theologie der Fall. Mission ist aber nur im biblischen Traditionsraum denkbar. Der philosophische Monotheismus muss alles
auf Verbreitung durch Diskussion setzen, weil er Gotteserkenntnis
nur als Selbsterkenntnis verstehen kann und Selbsterkenntnis als

---

6 Der christliche Glaube nach den Grundsätzen der evangelischen Kirche im Zusammenhange dargestellt. Zweite Auflage (1830/31). Erster und zweiter Band, hg. v. Rolf
Schäfer, Berlin – New York 2008.

7 Die Einheit der Kirche, oder Das Prinzip des Katholizismus, dargestellt im Geiste
der Kirchenväter der ersten drei Jahrhunderte (1825), herausgegeben, eingeleitet
und kommentiert von Josef Rupert Geiselmann, Köln 1957.

8 Der Klassiker der Missionsgeschichtsschreibung ist *Adolf von Harnack*, Die Mission
und Ausbreitung des Christentums in den ersten drei Jahrhunderten, Leipzig [4]1924
(1902). So materialreich die Darstellung von stupender Gelehrsamkeit ist, so deutlich
sind auch die Bewertungskategorien liberaler Theologie, vor allem auf dem Gebiet
der Ekklesiologie.

9 La Conversion au Christianisme durant les premiers siècles (Théologie 15), Paris
1949.

Gotteserkenntnis versprechen muss; Sokrates hat Liebe zur Weisheit, aber kein Evangelium; deshalb ist er kein Missionar, sondern ein Lehrer. Mission hingegen kann nur dort entstehen, wo es zu der Einsicht kommt, dass »Gott für uns« ist, wie Paulus in äußerster Konzentration formuliert (Röm 8,31). Das aber kann weder aus der allgemeinen Erfahrung noch aus ewigen Ideen abgeleitet, sondern nur aus dem Wort Gottes selbst gewonnen werden.

Daraus folgt aber noch lange nicht, dass jede monotheistische Religion missionarisch ist.[10] Vielmehr ist es allein der implizit und explizit trinitarische Gottesglaube, der sich nur auf dem Wege der Evangeliumsverkündigung verbreiten kann und dabei konsequenterweise jede Grenze von Nation und Geschlecht, Bildung und Beruf überschreitet. Denn nur im Glauben an den dreieinen Gott wird die Hoffnung konkret, dass es kraft des Geistes eine echte Verständigung von Menschen aus aller Herren Länder über Gottes große Taten geben kann (Apg 2,1–12) und dass diese Verständigung nicht nur auf die Einweisung in eine Tradition religiöser Praxis aus ist, sondern auf die Anteilgabe an der ewigen Liebe zwischen dem Vater und dem Sohn (Joh 17).

Die Expansion des Islam ist gewiss nicht nur auf militärischem Wege erfolgt; aber soweit er missionarische Aktivitäten entfaltet, steht er in der Tradition des Christentums.[11] Er hat aber in keiner Weise den Anspruch, Menschen zu etwas Neuem zu führen, son-

---

[10] Vgl. *Reinhard Gregor Kratz – Hermann Spieckermann* (Hg.), Götterbilder – Gottesbilder – Weltbilder. Polytheismus und Monotheismus in der Welt der Antike, vol. I–II (FAT II/17,18), Tübingen 2009; *dies.* (Hg.), Zeit und Ewigkeit als Raum göttlichen Handelns. Religionsgeschichtliche, theologische und philosophische Perspektiven. Beiträge zum 8. Internationalen Symposium des Göttinger Graduiertenkollegs »Götterbilder – Gottesbilder – Weltbilder: Polytheismus und Monotheismus in der Welt der Antike«, vom 7.–9. November 2007 (BZAW 390), Berlin 2009.
[11] Differenzierungen finden sich bei *Hansjörg Schmid* u. a. (Hg.), Zeugnis – Einladung – Bekehrung. Mission in Christentum und Islam (Theologisches Forum Christentum – Islam), Regensburg 2011. Die kategoriale Differenz zwischen dem christlichen und dem islamischen Verständnis kommt in vielen Beiträgen klar heraus, wird aber nicht eschatologisch, vom Gedanken des Neuen her, verstanden, und landet deshalb bei einer merkwürdigen Einschränkung des christlichen Wahrheitsbegriffs,

dern will ihnen jene Gottesidee vermitteln, die immer schon die unveränderlich eine für alle war, ist und sein wird.[12]

Das Judentum[13] hat in seiner Bibel große Texte über den Glauben, die im Neuen Testament intensiv rezipiert werden. Aber es stützt sich in seiner Selbstinterpretation nicht auf die Kategorie Glaube und Werke, sondern auf die Kategorie Lernen und Tun: Lernen der Tora, Tun des Willens Gottes.[14] Das Judentum aller Zeiten treibt intensive Katechese.[15] Das Christentum hat davon profitiert und sich früh als Bildungsreligion formiert. Ob jedoch Juden in der Antike Mission getrieben haben, ist fraglich.[16] Nach Mt 23,15 wirft Jesus zwar den Pharisäern und Schriftgelehrten vor, »über Land und Meer« zu ziehen, um »Proselyten zu machen«; aber er setzt in dieser Kritik nicht eine globale Mission voraus, sondern zielt darauf, dass die herrschende Gesetzesauslegung selbst denen, die mit solcher Anstrengung gewonnen werden, den Weg in den Himmel versperrt (Mt 23,14) und deshalb aus dem Bekehrten einen

---

während der islamische weithin unbefragt bleibt, und einer starken Problematisierung der christlichen Mission, nicht der islamischen Expansion.

[12] Vgl. *Muhammad Salim Abdullah*, Islam für das Gespräch mit Christen, Gütersloh 1992.

[13] Vgl. *W. D. Davies – William Horbury – John Sturdy*, The Cambridge History of Judaism III: The Early Roman Period, Cambridge, N.Y. 1999.

[14] Vgl. *Jacob Neusner*, Judaism. The Basics, London 2006.

[15] Vgl. *James L. Crenshaw*, Education in Ancient Israel. Across the deadening Silence, New York 1998; *David M. Carr*, Writing on the Tablet of my Heart. Origins of Scripture and Literature, Oxford 2005; *Franceso Gioia*, Metodi e ideali educativi dell'antico Israele e del vicino Oriente, Roma 2008.

[16] Vgl. *Jan Alberto Soggin*, An Introduction to the History of Israel and Judah, London, 2nd, completely rev. and updated edition 1993. Kennzeichnend ist, dass die meisten Studien bei Paulus ansetzen und nach Voraussetzungen, Bedingungen und Kontexten seiner Mission im antiken Judentum fragen; vgl. *John P. Dickson*, Mission-Commitment in Ancient Judaism and the Pauline Communities. The Shape, Extent and Background of Early Christian Mission (WUNT II/159), Tübingen 2003. Für eine aktive jüdische Mission votiert allerdings *Lewis H. Feldman*, Jews and Gentiles in the Ancient World. Attitudes and Interactions from Alexander to Justinian, Princeton 1993, 288–382. Die Quellen sprudeln aber nur schwach. Es gibt eine Tora-Pädagogik, die sich zuweilen auch vor den Heiden verständlich machen will, und ein Vertrauen in die Attraktivität jüdischen Lebens und Lehrens, aber nicht viel mehr.

»Sohn der Hölle« macht. Gewiss ist das Judentum in der Diaspora stark gewachsen; aber die Quellen erwecken den Eindruck, dies sei nicht durch Mission, sondern durch Attraktion geschehen: Der Monotheismus und das Ethos, die Auferstehungshoffnung und der religiöse Zusammenhalt waren so anziehend, dass trotz aller antijüdischen Stimmungen viele als »Gottesfürchtige« im Umkreis der Synagogen lebten und einige mit allen Konsequenzen übergetreten sind. Tryphon hat deshalb im Dialog mit Justin Jes 49,16 (»*Ich habe dich zum Licht der Heiden gemacht*«) auf das Judentum bezogen (*dial.* 122,1) und Josephus Flavius in seiner Apologie die Attraktivität des Judentums betont (*contra Apionem* 2,10,39). Dio Cassius trifft den Punkt, wenn er im Blick auf die Juden von vielen Menschen berichtet, die »obgleich von fremder Rasse, ihren Sitten nacheifern« (37,17,1). Seneca hat das kritisiert, Augustinus hat es verteidigt (*de civitate Dei* 6,11). In der Reserve gegenüber aktiver Mission spiegelt sich das genealogische Prinzip des Judentums, das zum Verständnis der Erwählung passt; die prinzipielle Offenheit für Heiden steht im universalistischen Horizont, den die Abrahamsverheißung (Gen 12,1–3) öffnet und erst die Völkerwallfahrt schließen wird (Jes 2,1–5; Mi 4,1–3).

Für das Christentum hingegen ist die missionarische Sendung der Apostel typisch. Der Auftrag des auferstandenen Herrn lautet nach Matthäus (vgl. Lk 24,47f.; Apg 1,8; Joh 20,22f.; Mk 16,15):

»*Geht und macht zu Jüngern alle Völker.*« (Mt 28,19)

Das Gebot ist durch die Bevollmächtigung der Jünger gedeckt und vom Beistand des Immanuel getragen (Mt 28,18.20b). Es folgt mit innerer Konsequenz aus der Sendung Jesu: Weil er derjenige ist, der sein »Blut für viele vergossen« hat, um den »Bund« Gottes zu stiften (Mt 26,27 par. Mk 14,24; vgl. Lk 22,20; 1Kor 11,25), müssen auch möglichst viele gewonnen werden, diesem Bund beizutreten. Das Sakrament der Aufnahme in diesen Bund ist die Taufe »auf den Namen des Vaters und des Sohnes und des Heiligen Geistes« (Mt 28,19). Zur Spendung der Taufe gehört, dass die Jünger die Völker »alles« lehren, was Jesus ihnen »geboten« hat (Mt 28,20a). Sie dürfen ihnen nichts vorenthalten, weil nach Ostern das »Evangelium der Gottesherrschaft« (Mt 4,23; 9,35; 24,14) nicht erledigt ist, sondern erst seine ganze Bedeutung als Offenbarung des universalen Heilswillens Gottes entfalten kann.

Diese missionarische Aktivität hat das Christentum seit alters angreifbar gemacht, teils aus eigener Schuld, teils aus Unverständnis gegenüber seiner Heilsbotschaft, teils aus Hass auf die Missionare, den schon Jesus prophezeit und erlitten hat (Mt 5,11f. par. Lk 6,22f.). Heute sieht sich die Kirche mit dem Vorwurf konfrontiert, einen dogmatischen Monotheismus zu propagieren, der ein Deutungsmonopol errichten wolle und die Kulturen der Völker zerstöre.[17] Ge-

---

[17] Dieser Vorwurf begegnet nicht nur bei brachialen Atheisten wie *Richard Dawkins* (The God Delusion, London 2006) und postmodernen Zynikern wie *Peter Sloterdijk* (Gottes Eifer. Vom Kampf der drei Monotheismen, Frankfurt/Main 2007). Er steht gleichfalls hinter dem in Deutschland herrschenden Modell der Kulturwissenschaften, wie es von der Philosophie aus *Hans Blumenberg* (Die Legitimität der Neuzeit I–III, Frankfurt/Main 1966) und von der Philologie aus *Jan Assmann* (Die mosaische Unterscheidung oder der Preis des Monotheismus, München – Wien 2003) entworfen haben, um die genuine Pluralität nicht nur der Phänomene, sondern auch der Denkformen zur Geltung zu bringen, ohne freilich ihrerseits den Liberalismus einer Ideologiekritik zu unterwerfen. In erheblich differenzierter Weise prägt der Vorwurf gegen den Monotheismus den im angelsächsischen Denken typischen Pragmatismus, der sich über die Semiotik einen breiten Zugang zum Sakramentalen bahnt (vgl. *Charles S. Peirce,* Religionsphilosophische Schriften, übersetzt unter Mitarbeit von Helmut Maassen, eingeleitet, kommentiert und hg. von Hermann Deuser [Philosophische Bibliothek 478], Hamburg 1995), aber nur dann das Tor zum Denkweg und Erfahrungsraum des Heiligen nicht versperrt, wenn er für eine Theologie der Liebe Gottes offen ist. Der Vorwurf ist ebenso das Widerlager des romanischen Konstruktivismus, der auch religionsphänomenologische Ambitionen hat und die Abstraktionsfähigkeit wie die Symbolisierungsleistungen der Religionen, in erster Linie des Christentums zu beschreiben (vgl. *Jacques Derrida – Gianni Vattimo* [Hg.], La Religion, Paris 1996), aber erst dann die Symbolik und Organisation der Kirche zu verstehen in der Lage ist, wenn er den Offenbarungsanspruch und das Glaubenswissen des Evangeliums zu verstehen versucht. Im Kern geht der Vorwurf auf *David Hume* (The natural history of religion, London 1757) zurück. Dort nötigt er zu einer differenzierten Verhältnisbestimmung zwischen der Absolutheit der Wahrheit Jesu Christi und der Autorität kirchlicher Lehre, die im Namen Jesu Christi sich dem Anspruch der Wahrheit stellen muss. Ein antiker Vorläufer dieser modernen Konstellation ist die Debatte zwischen Symmachus und Ambrosius über die Aufstellung der Siegesgöttin Victoria vor der Senatskurie auf

gen diesen Vorwurf hilft nicht schon der Hinweis auf die jüdischen und christlichen Martyrien unter heidnischen Herrschern in allen Jahrhunderten[18]; denn radikale Kritiker würden darin nur einen Beleg zu sehen versuchen, dass Religion als solche inhuman sei. Es hilft auch nicht schon der Hinweis auf die großen Beiträge des Christentums zur Humanisierung und Kultivierung der Welt[19], die zweifellos in der öffentlichen Religions- und Kirchenkritik oft unterschätzt werden; denn ein Aufrechnen von Soll und Haben wäre wider den Geist des Evangeliums und noch die höchsten Kulturleistungen können nicht gut machen, was anderen angetan wurde, weil man meinte, Gott einen Gefallen zu tun. Gegen den Vorwurf prinzipieller Intoleranz hilft nur der Nachweis der Einheit von Gottes- und Nächstenliebe, wie ihn Papst Benedikt XVI. in seiner Enzyklika *Deus Caritas est* erbracht hat.[20] Diese Einheit ist nicht nur im Willen, sondern im Wesen Gottes begründet; aus Liebe führt Gott die Menschen nicht in die Sklaverei, sondern in die Freiheit.[21]

Wo aber dieser Nachweis gelingt, wird desto schmerzhafter bewusst, dass die Gegenwart nicht nur die Zeit großer Aufbrüche, sondern auch großer Abbrüche des Glaubens ist. Das ist historisch keine neue Erfahrung, aber aktuell ein enormes Problem, vor allem im Norden und Westen. Oberflächliche Verkündigung, schlechte

---

dem forum Romanum (*c. Symmachum* 1,648s.; vgl. epist. 72a [17a],10 [CSEL 82,3,27]; 73 [18], 8 [38]; zur Einordnung vgl. *Christian Gnilka,* Chresis. Die Methode der Kirchenväter im Umgang mit der antiken Kultur II: Kultur und Conversion, Basel 1993, 19–26). Hier ging es im Kern um die Wahrheitsfähigkeit des Polytheismus und die Pluralismusfähigkeit des Monotheismus; das reflektiert *Joseph Ratzinger,* Die Vielfalt der Religionen und der Eine Bund, Bad Tölz 2003.

[18] Vgl. *Daniel Boyarin,* Dying for God. Martyrdom and the Making of Christianity and Judaism, Standford 2007.

[19] Vgl. *Arnold Angenendt,* Toleranz und Gewalt. Das Christentum zwischen Bibel und Schwert, Münster 2006.

[20] Enzyklika *Deus Caritas est* von *Papst Benedikt XVI.* an die Bischöfe, Priester und Diakone, an die gottgeweihten Personen und an alle Christgläubigen über die christliche Liebe vom 25. Dezember 2005, Città del Vaticano 2006.

[21] Vgl. *Thomas Söding* (Hg.), Ist der Glaube Feind der Freiheit? Die neue Debatte über den Monotheismus (QD 196), Freiburg i. Br. 2002.

Katechese und schwachen Glauben hat es, Gott sei's geklagt, immer gegeben. Jetzt werden all diese Phänomene in großen Teilen Europas und Amerikas nicht mehr durch Traditionen verdeckt, sondern liegen offen am Tage. Gleichzeitig kommen durch die gesellschaftlichen Prozesse der Globalisierung und Mobilisierung, der Segmentierung und Individualisierung Konkurrentinnen und Partnerinnen der Kirche nahe, die entweder andere Heilsversprechen abgeben und sie – sei es religiös[22], sei es profan[23] – begründen[24] oder alle großen Erzählungen beenden und allen großen Deutungssystemen abschwören wollen, um überhaupt erst die Voraussetzung authentischer Erfahrung zu schaffen[25]. Das ist Krise und Chance jeder Verkündigung des Evangeliums.

c) Die große Verheißung

Es ist eine alte Frage, weshalb sich in der Antike ausgerechnet das Christentum als Weltreligion hat formieren können.[26] Die Umstände waren alles andere als günstig. *Einerseits* ist die religiöse Welt des Mittelmeeres zur Zeit Jesu und der Apostel keine Wüste, sondern ein blühender Garten.[27] Zwar gibt es erhebliche Krisenphä-

---

[22] Aus der amerikanischen Szene: *Martin Riesebrodt*, The Promise of Salvation. A Theory of Religion, Chicago 2010.

[23] In blendender Radikalität geschieht dies bei Friedrich Nietzsche. Was aus seiner hoch komplexen Religionskritik philosophisch und theologisch zu lernen ist, reflektiert *Edith Düsing*, Nietzsches Denkweg. Theologie – Darwinismus – Nihilismus, München 2006.

[24] Systemtheoretisch analysiert von *Niklas Luhmann*, Die Religion der Gesellschaft, hg. v. André Kieserling, Frankfurt/Main 2000.

[25] Vgl. *Michel Foucault*, Les mots et les choses. Une archéologie des sciences humaines (collection tel), Paris 1966; *ders.*, Religion and Culture, selected and edited by Jeremy R. Carette, New York 1999.

[26] Eine charakteristische Zusammenstellung von Analysen aus dem deutschen Labor: *Friedrich-Wilhelm Graf – Klaus Wiegandt* (Hg.), 400 Jahre Christentum (Fischer TB), Frankfurt/Main 2009.

[27] Vgl. *Wolfgang Speyer*, Frühes Christentum im antiken Strahlungsfeld (WUNT 213), Tübingen 2007.

nomene; sie folgen aus den inneren Widersprüchen zwischen der mythischen, politischen und philosophischen Theologie, die Marcus Terentius Varro beschrieben hat (nach Augustinus, *de civitate Dei* IV 31), und aus der philosophischen[28], der jüdischen und dann auch der christlichen Religionskritik[29], die im Zeichen des Monotheismus und der inneren Verbindung von Religion und Ethik vorgetragen wird. Aber die daraus erwachsenden Fragen haben nur wenige Intellektuelle berührt, während die breite Masse traditionellen und modernen Formen griechischer und römischer, hellenistischer, ägyptischer und persisch-indischer, autochthoner und importierter, gemixter und originaler Frömmigkeit huldigt, ohne daraus große theoretische oder praktische Probleme abzuleiten. Überall entstehen neue Tempel, neue Riten, neue Kulte. Das Judentum ist stark verbreitet. *Andererseits* ist die Verkündigung eines Gekreuzigten skandalös; Paulus hat das erfahren und reflektiert (1Kor 1,18–23); die Botschaft Jesu von der nahekommenden Gottesherrschaft ist so unglaublich gut, dass viele Skeptiker mit Kopfschütteln, Gelächter oder Empörung reagieren und selbst seine Jünger sie kaum begreifen können; die Evangelien haben das nicht verschwiegen. Wenn es einen historischen Gottesbeweis gäbe, würde die frühe Missionsgeschichte ihn liefern.

Die Auskünfte, die Historiker erteilen, sind nüchtern. Man müsse die Zivilisationsleistungen im *Imperium Romanum* von der politischen Einigung über den Ausbau des Verkehrswesens bis zur Infrastruktur der Städte ins Kalkül ziehen; die griechische Sprache habe als *Koine* die Kommunikation gefördert, die *libertas romana* das Aufkommen neuer Religionen begünstigt. Für das Christentum habe die Klarheit der Lehre und die Intensität der Agape gesprochen, die Verbindung eines konkreten Monotheismus mit einer

---

[28] Vgl. *Gebhard Löhr*, Religionskritik in der Antike. Methodologische und inhaltliche Vorüberlegungen zu einer religionswissenschaftlichen Darstellung, in: Saeculum 49 (1998) 1–21. Weiter: *Ulrich Berner – Ilinca Tanaseanu-Döbler* (Hg.), Religion und Kritik in der Antike (Religionen in der pluralen Welt 7), Berlin 2009.

[29] Vgl. *Joachim Kügler – Ulrike Bechmann* (Hg.), Biblische Religionskritik, Kritik in, an und mit biblischen Texten (Bayreuther Forum transit 9), Münster 2009.

konkreten Heilszusage, die Standhaftigkeit der Märtyrer und der Eifer der Asketen, die Schlichtheit des Gottesdienstes und die Kraft der Sakramente, die Tiefe der Anbetung und die Weite der Fürbitten.[30] Das alles hätte man zwar ähnlich auch im Judentum finden können. Aber durch den Verzicht auf die Beschneidung sind die Eingangsschwellen in die Kirche niedriger als in die Synagoge; und in der Christologie wird die unbändige Hoffnung auf eine rettende Begegnung von Menschen mit dem Göttlichen durch die Verheißung einer unendlichen Nähe im Heiligen Geist erfüllt. Im Ganzen lässt sich also der Aufbruch der Kirche historisch nur mit dem Evangelium selbst erklären. Es ist nicht nur eine »Ideologie«, ein System von Erfahrungen, Maximen und Spekulationen; das Evangelium ist vielmehr für neutrale Beobachter ein merkwürdiges Zusammenspiel von überzeugten Personen und persönlichen Überzeugungen, von charismatischen Bewegungen und diakonischen Strukturen; für die Protagonisten aber ist das Evangelium ein Kraftfeld des Geistes, der Menschen zu Hörern des Wortes und das Wort zum Ausdruck einer zutiefst menschlichen Wahrheit macht.

Die römischen Kaiser hatten viele Evangelien zu verkünden: gute Nachrichten von ihren militärischen Triumphen, von ihren sozialen Leistungen und kulturellen Errungenschaften.[31] Diese Nachrichten

---

[30] Vgl. *Christoph Markschies*, Zwischen den Welten wandern. Strukturen des antiken Christentums, Frankfurt/Main 1997.

[31] Die Wege der älteren Forschung erkundet *Antonie Wlosok*, Römischer Kaiserkult (WdF 372), Darmstadt 1978. Neuere Ansätze zur Propagierung des Kaiserkultes verfolgen *Simon R. F. Price*, Rituals and Power. The Roman Imperial Cult in Asia Minor, Cambridge 1984; *Hilke Thür (Hg.)*, » ... und verschönerte die Stadt ...«. Ein ephesischer Priester des Kaiserkultes in seinem Umfeld (Österreichisches Archäologisches Institut. Sonderschriften 27), Wien 1997, darin besonders: *Peter Scherrer*, Anmerkungen zum städtischen und provinzialen Kaiserkult: Paradigma Ephesuos – Entwicklungslinien von Augustus bis Hadrian 93–112; *Jürgen Süß*, Kaiserkult und Stadt. Kultstätten für römische Kaiser in Asia und Galatia, München 1999; *Thomas Witulski*, Kaiserkult in Kleinasien. Die Entwicklung der kultisch-religiösen Kaiserverehrung in der römischen Provinz Asia von Augustus bis Antoninus Pius (NTOA 63), Göttingen – Freiburg/Schw. 2007; *Martin Ebner*, Kaiserkult, Wirtschaft und spectacula. Zum politischen und gesellschaftlichen Umfeld der Offenbarung, Göttingen 2011.

sollten im ganzen Reich verbreitet werden und wurden dort, jedenfalls von den Honoratioren, begierig aufgesogen. Sie mussten in einem Standardtext festgeschrieben werden, der von höchster Stelle abgesegnet war. Dieser Text mit all den frohen Botschaften wurde in Stein gehauen, in Kupfer getrieben, in Bronze gegossen; er wurde auf Marmorplatten, auf Säulen und Sockel montiert; er wurde auf Marktplätzen, an Rathäusern und Tempeln ausgestellt, damit möglichst viele diese Evangelien sahen (lesen konnten sie ja nur die wenigsten), die der Macht des Cäsars und des Imperiums ein Denkmal setzten. Die Inschrift von Priene (OGIS II 458) ist das berühmteste Beispiel.[32]

Jesus hingegen hat nicht viele frohe Botschaften, sondern nur eine Frohe Botschaft.[33] »Evangelium« ist im Neuen Testament ein reiner Singular. Es gibt nur ein einziges Evangelium, weil »Gott der eine« ist und »einer der Mittler zwischen Gott und den Menschen, der Mensch Christus Jesus« (1Tim 2,5). Es ist dieses eine Evangelium das Evangelium für alle, für Juden und Griechen, für Sklaven und Freie, für Männer und Frauen, für Griechen und Skythen, für Gebildete und Ungebildete, für Einheimische und Fremde (Röm 1,14; 1Kor 12,13; Gal 3,28; Kol 3,11). Dieses eine Evangelium äußert sich aber, weil es für alle ist, genuin in einer Vielfalt von Formen und Zeichen, von Worten und Aktionen. Das war die Praxis Jesu, die von den Evangelien widergespiegelt wird; das war auch die Praxis der Apostel, die sich den neutestamentlichen Briefen und der Apostelgeschichte eingeschrieben hat. Der neutestamentliche Kanon zieht Grenzen, indem er die Vielfalt der Zeugnisse auf die eindeutige Botschaft Jesu und der Apostel von der Herrschaft Gottes (Mk 1,15) und der Auferstehung von den Toten (1Kor 15,3–5) konzentriert. Aber in der Geschichte seiner Entstehung ist der Kanon

Einen weltweiten Kreis zeichnen *Jan Assmann – Karl Strohm* (Hg.), Kaiserkult und Heilserwartung (Lindauer Symposion für Religionsforschung 2), Paderborn 2010.
[32] Zur archäologischen Einordnung vgl. *Reinhold Merkelbach,* Die Inschriften von Priene (Inschriften griechischer Städte aus Kleinasien), Bonn 2011.
[33] Ausführlich zum Folgenden *Thomas Söding,* Einheit der Heiligen Schrift? Zur biblischen Theologie des Kanons (QD 211), Freiburg i. Br. (2005) 2008.

217

mit dem Prozess der sich formierenden Kirche untrennbar verbunden; Diskussionen über die Zugehörigkeit einzelner Schriften werden offen geführt; trotz sanften Drucks der syrischen Pastoraltheologie[34] herrscht keine Evangelienharmonie vor, sondern der Vierklang der Evangelien, den manche Kritiker als Kakophonie meinten verachten zu müssen und nur die besten Theologen der Antike wie Irenäus von Lyon (*adversus haereses* III 11,8f.) als theologische Symphonie haben interpretieren können.[35] Mögen sie auch einige Dissonanzen überspielt haben, ist es ihnen doch zu ihrer Zeit gelungen, die vielstimmige Grundmelodie des Evangeliums zu Gehör zu bringen.

Während mithin die vielen Evangelien des Kaisers aus propagandistischen Zwecken einen standardisierten Einheitstext benötigen, gibt es das eine Evangelium Jesu Christi aus missionarischen Gründen nur in der Form vieler Zeugnisse. Alle Zeugnisse sind menschlich; sie sind zeitbedingt; sie sind schwach. Aber das Zeugnis ist für alle; es ist göttlich; es ist ewig; es ist stark. In der Theologie und der Mission der Kirche darf diese Spannung nicht aufgelöst, sie muss vielmehr aufgeladen werden. Den theologischen Grund nennt Paulus:

> »Wir haben diesen Schatz in irdenen Gefäßen, damit der Überfluss der Kraft Gottes und nicht unser sei.« (2Kor 4,7)

Der christologische Grund wird in dem ältesten Stück Neues Testament genannt, das man sehen, tasten und riechen kann. Papyrus 52, aus den Jahren um 120 n. Chr., ist ein handtellergroßer Fetzen; auf ihm steht, verstümmelt, Jesu Wort an Pilatus geschrieben:

> »Du sagst, dass ich ein König bin, denn dazu bin ich geboren und in die Welt gekommen, um die Wahrheit zu bezeugen.« (Joh 18,37)[36]

---

[34] Vgl. *William Lawrence Petersen*, Tatian's Diatessaron. Its Creation, Dissemination, Significance and History in Sholarship (VigC.S 259), Leiden 1994.

[35] Vgl. *Yves-Marie Blanchard*, Aux Sources du Canon. Le témoignage d'Irénée, Paris 1993; *Jacques Fantino*, La théologie d'Irénée. Lecture des écritures en réponse à l'exégèse gnostique. Une approche trinitaire (CoF 180), Paris 1994.

[36] *Rudolf Bultmann* kommentiert: »Die Frage des Rechts wird zu einer Frage des

Der pneumatologische Grund wird nach der Apostelgeschichte von Petrus bei seiner Pfingstpredigt genannt, wenn er die Verheißung des Propheten Joël zitiert:

> »[17]*In jenen Tagen wird geschehen, spricht Gott: Ich werde von meinem Geist über alles Fleisch ausgießen, und eure Söhne wie eure Töchter werden prophezeien, und eure Jungen werden Gesichte schauen, und eure Alten Träume träumen,* [18]*und auf meine Knechte und meine Mägde werde ich von meinem Geist ausgießen, und sie werden prophezeien.* [19]*Und ich werde Wunder tun oben im Himmel und Zeichen setzen unten auf Erden ...* [21]*Und jeder, der den Namen des Herrn anruft, wird gerettet werden.*« (Apg 2,17–21, Joël 3,1–5)[37]

Form und Inhalt des Evangeliums erhellen einander. Die Dialektik zwischen dem ungeheuren Anspruch, der im Unerhörten der Zusage Gottes gründet, und der Demut der Vermittlung, die in der *imitatio Christi* besteht, ist für das Evangelium konstitutiv. Das Göttliche des Evangeliums ist gerade das Menschliche Jesu, das ewige Wort Gottes ist gerade das in Raum und Zeit inkarnierte; die Stärke des Heilswillens vollendet sich gerade in der Schwäche der Hingabe – und umgekehrt.

d) Die große Neuheit

Am Ende der Einführung zum ersten Band seines Jesusbuches schreibt Joseph Ratzinger resp. Benedikt XVI.:

Glaubens.« (Das Evangelium des Johannes [KEK II], Göttingen [2]1986 [1941], 507). Er will die existentielle Bedeutung des Offenbarungswortes erhellen, verdunkelt aber den Zusammenhang von Glaube und Recht, der jedoch gerade in der Wahrheit Gottes begründet ist.

[37] Zu einer Exegese jenseits des Historismus vgl. *Ulrich Wilckens,* Theologie des Neuen Testaments I: Geschichte der urchristlichen Theologie. Teilband 2: Jesu Tod und Auferstehung und die Entstehung der Kirche aus Juden und Heiden, Neukirchen-Vluyn 2003, 168–173; Teilband 4: Die Evangelien, die Apostelgeschichte, die Offenbarung und die Entstehung des Kanons, Neukirchen-Vluyn 2005, 117ff.

>»Dies ist das eigentlich Erlösende: die Überschreitung der Schranken des Menschseins, die durch die Gottebenbildlichkeit als Erwartung und Möglichkeit im Menschen schon von der Schöpfung her angelegt ist.«[38]

So lässt sich das Neue verstehen, das jede Evangelisierung zu einer Neuevangelisierung macht. Der »neue Wein«, der nach Jesu Wort in »neue Schläuche« gehört (Mk 2,22 parr.), ist nicht die Botschaft vom fremden Gott, die Markion gegen das Alte Testament gestellt sah (Tertullian, *adversus Marcionem* 3, 15) und die der Liberalismus des 19. Jahrhunderts mit Berufung auf Markion in der Propagierung einer idealistischen Ethik gegen das Judentum und den Katholizismus zu repristinieren versuchte[39]; das Neue ist vielmehr *der* Neue: Jesus Christus selbst, der seine Jünger in die Nachfolge ruft, um mit ihnen das Volk Gottes von Grund auf zu erneuern und für alle zu öffnen, so dass sich ihnen allen die Liebe Gottes erschließt, in die sie eintauchen können. Der Neue Bund, den Jesus nach der lukanischen und paulinischen Tradition beim Letzten Abendmahl stiftet (Lk 22,20 par. 1Kor 11,25), ist nicht die Zerstörung, sondern die Erfüllung des Alten.[40] Die Neuheit, die das wesentliche Attribut des Evangeliums ist, entsteht in einem Raum der Verheißung, die Gott seinem Volk und der Menschheit ein für alle Mal gegeben hat; die Verheißung entspricht der Erschaffung und konkretisiert sich in der Neuschaffung des Menschen nach dem Bilde Jesu Christi, die ihrerseits im Zeichen der Vollendung steht (vgl. Röm 8). So erklärt sich die paulinische Sentenz, die sich zu einer hymnischen Sprache aufschwingt:

>»*Wer in Christus ist, ist neu erschaffen.*
>*Das Alte ist vergangen, siehe, Neues ist geworden.*« (2Kor 5,17)

---

[38] Jesus von Nazareth I: Von der Taufe im Jordan bis zur Verklärung, Freiburg i. Br. 2007, 33.

[39] Programmatisch erneuert von *Adolf von Harnack,* Marcion. Das Evangelium vom fremden Gott ([1]1921.[2]1924), Darmstadt 1985.

[40] Umfassend aufgearbeitet in: *Päpstliche Bibelkommission,* Das jüdische Volk und seine Heilige Schrift in der christlichen Bibel (Verlautbarungen des Apostolischen Stuhles 152), Bonn 2001.

Die neutestamentliche Kategorie des Neuen hebelt in ihrer jesuanischen, ihrer paulinischen und ihrer johanneischen Prägung also nicht das Analogieprinzip aus, sondern begründet es. Die Neuheit des Evangeliums erklärt sich aus der eschatologischen Zeitenwende, die Jesus mit dem Kommen der Gottesherrschaft proklamiert (Mk 1,15).

Das Evangelium wird verkündet, weil sich etwas Neues ereignet hat. Was durch die Mission passiert, geht nicht aus der Variation des ewig Gleichen hervor, wie es der Mythos nicht besser wissen kann[41] und Kohelet als Strukturprinzip der Welt *ante Christum natum* entdeckt (Koh 1,9; 3,15)[42], die Gnosis[43] aber als hermeneutisches Prinzip der Christologie verkannt haben wird. Was durch die Mission Jesu passiert ist, geht vielmehr aus einem schöpferischen Akt Gottes hervor. Es ist ein echtes Werden. Aber während für Spitzentexte im frühen Judentum (2Makk 7,28) und Christentum (Röm 4,17; vgl. Kol 1,15–20) Himmel und Erde aus dem Nichts erschaffen wurden[44], ist das Neue des Evangeliums die Vollendung des Kosmos. Diese Vollendung ist ein Qualitätssprung; sie geht durch den Tod hindurch. Sie ist aber, wie sich durch Jesu Wort und Geschick herausstellt, die Antizipation der Auferstehung von den To-

---

[41] Für den Mythos ist wegen seines Polytheismus das zyklische Denken konstitutiv; vgl. *Mircea Eliade,* Traité d'histoire des religions, Paris 1949; *ders.,* Le sacré et le profane, Paris 1965. Deshalb ist der Mythos zutiefst tragisch; vgl. *Georg Picht,* Kunst und Mythos, Stuttgart ³1990 (¹1986).

[42] Vgl. *Ludger Schwienhorst-Schönberger,* Kohelet (HThK.AT), Freiburg i. Br. 2004, z.St.

[43] Vgl. *Christoph Markschies,* Die Gnosis, Stuttgart 2006.

[44] Die exegetische und systematische Schöpfungstheologie neigt heute oft dazu, die Vorstellung der *creatio ex nihilo* zu relativieren, um die Theodizeefrage entschärfen zu können. Die *Biblia Graeca* stellt sich aber auf den Standpunkt der Mutter jüdischer Märtyrer, die in 2 Makk 7 zu Wort kommt, und verbindet angesichts schreienden Unrechts, das ihre Söhne erleiden müssen, Schöpfungsglaube und Auferstehungshoffnung. Paulus stellt sich auf den Standpunkt derer, denen in dieser Welt nicht zu helfen ist, denen Gott aber seine Gnade dadurch zuteilwerden lässt, dass er sie zu Glaubenden macht. Das gibt der heutigen Philosophie sehr zu denken.

ten und als solche getragen von der bleibenden Liebe Gottes zu denen, die er erschaffen hat, um sie zu erlösen.

Aus der eschatologischen Qualität des Neuen ergeben sich Notwendigkeit und Möglichkeit, Art und Ziel der Evangelisierung. Ohne dass Jesus gekommen wäre, hätte es diese Gute Nachricht gar nicht gegeben. Ohne dass Jesus seine Jünger gesandt hätte, das Evangelium zu verkünden, wäre seine Botschaft eine schöne Erinnerung geblieben. Paulus hat im Römerbrief den Zusammenhang genau rekonstruiert (Röm 10,13ff.). Er geht von der prophetischen Verheißung aus, dass alle, die »den Namen des Herrn anrufen«, gerettet werden (Joël 3,5); an den Menschen interessiert, denen diese Verheißung gilt, fragt der Apostel, wie sie verwirklicht werden kann, und antwortet, indem er eine logische Kette schmiedet: kein Bekenntnis ohne Glaube, kein Glaube ohne Hören, kein Hören ohne Verkündigung, keine Verkündigung ohne Sendung.

Die apostolische Sendung gehört zur Gründungsgeschichte der Kirche. Es ist eine schöne Überlieferung aus dem Altertum, dass die Apostel die ganze Welt in Missionsregionen eingeteilt haben.[45] Es begründet den besonderen Rang Roms, dass hier die Missionswege zweier Apostel, Petrus wie Paulus, zusammenführten und im Martyrium endeten, dessen hier vor Ort gedacht wird[46]. Gewiss hat es von Anfang an verschiedene Stile der Verkündigung gegeben; das Neue Testament führt den jesuanischen Stil vor Augen, auf die Menschen zuzugehen (Lk 19,10), den paulinischen, das Gespräch mit ihnen zu suchen (Apg 17,17), und den johanneischen, sie ein-

---

[45] In eine Profangeschichte des Altertums eingezeichnet von *Peter Brown,* Die Entstehung des christlichen Europa, München 1996.

[46] Vgl. *Christian Gnilka – Stefan Heid – Rainer Riesner,* Blutzeuge. Tod und Grab des Petrus in Rom, Regensburg 2010. Die alte Skepsis des 19. Jahrhunderts suchte hingegen neu zu begründen: *Otto Zwierlein,* Petrus in Rom. Die literarischen Zeugnisse. Mit einer kritischen Edition der Martyrien des Petrus und Paulus auf neuer handschriftlicher Grundlage (Untersuchungen zur antiken Literatur und Geschichte 96), Berlin ²2010. Allerdings beruht diese These auf einer riskanten Kombination von Spätdatierungen der Clemensbriefe und der Ignatianen mit einer neorationalistischen Sicht des Neuen Testaments, die dessen Brücke zur Geschichte im Feuer der Kritik verbrennt.

zuladen, dass sie kommen und sehen (Joh 1,39). Aber zwischen diesen Stilen gibt es enge Verbindungen. Figuren wie Petrus und Paulus, die alles hinter sich gelassen haben, um ganz dem Dienst der Verkündigung zu leben, sind die Apostel, die das Fundament der Kirche bilden (Eph 2,14f.); sie haben immer wieder Nachahmer gefunden, gerade in der Neuzeit. Sie haben auch die große Mehrheit derjenigen beeindruckt und beeinflusst, die dem Evangelium auf weniger spektakuläre Weise Gehör verschafft haben: vor Ort, im Haus, in der Familie, im Freundeskreis, bei der Arbeit.

So fundamental allerdings die Bedeutung der Apostel ist: Auf Dauer wurde die Ausbreitung des Evangeliums durch die Vielen getragen, die zum Glauben gekommen sind.[47] Das Christentum ist vor allem dadurch gewachsen, dass die Ortskirchen und Gemeinden gewachsen sind. Das ist geschehen, weil auf verschiedenen Wegen und auf vielfältige Weise der Glaube bezeugt worden ist und die Praxis der Nächstenliebe Staunen ausgelöst hat. Das ganze paulinische Missionskonzept beruht darauf, dass die Ekklesia, die der Apostel begründet hat, nach innen und außen wächst, weil der Geist die Charismen weckt und die Liebe das Zusammenwirken vieler in dem einen Leib Christi inspiriert (1Kor 12–14). Nach 1Kor 14 ist es ein Qualitätskriterium der Liturgie, dass sie nicht nur dem Eingeweihten, sondern auch dem Fremden und Unkundigen die Gegenwart Gottes erschließt, so dass er »auf sein Angesicht fällt, Gott anbetet und verkündet: ›Wahrhaftig, Gott ist unter euch‹« (1Kor 14,25). Im Brief an die Römer schreibt Paulus lapidar, um die ekklesiologische Basis der Ethik und die missionarische Existenz der Christen zu begründen[48]:

»Wir haben verschiedene Charismen gemäß der uns verliehenen Gnade.« (Röm 12,6)

---

[47] Vgl. *Alfons Fürst,* »Exkulturation« und »Mikrokommunikation«. Blicke in den Missionsalltag bei Paulus, in: Norbert Kleyboldt (Hg.), Paulus. Identität und Universalität des Evangeliums, Münster 2009, 56–68.

[48] Die kirchliche und missionarische Dimension der Charismenlehre akzentuiert *Erik Peterson,* Der Brief an die Römer, hg. v. Barbara Nichtweiß (Ausgewählte Schriften 6), Würzburg 1997, z. St.

Nach dem Ersten Petrusbrief, der von Rom aus nach Kleinasien schaut, sind alle Getauften berufen, die Güte Gottes zu verkünden, der sie »aus der Dunkelheit zu seinem wunderbaren Licht gerufen« hat (1Petr 2,8).

Der Dynamik der Mission entspricht ihre Nachhaltigkeit. Es gibt eine alte Unterscheidung, dass die Mission zur Taufe hinführt und die Katechese von der Taufe her in das christliche Leben einführt. Diese Unterscheidung behält ihr Recht, weil die *missio ad gentes,* die zum Glauben und zur Taufe hinführt, etwas anderes ist als die Katechese, die Menschen, die schon auf dem Weg des Glaubens sind, den Sinn des Glaubens und der Taufe erschließen soll. Aber es gibt starke Überschneidungen: Zum einen ist Mission ohne Katechese undenkbar; zum anderen führt die Katechese immer wieder zurück an den Anfang: an den Anfang der Kirche und an den Anfang des eigenen Glaubens. Die klassische Tradition kennt deshalb die Unterscheidung und Verbindung von prä- und postbaptismaler Katechese; analog wäre die Unterscheidung und Verbindung von Evangelisierung und Neuevangelisierung zu verstehen.

Mission kann, wie Paulus erklärt hat, nicht auf Überredung, sondern nur auf Überzeugung beruhen (1Kor 2,4); deshalb müssen diejenigen, die das Evangelium verkünden, von Anfang an auch lehren: Sie müssen die Gründe des Glaubens benennen, die Erfahrungen des Glaubens reflektieren, die Inspirationen des Glaubens klären. Die Katechese wiederum lässt Schritt für Schritt das Geheimnis des Glaubens tiefer entdecken, das in der Taufe gefeiert wird. Die Mystagogie ist das profilierteste Beispiel einer Katechese, die kein höheres Ziel als die Hinführung zu den Sakramenten kennt, deren *ordo* sich von der Taufe her entwickelt. Jede Feier der Eucharistie und jede Feier der Tauferneuerung ist der Ausgangs- und Zielpunkt einer Katechese, die der Vertiefung des Glaubens dient. Mission wie Katechese sind Konkretisierungen der Evangeliumsverkündigung.

So neu wie das Evangelium immer ist, weil Gottes Wort »lebendig ist und kräftig und schärfer als jedes zweischneidige Schwert«

(Hebr 4,12), so neu ist auch jede Evangelisierung. Das Evangelium ist authentisch und identisch, wenn gilt:

> *»Jesus Christus, der unter euch von uns verkündet wurde, ist nicht Ja und Nein zugleich, in ihm ist das Ja.«* (2Kor 1,19)

Dieses Ja spricht Gott zu all seinen Verheißungen; er sagt es den Menschen zu, für die er sie gemacht hat (2Kor 1,20). Aus diesem Grund ist jede Neuevangelisierung in erster Linie Evangelisierung: Verkündigung des Wortes Gottes im geistlichen Austausch und Lehre der Wahrheit im Hören auf das Wort des Geistes, der »weht, wo er will« (Joh 3,8).

Die Neuevangelisierung ist wegen des grassierenden Säkularismus eine neue Aufgabe der Kirche; aber die kritischen Geister des Gottesvolkes, angefangen bei den Propheten Israels und den Aposteln der Urkirche, haben nie aufgehört, als Hirten und Lehrer das Wort Gottes zu verkünden, damit die Neuheit des Evangeliums nicht in Vergessenheit gerät und der Glaube jung bleiben kann und die Schläfer aufwachen, um das Licht des Tages zu sehen (1Thess 5,1–11).

Vom Neuen Testament aus lässt sich deshalb ein Versuch unternehmen, den theologischen Ort der Neuevangelisierung zu bestimmen. Mit der *missio ad gentes* verbindet sie die Verkündigung des Evangeliums; von ihr unterscheidet sie sich dadurch, dass ihre ersten Adressaten Getaufte sind, die entweder den Zugang zum Glauben verloren oder nie recht gefunden haben. In den säkularisierten Gesellschaften werden die Grenzen fließend sein. Die Inhalte und Methoden sind identisch, weil es nur ein Evangelium gibt, das immer in vielen Sprachen verkündet wird. Auch die Träger sind identisch: weil Bischöfe, Priester, Diakone, Ordensleute und Laien hier wie dort engagiert sind. Aber ein Engagement in der Neuevangelisierung zeigt der gesamten Kirche, wie sie in all ihren Gliedern ihre Berufung, den Glauben zu bezeugen, neu entdecken und konkretisieren muss. Damit ist die Neuevangelisierung die vielleicht wichtigste Bewegung, die Kirche an Haupt und Gliedern zu reformieren, das heißt: auf Jesus selbst zu konzentrieren. Mit der Katechese verbindet die Neuevangelisierung das Setzen auf die Wahrheit des Evangeliums, ohne die es weder den Auftrag noch das Recht zur Neuevangelisierung gäbe; von ihr unterscheidet sie sich dadurch, dass sie nicht nur durch die Klärung der Lehre, die Erschließung der Liturgie und die Kenntnis des Ethos, sondern umfassend durch die Begegnung mit dem Wort Gottes geprägt ist, während die Katechese auch eine wichtige Aufgabe in der Vertiefung des Glaubens derer hat, die im Glauben stehen und weiter wachsen wollen. Zur Neuevangelisierung gehört eine Erneuerung der präbaptismalen Katechese. Sie muss aber wie in der Erstverkündigung gezielt suchen, wie Menschen, die dem Glauben entfremdet sind, mit Gott ins Gespräch kommen können.

e) Die große Krise

Viele Analysen aus kirchlichem Munde erwecken den Eindruck, die Probleme, die zur gegenwärtigen Glaubenskrise beitragen, lägen außerhalb, die Lösungen innerhalb der Kirche. Dieser Eindruck ist oberflächlich. Dass die Säkularisierung in den westlichen und nördlichen Gesellschaften eine ernste Gefahr für den kirchlichen Glauben ist, wer wollte das leugnen? Aber welche Chancen bietet sie? Und wo liegen die Gründe für die Säkularisierung? Sie ist tief im ebenso fruchtbaren wie kontaminierten Mutterboden des christlichen Abendlandes verwurzelt.[49] Sie ist ursprünglich der Versuch,

---

[49] Nach *Charles Taylor* (A secular Age, Harvard 2007), der die Säkularisierung ein wenig idealisiert, ist sie erstens eine große Geschichte der Entzauberung aller Ideologien, was der Theologie nur recht sein kann, weil sie um die Dialektik der Aufklärung weiß, und zweitens eine spannende Geschichte der Etablierung profaner Ethik, was die Theologie wie in der vorkonstantinischen Antike auf die Suche nach Verbündeten schickt, die keineswegs vergeblich ist, aber herausfordert, auf die Überzeugungskraft des Evangeliums auch im Ethos zu setzen.

göttliche Prädikate auf ein politisches[50] oder individuelles[51] Subjekt zu übertragen. Sie ist fortschreitend der Versuch, von der Wissenschaft bis zur Politik, von der Ökonomie bis zum Privaten die wesentlichen Lebensbereiche zu organisieren, *etsi Deus non daretur*. Sie ist nach den Katastrophen des 20. Jahrhunderts, nach den beiden Weltkriegen, nach den mörderischen Ideologien, nach dem Holocaust zu einem Massenphänomen geworden. Sie ist mit der Erfahrung schreienden Unrechts verbunden, grassiert aber gerade in den Gesellschaften, die wirtschaftlich prosperieren und mit der Demokratie eine politische Form gefunden haben, die Religionsfreiheit garantiert. Sie speist sich aus dem leidgeprüften Verdacht der Menschen gegen die Herrschenden, der die katholische Kirche besonders hart trifft, weil sie nach dem Zusammenbruch des Kommunismus die einzige Organisation mit weltweit präsentem Autoritätsanspruch ist und eine echte Hierarchie hat, aber ohne Vertrauensbasis ihr Glaubensprinzip nicht propagieren kann. Sie führt in Gesellschaften, die sich der Bildung verschrieben haben, zu einem religiösen Analphabetismus, der die katholische Kirche zutiefst irritieren muss, weil sie viel auf die Sichtbarkeit und Verständlichkeit ihrer Zeichensprache setzt. Sie geht bei den Nachdenklichen mit einem großen Hunger nach Spiritualität einher, der aber kaum einmal zur Kirche findet, weil er das Credo zu umgehen trachtet, aber die katholische Kirche auf den Prüfstand stellt, weil sie ihr ausgeprägtes geistliches Leben mit der Offenheit für alle verbinden will, die wie Nomaden auf der Wanderung ihres Lebens an eine Oase kommen und im Innersten ihres Herzen vielleicht

---

[50] Wirkmächtig reflektiert von *Carl Schmitt,* Politische Theologie. Vier Kapitel zur Lehre von der Souveränität (1922), München – Leipzig 1934; *ders.,* Der Begriff des Politischen (1932), Berlin 1963; *ders.,* Politische Theologie II. Die Legende von der Erledigung jeder Politischen Theologie, Berlin 1970. Intellektueller Widerpart war *Erik Peterson,* Monotheismus als politisches Problem (1935), in: Theologische Traktate, hg. v. Barbara Nichtweiß (Ausgewählte Schriften 1), Würzburg 1994, 23–81.
[51] Hier führt die Spur wahrscheinlich zu *Jean-Jacques Rousseau,* Discours sur l'origine et les fondements de l'inégalité parmi les hommes (1755). Introduction et notes de Angèle Kremer-Marietti (Commentaires philosophiques), Paris 2009.

doch darauf hoffen, Pilger sein zu dürfen und nicht weiterziehen zu müssen, wenn die Wasserquelle irgendwann versiegt. Sind all diese und weitere Krisenphänomene nur dem Einfluss antichristlicher Ideologien geschuldet? Oder auch gesunder Skepsis, die erst noch überzeugt werden will? Und wie verhalten sie sich zu den Errungenschaften der Moderne, der Propagierung der Menschen- und der Bürgerrechte, der Entdeckung der Religionsfreiheit, der Antikolonialisierung, der Frauenemanzipation, dem medizinischen und technischen Fortschritt? Das Zweite Vatikanische Konzil hat die Ambivalenz dieser Phänomene nicht verkannt und dennoch die Anknüpfungspunkte für den Dialog zwischen der Kirche und der Welt nicht verschmäht (*GS* 9).[52]

Zur Analyse externer muss die Analyse interner Faktoren treten. Die kirchlichen Skandale treffen ins Mark, weil sie heute in die Öffentlichkeit kommen – was niemand, der die Bergpredigt gelesen hat, beklagen dürfte. Ein Glaube, der durch den Rationalismus angreifbar wird, ist vorher schwach geworden. Eine Ursachenanalyse, die unter die Haut geht, darf sich die Selbstkritik nicht ersparen.[53] Ein Blick in die Geschichte der Kirche zeigt, dass von Anfang an die größten Bedrohungen nicht nur von außen, sondern mehr noch von innen gekommen sind. Paulus prophezeit in der Miletrede (Apg 20,17–38), dass sein Martyrium die Kirche stärken (Apg 20,22–27), das Zeugnis falscher Hirten sie aber schwächen wird:

»[29]*Ich weiß, dass nach meinem Abschied reißende Wölfe zu euch kommen werden und die Herde nicht schonen,* [30]*und von euch selbst werden Männer auftreten, die Verkehrtes reden, um die Jünger hinter sich wegzuziehen.*« (Apg 20,29f.)

Bei der Frage jedoch, worin die gegenwärtige Glaubensschwäche besteht und welche Ursachen sie hat, scheiden sich die Geister. Auf der einen Seite wird beklagt, die Kirche selbst sei vom Geist des Moder-

---

[52] Vgl. *Knut Wenzel*, Glaube und Kultur unter dem Anspruch der Moderne, in: Ferdinand R. Prostmeier (Hg.), Frühchristentum und Kultur, Freiburg i. Br. 2007, 311–322.
[53] Vgl. *Thomas Söding*, Umkehr der Kirche. Wegweiser im Neuen Testament, Freiburg i. Br. 2014.

nismus angekränkelt. Wenn man dafür nicht gleich den Papst, das Konzil und die Bischöfe verantwortlich machen will, dann wenigstens die Pfarrer oder die Theologie oder die Lehrer und Katecheten, auf jeden Fall aber die große Mehrheit der Gläubigen. Auf der anderen Seite wird beklagt, die Kirche sei nicht modern genug. Sie habe große Bewegungen nach der Aufklärung, z. B. die Meinungsfreiheit, lange bekämpft und bis heute nur halbherzig integriert.

Wenn dieser Streit konstruktiv geführt werden soll, muss er auf die Hermeneutik des Zweiten Vatikanischen Konzils fokussiert werden. Nach Benedikt XVI.[54] gibt es zwei Lesarten. Die eine Lesart ist die der Diskontinuität. Sie wird auf der Rechten wie der Linken propagiert, um entweder das Konzil oder die Tradition zu diskreditieren; beide Deutungen verkennen Geist[55] und Buchstaben[56] des Konzils. Ihr stellt Benedikt nicht, wie man oft liest, eine Hermeneutik der Kontinuität, sondern der Reform gegenüber. Sie verbindet die Orientierung am Ursprung mit der Suche nach den Zeichen der Zeit. Sie holt das *ecclesia semper reformanda* ein. Sie schafft Freiraum, mit dem Konzil über das Konzil hinauszudenken und dabei Theologie *secundum scripturas* zu treiben, wie es das Votum des Konzils ist (*Dei verbum* 24; *Optatam totius* 16).

Liest man aber die Konzilstexte ein halbes Jahrhundert später, beeindruckt der Optimismus, eine reformierte Kirche werde in der Moderne eine große Blüte erleben. Das war im Westen und Norden

---

54 Ansprache von *Papst Benedikt XVI.* an das Kardinalskollegium und die Mitglieder der Römischen Kurie beim Weihnachtsempfang 22. Dezember 2005 (Verlautbarungen des Apostolischen Stuhles 172), Bonn 2006, 11.

55 Das moderne Kommentarwerk zu den Konzilsdokumenten, das *Peter Hünermann* und *Bernd Jochen Hilberath* ediert haben (Herders Theologischer Kommentar zum Zweiten Vatikanischen Konzil, vol. I–V, Freiburg i. Br. 2009 [2004–2005]), widerspricht in einem breiten Spektrum an Interpretationen der These eines Traditionsabbruchs, so sehr an einzelnen Punkten, wie z. B. der Religionsfreiheit, Revisionen lehramtlicher Stellungnahmen notiert werden.

56 Vgl. *Giuseppe Alberigo* (Hg.), Storia del Concilio Vaticano II. Bde. I–V, Bologna 1995–2001. Die Einblicke in die Genese der Dokumente zeigen den ausgeprägten Willen der Konzilsväter und ihrer wichtigsten Berater, die Fragen der Gegenwart in einer Neuaneignung der Tradition zu beantworten.

leider Gottes nicht der Fall. Die Kirche gerät vielmehr in dieselbe Krise wie die Moderne selbst mit ihren Leitbegriffen der Freiheit und des Fortschritts. Deshalb ist das Projekt der Neuevangelisierung entstanden. Es muss sich illusionslos auf die Bedingungen einer »offenen Gesellschaft« einlassen[57], in der es für die Kirche auch dort keine Privilegien mehr gibt, wo sie die Kultur imprägniert hat, und alle Ansprüche nicht mehr durch Tradition, sondern nur noch durch Argumentation, durch Vorbildlichkeit und durch eine Intuition eingelöst werden können, die aus einem Erfahrungsraum stammt, der größer ist als der Horizont der Moderne, aber ihr nahegebracht werden kann.

In diesen Kulturkonflikten hat die katholische Kirche eine große Verantwortung: die Friedfertigkeit einer Religion zu bewähren, deren heißer Atem den glimmenden Docht nicht auslöscht, sondern anfacht (Mt 12,20–Jes 42,3). Eine klare Theologie ist dafür vonnöten, eine engagierte Praxis in den sozialen Brennpunkten, aber auch die Fähigkeit, das zu verstehen, was anderen heilig ist. Dafür bietet eine Theologie der Religionen in den Spuren von *Nostra aetate* eine Basis.

Diese Krisenintervention ist eine *conditio sine qua non* der Neuevangelisierung. Sie ist aber noch nicht die Evangelisierung selbst. Die muss in der Krisendiagnose tiefer ansetzen, um dann die Chancen zu erkennen. Schaut man vom Evangelium her auf die Gegenwart wie auf die Geschichte und die absehbare Zukunft, ist die Glaubenskrise unausweichlich und geradezu notwendig. Sie ist ein produktives Element der Evangelisierung, das sich in verschiedenen Zeiten und Zonen verschieden zeigt. Anders formuliert: Gäbe es keine Krise der Evangelisierung, wäre die Evangelisierung selbst in der Krise.

Das wird im Neuen Testament gerade dort am klarsten, wo das Evangelium Jesu am intensivsten mit dem Wort Gottes selbst verbunden ist: im Johannesevangelium. In selbstreflexiven Kernsätzen

---

[57] Vgl. *Karl Popper*, The open Society and its enemies I-II, London 1945. Repr. (Routledge Classics) London 2006.

Jesu *secundum Johannem* kommt die kritische und konstruktive Wirkung der Evangelisierung am besten zum Ausdruck. Beide Wirkungen gehören zusammen, sind aber nicht gleichgewichtig: Die kritische Kraft dient der konstruktiven. Die Kernaussage ist die radikale Konzentration Jesu auf seine Sendung, die Mission der Liebe:

»*So sehr hat Gott die Welt geliebt, dass er seinen eingeborenen Sohn gegeben hat, damit jeder, der an ihn glaubt, nicht verlorengeht, sondern das ewige Leben hat.*« (Joh 3,16)

Aus reiner Liebe dient die Sendung Jesu der Rettung der Welt. Deshalb setzt Jesus nach Johannes fort:

»*Gott hat seinen Sohn nicht in die Welt gesandt, damit er die Welt richte, sondern damit die Welt durch ihn gerettet werde.*« (Joh 3,17)

Das Gericht steht hier für die Verurteilung und Verdammnis. Jesus ist aber zu den Menschen gekommen, »dass sie das Leben haben, und es in Fülle haben« (Joh 10,10). Die Verkündigung und Verwirklichung des Heilswillens Gottes löst aber genau jene Krise aus, ohne die es weder Glaube noch Unglaube gäbe (Joh 3,18). Das Gericht beschreibt Jesus in der Perspektive des Lichtes:

»*Das ist das Gericht: Das Licht kam in die Welt, und die Menschen liebten die Finsternis mehr als das Licht; denn ihre Werke waren böse.*« (Joh 3,19)

Nach dieser programmatischen Erklärung im nächtlichen Dialog mit Nikodemus, dem ersten Glaubensgespräch Jesu, von dem Johannes erzählt, führt das Evangelium eine Reihe typischer Situationen vor Augen, in der die kritische Kraft des Evangeliums mit seiner erlösenden Wirkung verbunden wird. Der Kern des Widerspruchs, den das Evangelium auslöst, ist der Versuch der Menschen, wie Adam und Eva ihre Schuld vor Gott zu verbergen und sie ihm nicht anzuvertrauen. Hinter dieser Angst aber steckt der Unglaube, dass unmöglich wahr sein könne, was Jesus verkündet, nämlich seine Einheit mit dem Vater (Joh 10,30), die auf die Einigung der Menschen mit Gott ziele (Joh 17), weil um der Heiligkeit Gottes willen eine letzte Distanz zwischen Gott und den Menschen bleiben müsse. Diese Skepsis hat ihre eigene Logik. Wo der Anstoß der Verheißung Jesu nicht empfunden wird, ist auch ihre Größe nicht erkannt. Wo der Widerspruch aber das letzte Wort sein will, da ist die Größe der Verheißung noch einmal unterschätzt, dass Gott die Kraft hat, das Nein von Menschen in seinem Ja zu ihnen zu verwandeln. Deshalb gilt, dass es kein Heil ohne Gericht, aber das Gericht um des Heiles willen gibt und dass kein Glaubensweg ohne Krise gegangen werden kann, aber jede Krise von Gott zum guten Ende geführt werden kann.[58]

Mithin ist es nicht einfach so, dass die Krise das Problem wäre, das durch die Neuevangelisierung gelöst werden müsste. Sie ist auch ein Phänomen, das zur Lösung gehört. Denn die grassierende Säkularisierung ist nicht nur dadurch verursacht, dass die Verkündigung des Evangeliums zu wenig Fuß gefasst hat und dadurch der Glaube zu verdunsten droht. Sofern die Säkularisierung ihrer selbst bewusst wird, entsteht sie gerade wegen der Verkündigung des Evangeliums und als Antwort auf sie. Wo immer dieses Wort präsent ist, löst es Widerspruch aus. In der Moderne stehen die Menschen in der Versuchung, durch Säkularisierung zur Selbstbehauptung zu gelangen, die Götzenkritik mit einer Absage an Gott zu verwechseln und die eigene Freiheit nicht von Gott zu empfangen, sondern ihm zu entreißen, weil man in ihm einen Despoten sieht. Die Neuevangelisierung hat deshalb die große Aufgabe, die Herrschaft des einen Gottes, für die Jesus alles gegeben hat, von der Despotie aller noch so attraktiven Götter im Himmel und auf Erden zu unterscheiden, die Zuwendung zur Welt als Achtung der Schöpfung und der Liebe des Schöpfers zu kultivieren und die Freiheit als Geschenk Gottes zu erhellen.

---

[58] Die Anschlussfrage, wie sich der universale Heilswille Gottes zu seiner Gerechtigkeit und die Heilsnotwendigkeit des Glaubens zur Hoffnung verhält, hat Benedikt XVI. in seiner zweiten Enzyklika beantwortet: Enzyklika *Spe Salvi* von Papst Benedikt XVI. an die Bischöfe, an die gottgeweihten Personen und an alle Christgläubigen über die christliche Hoffnung, Vatikanstadt 2007.

f) Die große Chance

In den säkularisierten Gesellschaften schlägt die Stunde, den Glauben in Freiheit zu leben und die Bindung an die Kirche aus keinem anderen Grund als der Liebe zu Gott und zum Nächsten zu pflegen. Das zu sehen und zu zeigen, ist die Chance, die sich der Neuevangelisierung bietet. Es ist die Chance der Evangelisierung überhaupt, in jeder Kultur: ob dort, wo der christliche Glaube in Vergessenheit zu geraten droht, wie vor allem im alten Europa, oder dort, wo er bislang kaum hat Wurzeln schlagen können, wie in China; ob dort, wo er verfolgt wird, wie in Indien, oder wo er aufblüht, wie in vielen Teilen Afrikas.

Die Evangelisierung, die heute ansteht, kann kein vergangenes Modell kopieren, muss aber an der neutestamentlichen Evangelisierung Maß nehmen. Denn erstens hat es in der Anfangszeit gleichfalls nicht nur keinen Anpassungsdruck gegeben, zur Kirche zu kommen oder in ihr zu bleiben, sondern im Gegenteil vielfältige Widerstände, die zu überwinden waren. Zweitens aber ist die Zeit des Anfangs eine Zeit des inspirierten Aufbruchs, der nicht nur vom Missionseifer beseelt war, sondern auch von der Fähigkeit, die Menschen zu erreichen und mit ihnen ins Gespräch zu kommen.

In seiner Regensburger Rede hat Benedikt XVI. an eine kleine Szene aus der Apostelgeschichte erinnert, die im Rückblick zu einer Schlüsselszene in der Geschichte der Kirche geworden ist, weil es durch sie zu einer, wie er sagt, providentiellen Begegnung »zwischen biblischem Glauben und griechischem Fragen« gekommen sei. Im lukanischen Original heißt es folgendermaßen:

> »[9]Und in einem Gesicht sah Paulus nachts einen Mann aus Mazedonien stehen, der ihn bat: ›Komm herüber nach Mazedonien und hilf uns!‹ [10]Als er das Gesicht geschaut hatte, wollten wir sofort nach Mazedonien abfahren, da wir schlossen, dass uns Gott gerufen hatte, ihnen das Evangelium zu verkünden.« (Apg 16,9f.)

So wie Lukas erzählt, gibt es keine Mission ohne Inspiration und ohne Reflexion. Wie immer ist der Heilige Geist den Missionaren voraus. Gott ist immer schon dort, wo die Missionare erst hinkommen. Wo sie aber hinkommen, können sie Gott in seinem Wort zu Gehör bringen. Wenn man diese Szene auf die Mission Jesu und der ganzen Kirche bezieht, kann sie eine Typologie der Neuevangelisierung anbahnen, die vier Eckpunkte hat.

Erstens: Die Evangelisierung setzt die Kirche in Bewegung. Das ist die Bewegung der Nachfolge Christi. Sie ist durch die Bewegung Jesu vorgegeben. Im Unterschied zu Johannes dem Täufer hat er nicht einen festen Platz, zu dem die Menschen aus ihren Alltags- und Festtagsleben sich aufmachen müssten, um ihm, dem heiligen Prediger, nahezukommen, sondern ist zeit seines Lebens auf der Suche nach den Menschen, denen er nahekommt, weil er, der Heilige, ihnen nahebringen will, dass die Gottesherrschaft nahegekommen ist (Mk 1,15 par. Mt 4,17). Dieser Aufbruch beginnt nach Matthäus, der sich auf Jesaja bezieht (Jes 8,23–9,1), in der Nacht im »Galiläa der Heiden« (Mt 4,15); er führt in den Tag, ins Freie, weil er das Licht Gottes verbreitet. Die Bewegung der Nachfolge ist deshalb eine Bewegung der Diakonie. Die sublimen und offenen Machtansprüche, die im Kreis der Jünger wachsen, werden von Jesus mit der tiefsten Deutung seiner gesamten Sendung vor seinen Abendmahlsworten konfrontiert:

> *»Der Menschensohn ist nicht gekommen, bedient zu werden, sondern zu dienen und sein Leben zu geben als Lösepreis für viele.«* (Mk 10,45)

Seine Diakonie führt Jesus dazu, Anteil am Leben derer zu nehmen, die verloren sind. Das ist keinem seiner Jünger aufgegeben. Aber dass der Weg der Evangelisierung Diakonie am Heil der Seelen ist und deshalb die konkrete Caritas umschließt und dass diese Diakonie radikale Anteilnahme am Leben derer umschließt, denen das Evangelium gebracht werden soll, ist die Vorgabe Jesu. Diese Gabe weitergeben zu können, ist gerade insofern ein Privileg, als es reine Diakonie ist. Paulus selbst ist es, der nach der Miletrede dies nicht nur in den Mittelpunkt seiner Lebensbilanz stellt, sondern auch den Presbytern und Episkopen ans Herz legt:

»In allem habe ich euch gezeigt, dass es nötig ist, so sich zu mühen und der Schwachen anzunehmen, eingedenk der Worte des Herrn Jesus: ›Geben ist seliger denn Nehmen‹.« (Apg 20,35).

Mit diesem letzten Wort, das Paulus nach der Apostelgeschichte in Freiheit spricht, einem Jesuswort, das sich nicht in den Evangelien findet, spannt er den gesamten Bogen der Christologie aus, unter dem das Haus der Kirche entstehen kann, wenn Paulus nachgeahmt wird, der Christus nachahmt. Das hat Konsequenzen, weit über die Spiritualität der heutigen Predigerinnen und Prediger hinaus – oder ganz tief in sie hinein.

Zweitens: Die Verkündigung des Evangeliums antwortet auf eine Bitte. Nach Apg 16 hört Paulus sie im Traum und weiß nach einer gemeinsamen Überlegung mit den Seinen, dass durch den Makedonier, der ihm erscheint, Gott zu ihm gesprochen hat. Ohne diese Bitte – wer weiß, ob Europa dann zum Missionsfeld des Paulus geworden wäre. Dass aber die Bitte gehört und erhört worden ist, prägt die gesamte Mission. Sie kommt nicht mit einer fremden Botschaft von außen auf die Menschen zu, sondern bringt das zum Ausdruck, was die Herzen der Menschen unruhig macht und nach Ruhe suchen lässt, um Augustinus frei zu zitieren (*confessiones* I 1).

Vielfach muss aber auch erst diese existentielle Unruhe geweckt werden. So war die Praxis Jesu: Er ist an den Bitten der Kranken und ihrer Angehörigen nicht vorbeigegangen (Mk 1,40–45 parr.; Mk 9,14–29 parr.; Mt 8,5–13 par. Lk 7,1–10; Joh 4,46–53); er hat ihnen oft erst Mut gemacht, ihre Bitten zu äußern (Mk 5,25–34 parr.; Mk 10,46–52 parr.); er hat die stummen Gesten verstanden (Mk 2,1–12 parr.; 14,3–9 par. Lk 7,36–50); er ist den Bitten zuvorgekommen, bevor sie noch zu äußern gewagt wurden (Mk 2,13–17 parr.; Lk 19,1–10); er hat den Besessenen überhaupt erst ihre Stimme gegeben, indem er sie von den Dämonen befreit hat (Mk 1,21–28 parr.; 5,1–20 parr.). Ob aber diese Bitten laut werden oder stumm bleiben – gäbe es sie nicht, wäre die Missionierung eine Überfremdung, die sie leider Gottes in der Kirchengeschichte zu oft war und nicht wieder sein sollte. Ist es aber richtig, dass die Mission von Anfang an Antwort ist, dann kann es keine Neuevangelisierung geben, ohne dass die Fragen, die Menschen heute haben, gehört werden, auch die kirchen- und glaubenskritischen. Sie haben einen epistemischen Status. Werden sie nicht wahrgenommen, redet man über die Köpfe der Menschen hinweg. Die diakonische Grundstruktur der Mission wäre verraten.

Die Dialektik dieses dialogischen Ansatzes wird deutlich, wenn man sich an Röm 10,20 orientiert. (Die *Lineamenta* zur Bischofssynode über die Neuevangelisierung haben das Pauluswort ganz an den Anfang gestellt.)

»Ich ließ mich von denen finden, die mich nicht suchten, offenbart habe ich mich denen, die nicht nach mir fragten.« (Röm 10,20)

Paulus zitiert hier Jesaja (65,1). Er arbeitet das Problem auf, weshalb die Juden Jesus nicht erkennen, die Heiden sich aber dem Evangelium öffnen. Im nächsten Zitat wird er dem Prophetenbuch weiter folgen (Jes 65,2) und zitieren, dass Gott immer seine Hand nach seinem Volk ausstreckt, mag es auch widerspenstig sein (Röm 10,21). Die Heiden hingegen sieht er als diejenigen, die alles Mögliche suchen und fragen, aber den wahren Gott nicht erkennen – und nun diesen Gott durch die Evangelisierung als den kennenlernen können, der die Antwort auf all ihr Fragen und das Ziel all ihres Suchens ist.

Drittens: Die Verkündigung des Evangeliums vollzieht sich als Gespräch. Das erste, was Lukas nach der Traumszene am Hellespont schildert, ist das Gespräch, das Paulus und Silvanus mit Lydia und anderen Frauen an einer jüdischen Gebetsstätte draußen am Fluss vor den Toren von Philippi führen, einer römischen Kolonie an der *Via Egnatia* (Apg 16,11–15). Sein Ergebnis: Der erste Christ Europas, von dem die Bibel berichtet, ist eine Christin. Sie kommt zur Taufe, weil Gott dieser Frau, wie Lukas es schreibt, »das Herz öffnete, so dass sie achtgab auf das, was Paulus sagte«. So wie Paulus die Bitte des Makedoniers gehört hat und nach Europa gekommen ist, so hört Lydia aus dem Mund des Zeugen das Evangelium und kommt durch Gott selbst zum Glauben.

Nach der Analyse Benedikt XVI. war es damals bei Paulus die idealtypische Begegnung von Glaube und Vernunft. Tatsächlich ist der Glaube erst durch das – im Judentum vorbereitete – Gespräch mit der platonischen und aristotelischen Philosophie auf den Begriff seiner selbst gekommen und hat dadurch neue Möglichkeiten entdecken können, »Rechenschaft über den Grund, den Logos, der Hoffnung abzulegen« (1Petr 3,15). Das hat die Einsicht in die Wahrheit des Glaubens vertieft und der Philosophie enorm zu denken gegeben. Diese Begegnung ist irreversibel; ein hermeneutischer Revisionismus, der hinter diesen Dialog zurück wollte, hat keine Chance. Aber es ist keineswegs so, dass nicht auch die moderne Philosophie, die der klassischen Metaphysik weithin den Abschied gegeben hat, ein echter Gesprächspartner für die Theologie sein könnte, von der die Evangelisierung profitiert. So wie die sokratische Philosophie kreuzestheologisch radikal transformiert werden musste, weil nur so die Weisheit Gottes zu entdecken war, so muss sich auch die heutige Philosophie des Subjekts, der Phänomene und der Diskurse der kreuzestheologischen Kritik stellen. Aber so wie die Theologie der Kirchenväter, wegen ihrer philosophischen Gesprächsfähigkeit, zu einer Kreuzestheologie in der Lage war, die Basis universaler Soteriologie sein konnte, muss auch heute von der Theologie verlangt werden, im Gespräch mit der modernen (und postmodernen) Philosophie die Kreuzes- und Auferweckungs-, die Präexistenz- und Inkarnationstheologie zu formulieren und mit der gelebten Christologie Jesu zu vermitteln, die sich in der erzählten Christologie der Evangelien widerspiegelt. Das Projekt der Neuevangelisierung verlangt Dialogfähigkeit. Sonst bleibt das Evangelium für die heutigen Zeitgenossen eine Fremdsprache und das *depositum fidei* wird über kurz oder lang dem kulturellen Archiv überantwortet.

Das Evangelium ist seiner inneren Struktur nach nicht monologisch, sondern dialogisch. Sie ist es nicht deshalb, weil auf beiden Seiten große Unsicherheit herrschte, sondern weil das Geheimnis des Glaubens unerschöpflich ist.

Viertens: Die Neuevangelisierung kann aus dem Vollen schöpfen. Sie muss auch in die Vollen gehen. Die Antwort auf die gegenwärtige Glaubenskrise kann kein *Gospel light*, sondern nur die volle

Wahrheit sein. Sowohl der Erste Korintherbrief (1Kor 3,5) als auch der Hebräerbrief (5,12f.) zeigen, dass es auch in den ersten Gemeinden nicht nur Fortschritte, sondern auch Rückschritte im Glauben gegeben hat: im Ersten Korintherbrief, weil man sich Gott und seines Geistes zu sicher wähnte, so dass die Brüche des Lebens verkleistert wurden; im Hebräerbrief, weil Gott doch zu weit entfernt schien, so dass die Kondition auf dem Glaubensweg schnell nachließ. Schaut man aber in den Briefen nach, welchen Nährwert die Milch der frommen Denkungsart hat, kann man zu staunen beginnen. Denn Paulus hat gerade an seine Kreuzestheologie erinnert (1Kor 1,18–2,16); der Hebräerbrief rechnet offenbar seine Theologie des Hohepriestertums Jesu Christi mit der Glaubenstheologie personaler und ekklesialer Pilgerschaft zu den Elementargründen der Katechese. Wenn dies richtig ist, kommt man nie über die Anfänge hinaus, so wie andererseits die Anfänge nur dann Prinzipien sein können, wenn sie das Ganze *in nuce* bereits enthalten. Solche Elementarisierung ist gerade die hohe Kunst der Theologie; sie ist das Charisma des *magisteriums;* sie ist das, worauf die Welt wartet, und das Beste, was die Kirche geben kann.

9. Ein Anstoß: Theologie der Bildung

Die beiden Ausgangsfragen, ob Glaube zur Bildung und Bildung zum Glauben gehört, lassen sich beantworten, wenn das Menschenbild vor Augen steht, wie es mit den »Augen des Herzens« betrachtet werden kann (Eph 1,18). Wird der Mensch als Gottes Ebenbild gesehen, müssen beide Fragen bejaht werden; es wäre widersprüchlich, auf eine Gnade zu verweisen, die menschliche Freiheit ersetzen könnte, und auf eine göttliche Bestimmung, die menschliche Bildung überflüssig machte. Wird die Voraussetzung des Glaubens nicht geteilt oder gar in Abrede gestellt, bleibt immer noch die Frage nach der Logik derer, die sich auf die Seite der biblischen Anthropologie stellen. In beiden Fällen muss Auskunft über eine Theologie der Bildung gegeben werden: über die Gründe, den Rang und die Formen, die Bildung im Horizont des Gottesglaubens gewinnt, aus dem sie als pädagogisches Konzept hervorgegangen ist. Dies gelingt nur in Auseinandersetzung sowohl mit religionskritischen wie religionsfreundlichen Stimmen aus der Philosophie wie der Erziehungswissenschaft als auch mit Spitzentexten der biblischen Tradition, die Gott selbst als Erzieher vorstellen.

a) Erziehung des Menschengeschlechts?

Gotthold Ephraim Lessing hat in seiner religionsphilosophischen Schrift »Über die Erziehung des Menschengeschlechts«[1], 1780 veröffentlicht, eine große Erzählung skizziert, die Religion und Aufklärung verbinden soll. Sie nimmt Maß an der menschlichen Entwicklung, wie der Aufklärer sie sich vorstellt: vom Kind, das erzogen werden muss, über den jungen Menschen, der seinen eigenen Weg

---

[1] *Gotthold Ephraim Lessing*, Die Erziehung des Menschengeschlechts. Werke in sechs Bänden VI, Köln 1965, 52–77.

zu gehen beginnt, hin zum Erwachsenen, der selbständig denkt und handelt. Mit diesem Modell rekonstruiert Lessing die Geschichte des Alten und des Neuen Testaments bis in die aufgeklärte Gegenwart und in die göttliche Ewigkeit. 100 Paragraphen gliedern das Programm: Thesen, Fragen, Aperçus – Stationen eines spekulativen Denkweges, der für die Zeit typisch ist, aber über sie hinausführt.

(1) Lessings Idee

Ohne dass er den Titusbrief anführte, verkoppelt Lessing Offenbarung und Erziehung:

> »Was die Erziehung bei dem einzelnen Menschen ist, ist die Offenbarung bei dem ganzen Menschengeschlecht.« (§ 1)

Er will diese Verbindung (vgl. § 2) nicht in der Pädagogik weiter verfolgen, sondern in der Theologie (§ 3).

In der Erziehung wie in der Offenbarung sieht Lessing einen Einfluss, der von außen auf Menschen ausgeübt wird. Allerdings werden sie weder durch Erziehung noch durch Offenbarung umgepolt. Sie werden vielmehr zu sich selbst gebracht:

> »Erziehung gibt dem Menschen nichts, was er nicht aus sich selbst haben könnte; sie gibt ihm das, was er aus sich selbst haben könnte, nur geschwinder und leichter. Also gibt auch die Offenbarung dem Menschengeschlecht nichts, worauf die menschliche Vernunft, sich selbst überlassen, nicht auch kommen würde, sondern sie gab und gibt ihm die wichtigsten dieser Dinge nur früher.« (§ 4)

Unter diesem Vorzeichen werden zuerst ausführlich das Alte Testament (§§ 6–52) und dann kompakter das Neue Testament behandelt (§§ 53–69), das geschrieben wurde, weil »ein beßrer Pädagog« gekommen sei: »Christus« (§ 54). Auf dem Weg vom Alten zum Neuen Testament sei der äußere Gebotsgehorsam, der an den Leib gebunden sei, einem inneren Glauben gewichen, der Sache des Geistes sei (vgl. § 93). Freilich könne heute alles, was über die Einzigkeit Gottes und die Unsterblichkeit der Seele, die Erbsünde und die Genugtuung offenbart worden sei, auch mit Hilfe der bloßen

Vernunft erkannt werden (§§ 70–75). Wer dies erkennt, verachtet die »Elementarbücher« nicht, weil sie ihn schneller zu seiner Einsicht gebracht haben und weil andere Zeitgenossen nicht so weit sind. Aber wer zur Vernunft-Religion vorgestoßen ist, hofft auf »die Zeit eines neuen ewigen Evangeliums« (§ 86). Lessing ist sich klar, dass er an den Chiliasmus anknüpft (§§ 87–90). Aber er setzt auf die göttliche Vorsehung (§ 91), und er liebäugelt mit der Idee der Wiedergeburt, damit ein Mensch jene volle Entwicklung zur Freiheit durchlaufe, für die das Menschengeschlecht so lange Zeit gebraucht habe (§§ 94–99). Im Bewusstsein der Ewigkeit relativiere sich die Zeit; der Schluss der Schrift ist eine rhetorische Frage:

>»Ist nicht die ganze Ewigkeit mein?« (§ 100)

Wenige Schriften haben die Theologie, aber auch die Pädagogik und die Philosophie, nicht zuletzt die Geschichtswissenschaft der westlichen Neuzeit stärker geprägt: ein Optimismus, der aus der Überzeugung, die ganze Geschichte laufe einem guten Ende entgegen, eine enorme Fortschrittshoffnung ableitet.

(2) Lessings Kritik

Gegen diese Vision werden die Katastrophen der Geschichte geltend gemacht, die während des 20. Jahrhunderts ins Unermessliche gesteigert worden sind. Aber diese Kritik kann nur halb überzeugen, weil die Täter sicher nicht dem Lessingschen Geschichtsbild gefolgt sind und die Opfer, wenn nicht für sich, dann für ihre Kinder, Freunde und Verwandten ein besseres Geschick nur wünschen können. Tiefer zielt der Einwand, man könne das Alte und das Neue Testament nicht so wie Primitivität und Progression einander gegenüberstellen, weil auch im Neuen Testament die Erfüllung des Gesetzes gelehrt und auch im Alten das Walten des Geistes verkündet wird.

Der stärkste Einwand gegen Lessings Idee setzt beim Erziehungs- und Offenbarungsbegriff selbst an. Worauf Lessing zielt, ist unstrittig: Erziehung ist Hilfe zur Selbstbildung; Offenbarung begründet keinen Gehorsam gegenüber einer fremden Macht, sondern gegenüber einem Wort, das überzeugt, weil es zuinnerst bejaht wird. Aber erstens wahrt Lessing nicht die Grenzen dessen, was nach klassischer Tradition »natürliche Theologie« genannt wird. Folgt man Thomas von Aquin, der seinerseits Paulus folgt (Röm 1,20f.), zeige sich auf den »fünf Wegen« eines philosophischen Gottesbeweises, die bereits die antike Philosophie gebahnt hat, nur, *dass,* nicht aber, *was* und *wer* Gott ist, und das Dass zeige sich nur so, dass immer nur geglaubt werden kann, Gott täusche nicht die Vernunft und die Vernunft täusche sich nicht über Gott.[2] Alle positive Theologie – von der Erwählung Israels bis zur Sendung Jesu, von der Dreifaltigkeit bis zur Erlösungshoffnung – setzt hingegen Offenbarung voraus, weil sie (das hat Immanuel Kant auf seine Weise rekonstruiert[3]) der natürlichen Vernunft zu erkennen *a priori* unmöglich ist, steht doch in Rede, wie der je größere Gott als er selbst handelt. In den biblischen Texten, die menschliche Antworten auf die (von den Autoren und ihren Tradenten so angenommene) göttliche Offenbarung dokumentieren, sind diese Grenzen klar gezogen, ohne dass dies als eine vorläufige Phase in der Geschichte des Selbstbewusstseins angesehen werden könnte. Genau dies kann eingesehen werden: Die Vernunft klärt sich vernünftig über ihre Grenzen auf – und darüber, dass vernünftigerweise nicht gesagt werden kann, jenseits der Rationalität könne es nichts Bedeutendes geben. Die Vernunft klärt auch über den Glauben auf, indem sie ihn einer Kohärenzprüfung unterzieht und die Möglichkeit, vielleicht gar die Stimmigkeit dessen nachvollzieht, was der Glaube glaubt. So gibt der Glaube zu denken.[4]

Zweitens verkürzt Lessing das Ich derer, die durch Erziehung zu sich selbst kommen sollen. In der Schrift über die religiöse Erzie-

---

[2] *Thomas von Aquin,* Summa theologiae I 2,3.

[3] *Immanuel Kant,* Die Religion innerhalb der Grenzen der bloßen Vernunft (1793/94). Mit einer Einleitung und Anmerkungen hg. v. Bettina Strangnetti, Hamburg 2003.

[4] Vgl. *Richard Schaeffler,* Philosophische Einübung in die Theologie I-III. Freiburg i. Br. – München 2004.

hung des Menschengeschlechts scheint er nur Einzelpersonen in den Blick zu nehmen, so als ob sie lediglich für sich selbst da wären. Das ist aber gewiss nicht der Fall – wie sich auch Lessings Dramen genau entnehmen lässt. Die Vernunft selbst ist ein Kommunikationsorgan, wie die Hirnforschung deutlicher denn je erkennen lässt. Bildung ist immer Selbstbildung. Aber das Selbst ist nicht unbeeinflusst von anderen Menschen, von äußeren Einflüssen, von der Umgebung, von Dingen und Ereignissen; es entdeckt und verwirklicht sich gerade in diesen Bezügen, die zu seinem Wesen gehören. Mit Hilfe der Vernunft kann und muss dieses anthropologische Charakteristikum analysiert, interpretiert und integriert werden, humanwissenschaftlich wie theologisch.

Bringt man Gott ins Spiel, weiten sich die Dimensionen. Er ist, christlich verstanden, immer das Gegenüber, das Du des Menschen; aber er ist zugleich sein innerstes Ich. Beides ist kein Widerspruch, weil Gott – wenn er ist – kein Mensch, sondern Gott ist. Lessing hat ihn in seiner Geschichtstheologie, auf das Alte Testament blickend, vor allem als Gesetzgeber gesehen, dem der Mensch sich unterwerfen müsse. Das ist aber eine für den modernen Westen typische Verkürzung der biblischen Theologie. Wäre Gott nur eine fremde Autorität, müsste ein Mensch sich von ihm befreien, um zu sich selbst kommen zu können. Ist er aber der Schöpfer, Erhalter und Erlöser, findet ein Mensch dann zu sich, wenn er zu Gott findet – und umgekehrt. Gerade diese Theozentrik kann nicht nur die Würde, sondern auch die Freiheit des Menschen in einer Weise begründen, die von keiner menschlichen Instanz in Frage gestellt werden kann, auch vom eigenen Ich nicht.

Dieses Ich, das sich selbst bildet, kommt definitiv an ein Ende. Dass Lessing sich auf die Wiedergeburtslehre verlegt, liegt im Zug seiner Zeit, ist aber ein intellektueller Fehltritt, weil er vorauszusetzen scheint, dass in einem neuen Körper der alte Geist, der noch einer früheren Phase des Menschengeschlechts angehörte, alle Erfahrungen und Eindrücke aufbewahrt hätte, um sich weiterzubilden. Das widerspricht aber seinem eigenen (idealistischen) Bild eines Menschen, der erst durch Erziehung zu sich selbst kommt; es widerspricht auch allem, was Religionen zur Reinkarnation sagen, die nicht Belohnung, sondern Strafe ist. Bleibt man realistisch bei der Befristung menschlichen Lebens, stellt sich spätestens am Lebensende – aber auch schon bei jedem Tod mitten im Leben – die Frage nach der Absolutheit der Kontingenz oder der Transzendenz des Absoluten: Nur der Bezug auf Gott kann jenseits des Mythos das Ich in seiner irdischen Begrenzung und seiner ewigen Geborgenheit in Gottes Liebe vermitteln.

b) Bildung durch Gott

Wenn die Vernunft ihre Endlichkeit und ihre Relationalität einsieht, vermag sie sich ohne Selbstverleugnung einer transzendentalen Argumentation zu öffnen und braucht nicht die Abwehr eines von Gott erlassenen Gesetzes zu proklamieren, sondern kann es aus eigener Überzeugung bejahen – sofern dieses Gesetz das Ich nicht zerstört, sondern bejaht. Dann ist das Gesetz – in der Sprache evangelischer Theologie – Evangelium: die Gute Nachricht schlechthin, die oft auf taube Ohren stößt, aber auch eine notorische Schwerhörigkeit zu durchdringen vermag.

Nach dem Propheten Jeremia steht Gott für die Verheißung des Neuen Bundes, dass die Menschen durch eine Herztransplantation ein neues Leben geschenkt bekommen und dann Gottes Gebot nicht mehr als äußeres Gebot, sondern als innere Stimme hören, die tief aus ihrem Herzen kommt:

> »Ich werde mein Gesetz in ihr Inneres geben,
> und auf ihr Herz werde ich es schreiben.
> Und ich werde ihnen Gott sein,
> und sie, sie werden mir Volk sein.« (Jer 31,33)[5]

So wie Gott das Gesetz in Form der Zehn Gebote ursprünglich auf Stein geschrieben hat, um sie Mose zu übergeben, wird er die Tora

---

[5] Vgl. *Georg Fischer*, Jeremia 26–52 (HThKAT), Freiburg i. Br. 2005, 172–176.

nach dieser Verheißung auf das Herz der Israeliten schreiben, um sie von innen her für sie zu gewinnen. Das Gesetz ist dann kein Fremdkörper, sondern das pulsierende Zentrum des eigenen Lebens: Es gilt das geschriebene Wort – das in Fleisch und Blut übergegangen ist. Diese Vision findet sich auch bei den Propheten Jesaja und Ezechiel (vgl. Jes 54,13, Ez 36,27^{LXX}; 37,14). Dass sie kein Traum, sondern eine Realität ist, steht im Ursprung der Prophetie. Der Gottesknecht sagt nach seinem dritten Lied (das vierte wird von seinem Leiden handeln):

>*Gott, der Herr hat mir die Zunge eines Jüngers gegeben, damit ich verstehe, den Müden zur rechten Zeit ein Wort zu sagen. Morgens weckt er mein Ohr, dass ich höre wie ein Jünger.*« (Jes 50,4)

Inspiration schaltet den Verstand nicht aus, sondern ein, führt aber über den Erfahrungsraum des Alltäglichen in das Geheimnis Gottes hinein. Hören und Lernen sind Weisen des Gehorsams, der alles von Gott erwartet und deshalb ganz bei sich ist. Die Verheißung des Neuen Bundes setzt nicht das Handeln Gottes außer Kraft; aber sie entwirft das Bild, dass Menschen ihm aus ganzem Herzen zustimmen, weil sie erkannt haben, von ihm selbst belehrt, dass die Tora für sie das Beste ist.

Im frühen Judentum wie im frühen Christentum hat diese prophetische Vision einer Bildung, die Gott selbst inspiriert, intensive Reflexe ausgelöst. Sie lassen nicht nur singuläre Gestalten wie die Propheten ins Licht treten, sondern, wie es der Prophetie selbst entspricht, alle Mitglieder des Gottesvolkes – wenn es auch unterschiedliche Vorstellungen davon gibt, was dieses Volk ist und wer zu ihm gehört.

Zwei Perspektiven öffnen sich: eine, die schon hier und jetzt vorwegnimmt, was für die vollendete Zukunft verheißen ist: die wahre Erkenntnis Gottes; und eine, die sich vergegenwärtigt, dass Gott durch das Gewissen eines Menschen spricht, auch wenn er noch nichts von Gottes Wort vernommen hat.

(1) Momente der wahren Erkenntnis

Die Erkenntnis, die von der Prophetie des neuen Bundes verheißen wird, hat zwei Brennpunkte: Gott und das Selbst – und alles, was sich zwischen diesen Polen an Energie aufbaut.[6]

Gotteserkenntnis

In den Lobliedern, die aus Qumran-Höhlen geborgen worden sind, melden sich fromme jüdische Stimmen, die Gott zutiefst für die Gnade der Erwählung dankbar sind:

> »Du, mein Gott, hast mich gesetzt ins Astwerk, die heilige Gemeinde.
> Du hast mich in deinem Bund belehrt,
> und meine Zunge war wie die deiner Jünger.« (1QH 7,10)[7]

Die heilige Gemeinde ist das Israel der Erwählung Gottes, das in Distanz zu Jerusalem und zu den Hohenpriestern steht. Diese Gemeinde ist wie ein Baum, den Gott selbst gepflanzt hat. Wer ein Teil von ihm ist, ist erwählt – und entspricht dieser Berufung, wenn er ein Schüler wird, den Gott selbst unterrichtet. Die Lektionen, die er aufgenommen hat, waren so prägend, dass der Schüler wie ein Jünger Gottes spricht: wie ein Prophet, der Gottes Wort sagt und seine Lehre verkündet.

Im frühen Christentum sind ähnliche Vorstellungen lebendig, nur in einem anderen Bezugsrahmen, der durch den Christusglauben gespannt wird. So heißt es in den Schlusswendungen des Barnabasbriefes, der dem Mentor des Paulus zugeschrieben wird, aber apokryph ist (und um 130 n. Chr. geschrieben sein dürfte):

---

[6] Vgl. *Heinz Schürmann*, Das drei-einige Selbst im Licht paulinischer Anthropologie, in: Thomas Söding (Hg.), Der lebendige Gott. Beiträge zur Theologie des Neuen Testaments. Festschrift für Wilhelm Thüsing zum 75. Geburtstag (Neutestamentliche Abhandlungen 31), Münster 1996, 389–429.

[7] Übersetzung nach *Eduard Lohse*, Die Texte aus Qumran. Hebräisch und Deutsch, München 1971, 138f.

»[5]Gott, der Herr der ganzen Welt, gebe euch Weisheit, Scharfsinn, Wissen, Erkenntnis seiner Rechtsforderungen, Geduld. [6]Lasst euch von Gott belehren, indem ihr erforscht, was der Herr von euch fordert, und tut es.« (Barn 21,5f.)[8]

Der Barnabasbrief schaut in die Zukunft, die freilich nicht auf den St. Nimmerleinstag verschoben wird, sondern sich bereits an dem Horizont abzeichnet, auf den die Adressaten zugehen sollen. Gott schenkt Wissen und Urteilskraft; dadurch sollen die Gläubigen selbst zu forschen beginnen. Was Gott schenkt, wird gelebt; die Berufung wird beantwortet; die Lektionen werden gelernt. Diese Dialektik ist typisch.[9]

Paulus erinnert im Ersten Thessalonicherbrief an die Bruderliebe, in der die Gemeindemitglieder »von Gott gelehrt« worden seien:

»Über die Bruderliebe brauche ich euch nicht zu schreiben; denn ihr seid selbst von Gott belehrt, einander zu lieben.« (1Thess 4,9)

Die »Bruderliebe« ist die innergemeindliche Form der Nächstenliebe.[10] Die Kirche von Thessalonich ist noch ganz jung; sie ist stark bedroht. Deshalb muss der Zusammenhalt gestärkt werden. Aber die Bruderliebe ist nicht nur eine effektive Überlebensstrategie. (Bis heute gibt es die Kirche in Saloniki.) Sie ist eine Lektion Gottes selbst. Paulus prägt an dieser Stelle das Wort *theodídaktos*. Gott ist danach ein Didaktiker, ein Lehrer; die Thessalonicher sind bei ihm in die Schule gegangen. Das genau ist das Ziel der apostolischen Sendung, auf die Paulus mit seinem Brief zurückblickt. Gott hat die Adressaten durch den Mund des Apostels gelehrt, der seinerseits das Wort Gottes verkündet (1Thess 2,13; 4,1f.). Das Ziel dieser Belehrung ist nicht Abhängigkeit, sondern Autonomie: Die Thessalonicher haben sich das Wort zu eigen gemacht;

---

[8] Vgl. *Ferdinand R. Prostmeier,* Der Barnabasbrief (KAV 8), Göttingen 1999, 571–574.
[9] Vgl. *Michael Theobald,* Gottes-Gelehrtheit (1Thes 4,9; Joh 6,45) – Kennzeichen des Neuen Bundes?, in: Christian Frevel (Hg.), Für immer verbündet. Studien zur Bundestheologie der Bibel. FS Frank-Lothar Hossfeld (SBS 211), Stuttgart 2007, 249–260.
[10] Vgl. *Thomas Söding,* Nächstenliebe. Gottes Gebot als Verheißung und Auftrag, Freiburg i. Br. 2015, 244–250.

es ist ihres; sie lassen sich, wenn sie konsequent bleiben, nicht irritieren (vgl. Röm 14,22). Sie wissen, dass sie es sich nicht selbst gesagt haben und dass sie ohne Paulus und seine Mitarbeiter nicht ihren neuen Lebensweg gefunden hätten. Aber nun gehen sie ihn – ohne die Brücken zu Paulus und zu den Weggenossen in anderen Gemeinden abgebrochen zu haben. Es ist ihre Einsicht und Entscheidung, dass sie die Verbindungen stärken – und dann ihrerseits diejenigen stärken, die gleichfalls glauben. Die Autonomie, die auf Gott zurückgeht, ist nicht Autarkie, sondern verstandene Verkündigung, angenommene Belehrung und begründete Verantwortung – in genau den Beziehungen, aus denen das Liebesgebot stammt: zu Gott und zum Nächsten. Das Subjekt der Autonomie ist die Ekklesia (»ihr«), in der sich die Einzelnen als Glaubende, Hoffende und Liebende wiederfinden. Wie es der Liebe entspricht, wissen diejenigen, die Gott selbst bekehrt hat, dass sie nicht »ich glaube« sagen können, ohne gleichzeitig »wir glauben« zu sagen. Paulus reflektiert die Qualität der apostolischen Predigt, die Gewissheit des Glaubens und die Sendung der Ekklesia. 1Thess 4,9 ist Teil eines ganzen Netzwerkes von paulinischen Wendungen, die an die Kompetenz der Gläubigen appellieren, selbst zu urteilen und danach ihr Handeln auszurichten (Röm 6,3; 7,1; 11,2; 1Kor 3,16; 6,2f.15f.19; 9,24; 10,15; Phil 4,15; 1Thess 1,4f.; 2,1f.5.11; 5,2). Es ist ein Kriterium apostolischer Verkündigung, diese Lernprozesse im Glauben anzustoßen, zu begleiten und zu fördern, so dass die Kirche als eine Lerngemeinschaft lebendig werden kann.

Nach dem Johannesevangelium zitiert Jesus in der Synagoge von Kapharnaum Jes 54,13 und bezieht die Lehre durch Gott, die der Prophet verheißt, auf die Jüngerschaft bei ihm:

> »Es steht geschrieben in den Propheten: ›Und es werden alle von Gott Belehrte sein‹. Jeder, der vom Vater hört und lernt, kommt zu mir.« (Joh 6,45)

In der gesamten Rede geht es um die Möglichkeit des Glaubens an Jesus. Der Glaube ist die umfassende Bestimmung menschlichen Lebens durch die Liebe Gottes. Im Satz zuvor wird der Glaube als

Gnade vorgestellt, in die hineinfindet, wen der Vater »zieht« (Joh 6,44). Im Satz danach wird die einzigartige Qualität des Lehrens Jesu darin begründet, dass er, von Gott gekommen, den Vater »gesehen hat« (Joh 6,46), mithin aus eigener Anschauung und deshalb authentisch von Gott sprechen kann. Vers 45 verbindet beides. Gott ist der wahre Lehrer; von ihm ist in den prophetischen Büchern Israels die Rede. Johannes teilt diese Überzeugung voll und ganz. Aber er lässt Jesus verkünden, dass diese verheißene Lehre jetzt Gegenwart ist – weil Jesus das Wort Gottes verkündet, das er sogar verkörpert (Joh 1,14). Deshalb kommt, wer von Gott lernt, zu Jesus – zumal der Evangelist mit Berufung auf Jesus sicher ist, dass die Propheten einen Sinnhorizont öffnen, der durch den Messias gefüllt wird. Wer zu Jesus kommt, lernt bei ihm genau das, was Gott lehrt. Nicht an Jesus vorbei, sondern mit ihm, durch ihn, in ihm lehrt Gott.

Die Direktheit der Gotteslehre wird von Jesus gegen die Skepsis der Gottesdienstbesucher in Kapharnaum geltend gemacht, aber mit Gott und mit der Prophetie. Die Zustimmung zu Gott und seiner Lehre wird nicht erzwungen, aber ermöglicht. Es ist das Wesen des Lehrens, dass die Lehre nur durch qualifiziertes Lernen, das Wissen und Überzeugung vermittelt, ankommen kann. Deshalb ist es die Wahrheit, die befreit (Joh 8,32) – dadurch, dass sie gelehrt und geteilt wird. Jesus ist bei Johannes der Lehrer, der seinerseits von Gott gelernt hat (Joh 7,16) und deshalb alle anderen Lehrer dazu anhält, bei ihm in die Lehre zu gehen.

Während das Lehren Jesu in der Synagoge von Kapharnaum ein geteiltes Echo auslöst und genau diese kritische Wirkung auch haben soll, beschreibt der Erste Johannesbrief die positiven Wirkungen. Er setzt bei der Taufe an, die (wie in der Liturgie heute) mit einer Salbung verbunden wird und für den Status der Gemeindeglieder, die sich in der Regel als Erwachsene bekehrt haben, entscheidende Bedeutung für ihr ganzes Leben hat, weil ihr Denken und Fühlen, ihr Beten und Handeln beeinflusst ist:

>*»Die Salbung, die ihr empfangen habt, bleibt in euch; so habt ihr es nicht nötig, dass jemand euch belehrt, sondern wie diese Salbung euch belehrt über alles, ist es auch wahr und keine Lüge; und so, wie sie euch belehrt hat, bleibt ihr in ihm.«*
(1Joh 2,27)

Die »Salbung« ist ein Ritus, der nach dem Alten Testament Priester (Ex 29,7), Könige (1Sam 16,13) und Propheten (Jes 61,1f.) in ihr Amt einsetzt. Die Salbung drückt aus, welche Würde und Kraft, welche Schönheit und welchen Segen Gott verleiht. Nach dem Johannesevangelium ist der Täufer Zeuge für die Geistbegabung Jesu bei der Taufe im Jordan. Nach Paulus ist die Taufe eine Salbung, die mit Christus verbindet (2Kor 1,21f.). Im Ersten Johannesbrief wird die Parallele gezogen. Der griechische Ausdruck *chrisma* hebt durch die Nachsilbe auf den Effekt ab. Es steht also weniger der Vorgang denn die Wirkung der Taufe vor Augen, das Getauftsein. Die Taufe ist der Beginn des ewigen Lebens. Sie steht mit dem Glaubenswissen, an das appelliert wird, in einem inneren Verhältnis. Da Taufe und Katechese eng verbunden sind, versteht sich, dass der Briefautor an Kenntnisse appellieren kann, die mit dem Ritus verbunden sind. Er selbst vermittelt ein lebenswichtiges Wissen: Kind Gottes zu sein, definitiv. Das darf einem niemand ausreden; es bedarf nur der Konzentration auf die Salbung, um es zu verteidigen und zu vertiefen.

Selbsterkenntnis

Im Hebräerbrief wird Jer 31 breit zitiert (Hebr 8,10ff.). Im Kontext geht es weniger um Erziehung und Bildung als um eine Gegenüberstellung des »alten« und des »neuen« Bundes, der als der bessere erklärt wird, weil er dadurch geprägt wird, dass »ein für alle Mal« die Sünden vergeben sind (Hebr 8,13). Gleichwohl sind die Verse interessant. Denn sie folgen der Version der Septuaginta, die (statt des hebräischen Plurals) den Singular setzt.

»*Keiner wird mehr seinen Mitbürger belehren und keiner seinem Bruder sagen: ›Erkenne den Herrn‹; denn alle werden mich erkennen, vom Kleinsten bis zum Größten von ihnen.*« (Hebr 8,11– Jer 31,34)

Mit dem Singular ist nicht nur die Verantwortung des Einzelnen angesprochen; es könnte sich auch um eine Anspielung auf das Motto handeln, das zum Orakel von Delphi[11] gehört:

»Erkenne dich selbst (*gnothi sauton*).«

In der Eingangshalle des Apollon-Heiligtums von Delphi waren – nach Plinius dem Älteren (*nat.* VII 32 [§ 118f.]) in goldenen Lettern – Worte der Sieben Weisen angebracht, darunter dieses. Nach Platon ist es die erste Maxime aller sieben Weisen (*Prot.* 343ab), nach Aristoteles ein Spruch der Pythia, nach seinem Schüler Klearch von Soloi die Antwort, die der Weise Chilon vom Orakel auf die Frage bekommen habe, was der Mensch vor allem lernen müsse; nach Juvenal ist dieses Wort »vom Himmel herabgestiegen« (11,27: *e caelo descendit*).

Ursprünglich ist das Wort eine Aufforderung zur Demut: Kein Mensch ist ein Gott; wer zum Orakel geht, muss bereit sein, den Spruch der Götter zu hören, zu verstehen und zu befolgen. Besonderen Anlass, sich dieses Wort sagen zu lassen, haben der antiken Überlieferung zufolge der Halbgott Prometheus (Aischylos, *Prometheus* 309f.), der reiche König Kroisos (Xenophon, *cyropaedia* VII 2,20–35) und der unwiderstehliche Eroberer Alexander der Große (Dion Chrysostomos 4,55–58). Im Lauf der Zeit gewinnt das Wort aber eine andere Nuance: Wer sich selbst erkennt, ist auf dem Weg zum eigenen Ich. Freilich führt dieser Weg nicht – wie in der Neuzeit – in den Individualismus, sondern zur Entdeckung der Subjektivität im Kosmos, der von den Göttern bestimmt ist und sich sozial in der *polis,* dem Gemeinwesen, darstellt.

Zuweilen wird das Motto selbstbewusst gedeutet, so von Cicero, der ihm die Möglichkeit entnimmt, das Göttliche zu erkennen (*res*

---

[11] Vgl. *Marius Reiser,* Erkenne dich selbst! Selbsterkenntnis in Antike und Christentum, in: Trierer Theologische Zeitschrift 101 (1992) 81–100.

publica V 26: *deum te igitur scito esse).* Typisch ist die Mahnung, die eigenen Grenzen anzuerkennen. Aristoteles erkennt im Wort den Hinweis auf das, was ein Mensch wirklich weiß und nicht weiß (Plutarch, *moralia* 118 C). Diesen Takt gibt Sokrates vor. Der griechische Dichter Aristophanes sagt es derb: was man bei Sokrates (»Ich weiß, dass ich nichts weiß«) lerne?

> *»Dich selbst erkennen, wie ungebildet und dämlich zu bist.«* (nub. 842)

Nach Plato hat Sokrates deshalb zu philosophieren begonnen, weil das delphische Orakel ihn für den weisesten aller Menschen erklärt hat (*apologia* 21a-23b). Nach dem Phaidros aber zieht er sich aus allen öffentlichen Disputationen zurück:

> »Ich kann noch immer nicht nach dem delphischen Spruch mich selbst erkennen. ... Ich denke an mich selbst, ob ich etwa ein Ungeheuer bin, noch verschlungener gebildet und ungetümer als Typhon, oder ein milderes, einfacheres Wesen, das sich eines göttlichen und edleren Teils der Natur erfreut.« (Platon, *Phaidron* 229e–230a)

Der Grund: Die letzte Unklarheit in der Unterscheidung zwischen Gott und Mensch, wie sie auch bei Sokrates und Plato bleibt, führt zu einer letzten Unklarheit des Menschen im Verständnis seiner selbst.

Die delphische Maxime wird im hellenistischen Judentum adaptiert. Ein Zeichen setzt die griechische Übersetzung des Hohenliedes. Im Eingangsgedicht heißt es:

> »[7]*Sage mir an, den meine Seele liebt: Wo gehst du auf die Weide? Wo ruhst du am Mittag? Was soll ich herumsuchen bei den Herden deiner Gefährten?«*
> »[8]*Wenn du dich selbst nicht kennst, du Schöne unter den Frauen, geh hinaus zu den Spuren der Schafe und weide deine Zicklein bei den Zelten der Hirten.«* (Hld 1,7f.)

Im hebräischen Original steht die Frage: »Weißt du es nicht?«. Die griechische Übersetzung spielt auf das Orakel von Delphi an. Sie basiert auf dem allegorischen Verständnis des Buches als Liebeslied zwischen der Tochter Zion und Gott resp. dem Messias. Nach Vers 7 fragt die Frau – mit der Stimme Israels; nach Vers 8 antwortet der Mann – mit der Stimme Gottes. Die Frau, das Volk Gottes (und damit bei christlicher Lektüre: die Kirche), weiß nicht, wo Gott ist. Der Mann Gottes, der Überlieferung nach Salomo, führt ihre Unsicherheit auf mangelnde Selbsterkenntnis zurück: Sie nimmt sich nicht als Geliebte Gottes und damit nicht als sie selbst wahr. Der Weg der Selbsterkenntnis ist deshalb der Weg zu Gott. Diesen Weg kann sie finden: Andere Schafe aus der Herde Gottes haben Spuren hinterlassen, denen sie folgen soll; dann gelangt sie zu den Zelten der Hirten – ein altes Bild für die Häuser, in denen sich das Gottesvolk versammelt.

Philo von Alexandrien erkennt im biblischen »Achte auf dich selbst!« (Gen 24,6; Ex 10,28; 23,21; Dtn 15,9; 24,8) den Ur-Sinn des delphischen Wortes (*de migratione Abrahami* 8). Zur wahren Selbsterkenntnis kommt Abraham:

> »Ich bin nur Staub und Asche.« (Gen 18,27: imm. 161; her. 30; de somniis 1,60)

Sich Abrahams Einsicht zu eigen zu machen, heißt nach Philo, die eigene Nichtigkeit anzuerkennen (*de mutatione nominis* 54; *de somniis* 1,212). Dies ist die Voraussetzung, des Segens Gottes teilhaftig zu werden. Philo nimmt die biblische Grundunterscheidung zwischen Gott und Mensch auf, gelangt aber im hermeneutischen Horizont des Mittelplatonismus zu einem Leib-Seele-Dualismus, der ihn dazu führt, Gott nur da erkannt zu sehen, wo das irdische Ich überwunden und durch das geistige Ich ersetzt worden ist, die wahre, von Gott gestiftete, wenngleich auf Erden verschattete Identität, die sich dem Logos verdankt, ja: in ihm besteht.

Im Neuen Testament wird das: »Erkenne dich selbst«, nur indirekt rezipiert, am klarsten bei Paulus. Sein pastorales Bemühen um die Gemeinde von Korinth fasst er so zusammen:

> »Prüft euch selbst, ob ihr im Glauben seid. Beurteilt euch selbst. Oder habt ihr euch nicht selbst erkannt, dass Jesus Christus in euch ist? Wenn nicht, wäret ihr ja durchgefallen.« (2Kor 13,5)

In der Einheitsübersetzung von 1979 ist allerdings nicht von Selbsterkenntnis, sondern, im Stil der 1970er, von Selbsterfahrung die Rede. Aber Paulus sieht die Korinther auf dem Weg des Wissens, der

Selbstprüfung und Selbstbeurteilung. Es geht ihm dabei nicht um Intelligenztests oder Schulnoten. Im Lichte autobiographisch stimulierter Reflexionen (wie Phil 3,4–8 und Gal 2,19f.) gewinnt der Satz vielmehr soteriologische Bedeutung. Sie führt zum Kern christlicher Anthropologie. Das »Selbst«, das zur Freiheit findet, ist das Ich des Gläubigen, in dem der gekreuzigte und auferstandene Messias als der lebt, der »mich geliebt und sich für mich dahingegeben hat« (Gal 2,19). Christus prägt nicht nur den Geist (1Kor 2,11a; Röm 8,8f.16; Gal 6,18: *pneuma*), sondern auch den Leib (1Kor 6,15.19: *soma*), nicht nur das Herz (2Kor 4,6; Röm 5,5: *kardía*), sondern auch den Verstand (2Kor 3,14–18: *nous*). Gut biblisch hält Paulus die radikale Differenz zwischen Gott und Mensch als Bedingung der Möglichkeit menschlicher Selbst-Erkenntnis fest. Er überwindet den philonischen Dualismus durch Rückbesinnung auf die biblische Anthropologie der Leib-Seele-Einheit des Menschen. Das entscheidende Argument leitet er aus der Christologie ab: Bei Jesus sind Leib, Geist und Seele eins; bei ihm macht die Gottesbeziehung sein Leben aus – so soll es bei denen sein, die ihm folgen, weil er sich mit ihnen identifiziert und sie dies in einer Weise erkennen, dass sie ihn lieben

Jesus nimmt zur Selbsterkenntnis im Wort vom Splitter und Balken Stellung:

> *»Was siehst du den Splitter im Auge deines Bruders, den Balken in deinem Auge aber erkennst du nicht? Oder wie kannst du zu deinem Bruder sagen: ›Lass, ich werde dir den Splitter aus deinem Auge ziehen‹ – und siehe, ein Balken steckt in deinem Auge?«* (Mt 7,3f. par. Lk 6,41f.)

Die Selbsterkenntnis umschließt hier die Erkenntnis der eigenen Schuld. Aber die Pointe ist eine soziale: Niemand soll einen anderen Menschen als Sünder verurteilen; zuerst steht eine Selbstprüfung an, die zu einer womöglich bitteren, aber heilsamen Desillusionierung führt, insbesondere auch zum Verzicht auf ein Richten, das einen anderen Menschen – wenigstens moralisch – vernichtet.

Eine apokryphe Tradition nähert Jesus Sokrates an, hält aber die Fahne des christlichen Glaubens hoch. Im Thomasevangelium heißt es als Jesuswort:

»Wenn ihr euch selbst erkennt, werdet ihr erkennen, dass ihr Söhne des lebendigen Vaters seid.« (ThEv 3 – POxy 654)

Wenn aus diesem Wort Gnosis spricht, wie ein Teil der Forschung meint, ist sie orthodox. Die Gottessohnschaft macht die Identität der Jünger Jesu aus; deshalb bedeutet Selbsterkenntnis die Wahrnehmung der Gotteskindschaft – und die begründet die Fähigkeit zur Selbsterkenntnis. Ein hermeneutischer Zirkel: Jesus selbst hätte es nicht besser ausdrücken können.

Von der Theo-Didaktik, die Momente wahrer Erkenntnis verheißt und nachhaltig werden lässt, kann nur dort die Rede sein, wo Gottes Wort – oder das, was Menschen als solches wahrnehmen – laut geworden ist. Wo es gehört wird, verändert sich das Hören. Es entsteht nicht blinder Gehorsam, sondern helle Aufmerksamkeit. Es wird aber auch klar, dass es Selbstbildung nur in einem Horizont gibt, den Gott selbst öffnet. Gläubigen wird dies für sich selbst klar; es ist genau das Glaubenswissen, von dessen Wahrheit sie überzeugt sind. Wer als Atheist oder Agnostiker diesen Glauben beobachtet, wird auf eine Illusion schließen, braucht aber die inhärente Logik des Glaubens nicht zu verkennen, sondern kann – der Bergpredigt entsprechend (Mt 7,16.20) – auf dem Kriterium bestehen, dass man diejenigen, die große Worte im Munde führen, an ihren Früchten erkennen solle; das heißt hier: an ihrem Einsatz für die Bildung möglichst vieler, an ihrer eigenen Geistesfreiheit, an ihrer Fähigkeit, die Selbst- und Weltbilder von Menschen, die nicht an Gott glauben, nicht zu zerstören, sondern auf die Weise des Glaubens mit Gott zu verbinden, also durchaus wegen religiöser Surrogate oder Fehlstellen zu kritisieren, aber ebenso in ihren humanen Potentialen zu transzendieren.

(2) Die Stimme des Gewissens

Paulus kennt nicht nur das Motiv einer Theo-Didaktik, die jetzt schon lernen lässt, was – solange die Zeit währt – künftige Erkenntnis werden kann. Er schaut auch auf jene Weisen eines Erkennens, die nicht durch die Begegnung mit dem Wort Gottes stimuliert werden. Hier koaliert er nicht mit der alttestamentlichen Prophetie, sondern mit der antiken Philosophie, vor allem der Stoa. (Im Alten Testament hat die Weisheit dieses Potential, weil sie im Ansatz international, interreligiös und interkulturell ist; aber Paulus hat sie in einer Entwicklungsphase kennengelernt, da sie durch den Bezug auf Gott durchformatiert war, so dass sie als Argumentationsforum eher im inner-jüdisch-christlichen Gespräch dienen zu können schien.) Paulus hat starke Ansätze einer Theologie des Gewissens entwickelt, die keineswegs einfach die Subjektivität verabsolutiert, aber die Überzeugungen und Haltungen des Einzelnen betont – der nie vereinzelt ist. In seinen Briefen spricht er vom Gewissen, das Menschen haben, bevor sie – als Juden oder Christen – mit dem Wort Gottes in Kontakt gekommen sind, aber auch von jenem Gewissen, das durch den Glauben gebildet worden ist.[12] In beiden Fällen gilt: Das »Gewissen« ist für Paulus eine letztverbindliche moralische Instanz; schon der griechische Begriff *syneidesis* (lateinisch: *conscientia),* überwörtlich: Mit-Wissen, zeigt an, dass es nicht der einsame Rückzugsort des Ich ist, sondern das Forum eines persönlichen Wissens, eines moralischen Bewusstseins, auf dem das Ich sich mit anderen verbindet: bei Paulus mit Gott und der Welt.

Das Gewissen der Christen

Im Ersten Korintherbrief sorgt Paulus sich um das »Gewissen« der Schwachen, die durch die »Freiheit« der »Starken« (zu denen der Apostel sich selbst zählt) nicht verführt werden dürfen, am Evangelium »Anstoß« zu nehmen, heißt: gegen die eigenen Überzeugungen zu handeln und am Ende vom Glauben abzufallen drohen (1Kor 8,7.10.12; 10,28f.). Den Anlass bildet ein Streit über das »Götzen-

---

12 Vgl. *Hans-Jörg Eckstein, Der Begriff* Syneidesis bei Paulus. Eine neutestamentlich-exegetische Untersuchung zum Gewissensbegriff (WUNT II/10), Tübingen 1983; *ders.,* Der Begriff »Gewissen« bei Paulus und in seinem Umfeld, in: *ders.,* Der aus Glauben Gerechte wird leben. Beiträge zur Theologie des Neuen Testaments, Münster 2003, 73–77.

opferfleisch«. Es handelt sich um das Fleisch rituell geschlachteter Tiere, das auf dem Markt verkauft oder bei einem Gastmahl vorgesetzt wird. Ein Teil der Korinther sieht keinerlei Probleme, solches Fleisch zu essen, weil es ja keine Götzen gibt, sondern nur den einen Gott. Ein anderer Teil aber hat Skrupel, weil man sich mit unreinem Fleisch religiös vergiften könnte. Paulus ist theologisch auf Seiten der »Starken«, die es mit ihrer Freiheit halten, die aus Erkenntnis rührt. Aber moralisch hält er es mit den »Schwachen«, die nicht dazu verleitet werden dürfen, gegen ihr Gewissen zu handeln.

Daraus folgt eine Doppelstrategie. Einerseits zögert Paulus nicht, das Gewissen, wo es »schwach« ist, zu stärken. Dies geschieht durch Gewissensbildung: Den »Schwachen« wird mit Verweis auf das Bekenntnis zum einen Gott vor Augen geführt, dass sie keine Angst vor religiöser Kontaminierung zu haben brauchen, wenn sie das Fleisch von Tieren essen, die den Göttern geopfert worden waren (1Kor 10,25.27f.). Sie brauchen weder auf dem Markt noch bei einer Einladung nachzufragen, sondern können das Essen genießen (zumal Fleischgenuss in der Antike für Arme eher eine große Ausnahme, ein kleiner Luxus gewesen ist).

Andererseits treibt Paulus mehr Aufwand, um das Gewissen der »Starken« zu bilden. Den Grundsatz stellt er gleich an den Anfang:

»Wissen (gnosis) bläht auf, Liebe (agape) baut auf.« (1Kor 8,1)

Zur Gewissensbildung der »Starken« gehört es vor allem, das Gewissen der »Schwachen« zu achten. Sie brauchen ihre Erkenntnis nicht zu verleugnen.

»Weshalb wird meine Freiheit von einem anderen Gewissen gerichtet?« (1Kor 10,29)

Aber sie sollen in Freiheit auf eine Freiheit verzichten, die der andere nur als Verrat deuten kann, als Anstoß, der ihn selbst zu Fall bringt. Das soll ihnen ihr Gewissen sagen.

Das Gewissen der Gläubigen ist also für Paulus im Kern kommunikative Kompetenz: ein Organ der Liebe, das als solches geschult werden kann und soll, damit es seiner selbst bewusst wird und unabhängig zum Handeln motivieren kann: im Interesse derer, die auf Sympathie und Solidarität angewiesen sind. Das Mit-Wissen des gläubigen Gewissens ist die Einstimmung in Gottes Liebe, die das Heil des Bruders und der Schwester höher schätzt als die eigene Position – und deshalb erkennt, dass die Liebe wahres Wissen ist, nichts sonst (1Kor 8,2f.; vgl. 1Kor 13). Die Verkündigung des Glaubens zielt auf das Gewissen, weil sie die Menschen nicht überreden, sondern überzeugen und nicht nur informieren, sondern transformieren will (2Kor 4,2).

An dieser positiven Theologie des Gewissens hängt, dass auch die Spätschriften des Neuen Testaments einerseits die Gewissenhaftigkeit der Verkündigung (vgl. Apg 23,1; 24,16 und 1Tim 3,9; Tit 1,5), andererseits die Gewissensbindung des Glaubens betonen (1Tim 1,15.19 vs. 4,2). In beiden Hinsichten geht es um eine reflektierte Überzeugung, die personal integriert und deshalb moralisch orientiert ist, nicht nur spontan, sondern habituell.

Das Gewissen der Heiden

Im Römerbrief beleuchtet Paulus die Kehrseite. Er begründet (in Röm 1,18–3,20), weshalb Juden wie Griechen unter dem Zorn Gottes stehen, den seine Gerechtigkeit durch Jesus Christus verwinden wird. Der Zorn Gottes ist heilig; er fängt seine Ablehnung des Unrechts ein, seine Verwerfung des Bösen, seine Verletzung durch Sünden, nicht zuletzt seine Empathie mit den Opfern menschlicher – oder unmenschlicher – Missetaten. Seine Gerechtigkeit verurteilt die Sünder, begnügt sich aber nicht mit der Sanktionierung einer Strafe, sondern schafft in einer so umfassenden Weise Recht, dass diejenigen, die böse handeln, weil sie böse sind, verwandelt und zu neuen Menschen gemacht werden, die gut handeln, weil sie gut sind. Dies geschieht durch die Proklamation des Evangeliums (Röm 1,16f.), die auf den Glauben aus ist, d. h. eine freie Zustimmung, die Spiritualität und Ethik, Rationalität und Engagement verbindet.

In Röm 1,18–3,20 begründet Paulus die Gerechtigkeit des Zornes Gottes. Dazu weist er mit Hilfe der Heiligen Schrift und der

Vernunft nach, dass kein Mensch von Sünde frei ist und mithin jeder Mensch auf Vergebung angewiesen ist. Nur die Vergebung durch Gott kann die Sünder zu Gerechten machen (die dann immer noch schwach bleiben, aber sich von Gottes Barmherzigkeit gehalten wissen dürfen). Die Juden, so das Urteil des Apostels, haben zwar die Tora, halten sie aber nicht (Röm 2,17–29). Die Heiden haben ihr Gewissen – und verstoßen dagegen (Röm 2,12–16). Deshalb sind Juden wie Heiden auf die Gnade der Rechtfertigung durch den Glauben angewiesen.

Um die Verantwortung aller Menschen für ihr Verhalten zu unterstreichen, betont Paulus die Verbindlichkeit der Gewissensentscheidung. Um deren Rang zu erklären, verbindet Paulus sie mit dem »Gesetz«, zumal er in der parallelen Argumentation die Juden bei ihrer Gesetzeskenntnis behaftet, die durch und durch positiv ist, aber nicht vor der Sünde bewahren kann, sondern sie als solche kenntlich macht. Der Bezug zur Tora ist dialektisch: Es gibt keine Identität, aber eine Analogie, weil auch das, was das Gewissen den Heiden sagt, verbindlich ist und weil die Tora nach Paulus (der mitten im Judentum seiner Zeit steht) die Ordnung der Schöpfung expliziert, also »Naturrecht« ist. Paulus formuliert den Zusammenhang so, dass er von Autonomie spricht:

> »[14]Wenn die Völker, die das Gesetz (nómos) nicht haben, der Natur gemäß (phýsei) tun, was des Gesetzes ist, sind sie, die das Gesetz nicht haben, sich selbst Gesetz (heautoîs eisin nómos). [15]Sie weisen auf das Werk des Gesetzes, das in ihre Herzen (kardíais) geschrieben ist, weil ihr Gewissen (syneídesis) mit Zeugnis ablegt und ihre Gedanken einander anklagen und verteidigen.« (Röm 2,14f.)

Paulus denkt in Röm 2 nicht eschatologisch, sondern schöpfungs- und geschichtstheologisch. Er redet von Autonomie (V. 14), weil das Gewissen, das zur Geschöpflichkeit aller Menschen gehört, ihnen gebietet, zu tun, was es sagt, und im Streit beurteilt, was sie getan haben. Für Paulus ist das Gewissen, dessen Ruf Gesetz ist, eine Gabe des Schöpfers, die angenommen und genutzt werden soll. In Röm 2 redet er nicht vom irrenden, sondern vom gebietenden und richtenden Gewissen. Der Apostel hat keinen Zweifel, dass der

Kompass des Gewissens auf das Rechte, das Gerechte und Gute zeigt und dass Sünde immer ein Verstoß gegen das Gewissen ist, das gerade deshalb geschützt werden muss. Er denkt nicht, dass das Gewissen etwas gebieten kann, was gegen die Natur *(physis)* geht, die für ihn die Schöpfungsordnung Gottes ist. Wer aber naturgemäß – heißt: schöpfungskonform – lebt, folgt dem Ruf des Gewissens. Wer ihm nicht folgt, handelt gegen Gott und den Nächsten und *eo ipso* gegen die eigene Natur.

Aus diesem Gewissensbegriff folgt, dass die Verkündigung des Wortes Gottes zwar ein neues Denken fordert (Röm 12,1f.), aber die Natur nicht zerstört, sondern übersteigt, indem sie den Schöpfer als den Vater Jesu bekannt macht, der die Menschen befreit. Paulus hat den Gedanken – auf die Rechtfertigungslehre fokussiert – nicht so weit verfolgt, dass auch das Gewissen derer zu achten ist, die nicht auf das hören wollen, was ihnen als Wort Gottes verkündet wird. Aber es liegt in der (lange verkannten) Konsequenz der paulinischen Theologie, diesen Weg zu verfolgen. Wäre es anders, müsste sich die Kirche aus der Bildungsdebatte verabschieden.

(3) Bildung in Liebe

Die Pointe der neutestamentlichen Autonomie-Konzepte ist nicht eine Realisierung persönlicher Freiheit gegen, sondern mit Gott, der für sie eintritt. Glaube ist Freiheit, die Gottes Liebe bejaht. Er ist eine eschatologische Realität, die durch Jesus bejaht und gerechtfertigt wird. Er ist insofern Selbstbestimmung, als das Selbst durch den Bezug auf Gott und den Nächsten konstituiert wird. Durch den Glauben werden die kommunikativen Beziehungen, in denen »ich« stehe, nicht abgebrochen, sondern aufgewertet. Sie werden mit Gott verbunden und dadurch als eschatologische Realität erkannt, die nicht auf Einbildung beruht und deshalb nicht einschränkt, sondern auf Einsicht und deshalb aufbaut.

Für die Bildungsdebatte folgen aus dieser Theologie einschneidende Konsequenzen. Die Verheißung des Neuen Bundes begründet eine Kritik an allen Zwischeninstanzen der Lehre; sie alle sind vorläufig. Die Verheißung zielt auf eine direkte Kommunikation, die das Ich und Wir einer Glaubensgemeinschaft als Subjekt freier Zustimmung zu Gottes Wort konstituiert. Diese Verheißung ist nie ganz realisiert, aber nach jüdischer und christlicher Theologie auch nie gar nicht. Deshalb ist es die Aufgabe einer Lehre, die von der Verheißung getragen wird, sich selbst überflüssig zu machen und eine Selbstbildung zu fördern, die, jesuanisch gesprochen, im Kairos des Glaubens (Mk 1,15) Gott erkennt und dadurch das Ich in genau den Beziehungen wahrnimmt, die Gott und der Natur, heißt: der Erschaffung des Menschen gemäß sind. Weil die Orientierung in der Welt, die Unterscheidung der Geister, die Kritik aller Erziehungsansprüche zum selbstbestimmten Leben der Menschen gehören, sind aus theologischen Gründen umfassende Kenntnisse und Kompetenzen Erziehungsziele – so wie sie unter den Bedingungen eines individuellen Menschenlebens sinnvollerweise gesteckt und erzielt werden können. Aus demselben Grund ist es auch die Aufgabe der politischen Gemeinschaft, die Erziehung möglichst vieler durch eine möglichst gute Organisation des Bildungswesens zu fördern. Aus wiederum theologischen Gründen – zu denen es in der Moderne säkulare Entsprechungen gibt – darf zwischen Geschlechtern, Religionen, Berufen, Herkunftsfamilien, Einheimischen und Fremden nicht prinzipiell unterschieden werden. Denn alle Menschen sind Ebenbilder Gottes, die als solche zur Selbstbestimmung in Freiheit bestimmt sind.

Im Hohenlied der Liebe reflektiert Paulus die Grenzen dieses notwendigen Projektes – nicht lediglich jene, die politischer Korruption, menschlicher Faulheit oder sozialer Ideologie geschuldet sind, sondern vor allem diejenigen, die sich aus der *condition humaine* ergeben: aus der Begrenztheit des Lebens. Sie begründet Grenzen des Wissens – gerade auch des Wissens über Gott. Aber sie begründet nicht die Illusion, sondern die Realität der Liebe:

»[8]*Die Liebe fällt niemals.*
Seien es Prophetien – sie werden hinfällig.
Seien es Zungenreden – sie werden verstummen.
Sei es Erkenntnis – sie wird hinfällig.

⁹Denn aus Teilen erkennen wir,
und aus Teilen prophezeien wir.
¹⁰Wenn aber das Vollkommene kommt, fällt das aus Teilen dahin.
¹¹Als ich ein Kind war, redete ich wie ein Kind, dachte wie ein Kind, urteilte wie ein Kind.
Als ich ein Mann wurde, habe ich das Kindliche fallen gelassen.
¹²Jetzt sehen wir durch einen Spiegel nur ein dunkles Bild, dann aber von Angesicht zu Angesicht.
Jetzt erkenne ich aus Teilen; dann aber werde ich erkennen, so wie auch ich erkannt wurde.« (1 Kor 13,8–12)

Prophetie und Erkenntnis stehen unter dem eschatologischen Vorbehalt. Deshalb sind sie nicht unwichtig oder falsch. Aber sie sind definitiv an die Grenzen von Raum und Zeit gebunden. Sie sind fragmentarisch. Der Glaube weiß das – und verachtet deshalb weder Prophetie noch Philosophie; er weiß aber auch (im Modus der Hoffnung), dass das Beste noch kommt: die Klarheit, die Vollkommenheit, die selige Anschauung Gottes.

Der eschatologische Vorbehalt hilft der Bildungsarbeit auf Erden, sei sie religiös oder nicht ausgerichtet, sich zu relativieren – und sich innerhalb ihrer Grenzen zu konzentrieren. Das Heil kann sie nicht bringen – werde es als Sinn des Lebens oder als himmlisches Glück verstanden; ein Menschenleben kann sie nicht retten – leide es unter Schuld oder Not. Aber die Liebe kann sie fördern. Paulus handelt in seinem ganzen Gedicht von der Liebe Gottes, an der sich die menschliche Liebe entzündet, so dass an dieser Liebe die Liebe Gottes erkannt werden kann. Die Liebe einer Lehrerin oder eines Lehrers zu den Schülerinnen und Schülern und umgekehrt – je stärker sie von der Liebe Gottes geprägt ist, desto intensiver sind die Beziehungen, desto konzentrierter können sie auf die Sache gerichtet sein und desto couragierter können sie die Selbstfindung fördern.

c) Menschliche Bildung

Die neutestamentliche Theologie der Bildung, die auf Gottes Lektionen setzt, begründet eine radikale Kritik aller menschlichen Bildungsinstanzen, seien sie kirchlich oder gesellschaftlich; denn sie lebt von dem Versprechen, dass es in den gesellschaftlichen und kirchlichen Kontexten eine direkte Beziehung der Menschen zu Gott geben kann, die sie zu sich selbst führt, indem sie sie zu Gott führt, weil Gott es ist, der sie zu sich führt, indem er sie zu sich selbst, ihrem eigenen Ich, führt.

Das Versprechen gibt eine christologisch begründete Anthropologie ab, die biblisch tief verwurzelt ist.[13] Gleichzeitig postuliert dieselbe neutestamentliche Theologie der Bildung aber eine Etablierung menschlicher Bildungsinstanzen, die genau diese Prozesse freisetzen. Die Gottesbeziehung – theologisch gesprochen: der Glaube, soziologisch gesprochen: die Religion – relativiert und transzendiert alle sozialen und kulturellen Bezüge, in denen sich menschliches Leben abspielt und menschliche Identität herausbildet. Sie formiert sie aber auch, weil sie Gottes- und Nächstenliebe vereinigt, Identität und Solidarität, Wissen und Können, Glaube, Liebe und Hoffnung. Das Überschreiten und das Verschränken befreit zu einer Individualität und Personalität, die gegen jeden gesellschaftlichen und kulturellen Anpassungsdruck bestehen kann, wurde er in traditionellen oder werde er in modernen Formen ausgeübt, zumal wenn er im Namen Gottes oder in der offenen Leugnung Gottes begründet wird.[14]

---

[13] Zahlreiche alttestamentliche Zugänge (die in dieser Studie nicht beschrieben werden) öffnet *Christian Frevel*, Gottesbilder und Menschenbilder. Studien zu Anthropologie und Theologie im Alten Testament, Neukirchen-Vluyn 2016.

[14] Eine Theologie der Bildung im Spannungsfeld einer Anthropologie der Gottebenbildlichkeit, die den Sündenfall ins Verhältnis zur verheißenen Gerechtigkeit und die Rechtfertigung des Gläubigen als effektive Begnadigung versteht, entwickelt *Wolfhart Pannenberg*, Gottebenbildlichkeit und Bildung des Menschen, in: Theologia Parctica 12 (1977) 259–273. Offen bleibt allerdings, wie die Bildung von Menschen, die nicht glauben, sich zu derjenigen von Gläubigen theologisch verhält. Ohne eine ökumenisch differenzierte Soteriologie der »Mitwirkung« wird das schwer.

Große Teile des modernen Bildungsdiskurses lassen sich als Säkularisierung dieses theologischen Ansatzes verstehen. Es ist richtig, dass durch die Distanzierung von den kirchlichen Religionsagenturen Freiheitsräume einer Entwicklung entstanden sind, in denen sich eine humane Kultur ansiedeln konnte[15], weil sich die Kirchen (der Einfachheit halber: in Europa) zu sehr mit dem politischen System eingelassen haben (jede Konfession auf ihre ganz eigene Weise) oder in einem anti-aufklärerischen Affekt befangen geblieben sind, wie viel zu lange (und teils immer noch) der Katholizismus. Es ist unfair, der Säkularisierung die Horrorszenarien antireligiöser Regimes im 20. Jahrhundert anzulasten, weil die Diktatoren durch ihre Ideologie gerade nicht säkular aufgetreten sind, sondern religiöse Surrogate entwickelt haben. Aber es fragt sich, ob die Freiheitsmomente aus einer Gottesbeziehung verzichtbar oder ersetzbar sind. Erst in einer säkularen Gesellschaft wird in der Breite der Gesellschaft deutlich, dass der Glaube nur als Freiheit gelebt werden kann, wie er von Paulus gedacht worden ist. Wo in einem säkularen Umfeld der Glaube in Freiheit gelebt wird, kann er sich auf neue Weise mit dem Bildungsgedanken verbünden – so wie umgekehrt der Bildungsdiskurs durch die Begegnung mit dem christlichen Glauben eine Alternative zu modernen Autonomiekonstruktionen erkennen kann, die das Selbst nicht zerstört, sondern über sich hinaus zu sich selbst führen.

(1) Das Gespräch mit der Philosophie

Die Philosophie widmet sich nur ausnahmsweise, aber dann mit bemerkenswertem Scharfsinn der Bildung – auf eine Weise, die wiederum für die Theologie herausfordernd ist, gerade weil sie von der Philosophie nicht erwarten kann, dass sie ihr die eigene Arbeit abnimmt. Das weite Feld kann aber hier nicht beackert werden. Zwei Positionen aus der Mitte des 20. und vom Anfang des 21. Jahrhun-

---

15 Vgl. *Charles Taylor*, A Secular Age, Harvard 2007.

derts müssen *pars pro toto* für Schnittstellen und Sackgassen der Entwicklung stehen.

Das Gespräch mit Karl Jaspers

Nach Karl Jaspers ist Bildung eine Lebensform, die nicht genetisch vorprogrammiert, sondern kulturell vermittelt, aber nicht fremd-, sondern selbstbestimmt ist.[16] Sie sei nicht angeboren, werde aber zu einer »zweiten Natur«. Denn sie sei »die Erfüllung der Seele mit Gestalten der Größe, mit der Anschauung der Tiefe. Bildung ist die in klaren Rangverhältnissen geordnete Gegenwärtigkeit der überlieferten Anschauung«.

Mit einem solchermaßen existenzphilosophisch entwickelten Bildungskonzept kann eine Theologie intellektuell und praktisch koalieren. Sie müsste zwar auf eine Klärung des Naturbegriffs drängen (und würde dadurch zur Präzisierung des anthropologischen Konzeptes beitragen). Sie müsste gleichfalls eruieren, ob der philosophische mit dem theologischen Begriff der Seele kompatibel ist (und würde wiederum der pädagogischen und der philosophischen Begrifflichkeit zu größerer Klarheit verhelfen). Aber sie kann, ohne die Philosophie zu vereinnahmen, als eine ganz besondere der »Gestalten der Größe« Gott beim Namen nennen – und ihn dann mit den stärksten jüdischen und christlichen Traditionen der *imitatio Dei* als jenes Vorbild vor Augen führen, das am wenigsten einer Selbstentfremdung Vorschub leistet, weil Gott sich – wenn er seinen Namen verdient – jeder Projektion entzieht und gerade in der Weise Vorbild ist, dass er den Menschen in seinem Leben bejaht und dadurch lebendig macht. Die Theologie kann die »Anschauung der Tiefe« mit jener menschlichen Gottesgeschichte in der Passion Christi konkretisieren, die in der Hingabe des eigenen Lebens aus Liebe bis in den Tod die Fülle des Lebens begründet sieht – und genau dies mit der *imitatio Christi* verbinden, weil Tod und Auferste-

---

[16] *Karl Jaspers*, Von der Wahrheit. Philosophische Logik Erster Band, München 1947, 353f.

hung zu den Dimensionen eines Selbst gehören, das von Gott mit dem ewigen Leben beschenkt wird und dadurch ganz es selbst ist, über alle Grenzen von Raum und Zeit hinaus, aber in diesen Grenzen so verborgen gegenwärtig, dass es – durch Bildung – entdeckt zu werden vermag. Sie kann schließlich die »in klaren Rangverhältnissen« geordnete Gegenwärtigkeit der überlieferten Anschauung« von ihrem eigenen Traditionsverständnis her konkretisieren und in die allgemeine Kulturgeschichte einzeichnen. Sie kann dies alles, ohne die philosophische Pädagogik zu etwas zu verpflichten, was sie nicht von selbst wollte oder könnte. Aber sie kann in diesem Diskurs zeigen, dass der theologische Bildungsbegriff strukturanalog zu einem philosophischen zu entwickeln ist, so dass ein Gespräch möglich wird. Für Jaspers wäre ein solches Gespräch über Transzendenz nicht überraschend.[17] Da das Christentum die Transzendenz nicht formal, sondern trinitarisch bestimmt, verbindet es nicht nur Transzendenz und Existenz, sondern göttliche Liebe und menschliche Liebe, so dass die Teilhabe an Gott zur Verheißung wird, die sich im Glauben bereits ihrer selbst gewiss zu werden beginnt.

Freilich ist Jaspers Bildungsansatz bei allem Einsatz für Bildungspolitik und aller Aufmerksamkeit für die kommunikativen Bezüge, die ethisch zu gestalten sind, einem Subjektkonzept verpflichtet, das tief im Idealismus des 19. Jahrhunderts wurzelt. In der heutigen Debatte wird das Subjekt, das hinter der gesamten traditionellen Bildungstheorie steht, aber aus seinem metaphysischen Apriori in die Selbstreflexionszyklen der Gesellschaften überführt und als Konstrukt konstruiert, dessen Funktionen kritisch zu reflektieren sind.[18] Für die Theologie ist die Entideologisierung des Subjektbegriffs interessant, weil sie in ihr eine moderne Analogie zu jener Religionskritik sieht, die dem Monotheismus innewohnt, so-

---

[17] Vgl. *Karl Jaspers*, Der philosophische Glaube angesichts der Offenbarung, München 1962.
[18] Vgl. *Judith Butler*, Notes Toward a Performative Theory of Assembly, Cambridge 2015.

fern er auf die Unterscheidung zwischen Welt und Gott als Basis ihrer Verbindung setzt. Die Theologie muss aber um Gottes willen darauf bestehen, dass es bei aller Dekonstruktion des Subjektbegriffs immer noch die Menschen gibt, jedes einzelne Ich in seinen geschichtlichen Bezügen, seinen Ängsten und Hoffnungen, seinem Glück und Unglück, seinem Versagen und Gelingen, seinem Fragen und Staunen, seinem Wissen und Nicht-Wissen, Können und Nicht-Können. Die Theologie kann in der Bildungsdebatte nur dann sinnvoll vom Glauben sprechen, wenn es ihr gelingt, dieses befreiende Moment eines Gottesbezuges kenntlich zu machen, auch dort, wo die religiösen Voraussetzungen nicht geteilt werden.

Das Gespräch mit Julian Nida-Rümelin

Julian Nida-Rümelin, 2001–2002 Berliner Staatsminister für Kultur, verfolgt einen politischen Ansatz, der durch eine Kritik der universitären Bildungsreformen (und der beruflichen Bildung) inspiriert ist.[19] Er plädiert für eine Erneuerung des Humanismus Humboldtscher Prägung, dem er die Funktionalisierung und Bürokratisierung des Bildungskomplexes zu überwinden zutraut. Er begründet dieses Plädoyer damit, dass es eines neuen Humanismus bedürfe, um den Zwängen der Moderne zu entkommen; gleichzeitig macht er geltend, dass dieser Humanismus aber nicht auf eine normative Anthropologie festlege, die von konservativen Bildungslobbyisten propagiert werde, sondern, typisch postmodern, in der Vielfalt seiner Möglichkeiten vor Augen geführt werden solle, damit Wahlmöglichkeit bestehe. Der Humanismus habe das Zeug, dem gegenwärtig herrschenden Rationalismus und der aktuell propagierten Technokratie zu widerstehen; er unterlaufe alle Utopien, die latent totalitär seien, weil er die einzelnen Menschen in den Mittelpunkt stelle, ihre Entwicklungsmöglichkeiten, ihren Willen, ihre Vorlieben und

---

[19] *Julian Nida-Rümelin,* Philosophie einer humanen Bildung, Hamburg 2013.

Entscheidungen. Bildung heiße, ein Individuum zu befähigen, seine Gründe für ein humanes Miteinander, dessen Kern Respekt sei, zu benennen und als Selbstmotivation zu nutzen. Bildungsziel sei humane Vernunft und humane Praxis.

Den Intentionen dieses Ansatzes ist schwer zu widersprechen. (Über die praktischen Konsequenzen wäre gesondert zu reden, im Blick auf argumentative Konsistenz und soziale Effektivität.) Fast schiene das Buch tautologisch, wenn es sich nicht an einem Bildungssystem abarbeitete, dem der Bildungsgedanke fremd geworden zu sein scheint. Auffällig ist aber, wie unbestimmt der viel beschworene Humanismus bleibt; »Respekt« ist nicht gerade die stärkste philosophische Kategorie. Widersprüchlich scheint, dass ausgerechnet der deutsche Idealismus als Kronzeuge für eine nicht-normative Anthropologie in den Zeugenstand gerufen wird.

Über Religion verliert der Autor kein Wort, obgleich sie in einer multikulturellen Gesellschaft und einer globalisierten Welt wichtiger ist denn je. Ohne die Auseinandersetzung mit Religion entgeht der Bildungsphilosophie die Auseinandersetzung mit einem transzendentalen Denken. Die Leerstelle hindert jedoch nicht, von theologischer Seite aus zu erkennen, dass es breite Schnittstellen mit einem humanistischen Bildungsbegriff gibt, auch wenn sich der Autor programmatisch vom 19. Jahrhundert lösen und im 21. Jahrhundert verankern will. Dieselben Fragen, die Humboldt aufgeworfen hat, löst auch sein aktueller Gefolgsmann aus.

Theologische Dialogansätze

Das Christentum hat sich bei aller Kritik am subkutanen Mythos dem antiken Humanismus weit geöffnet, vor allem in Form des Platonismus, und ist im Laufe seiner Geschichte immer Bündnisse mit einer Philosophie eingegangen, die ihm ein jeweils aktuelles Bild des Menschen vor Augen gestellt hat: im Mittelalter mit dem Aristotelismus, in der Neuzeit mit dem Humanismus, in der Moderne mit dem Personalismus. Allerdings ist diese Öffnung keine Affirmation, sondern eine Transformation, die Kritik einschließt. Das Verhältnis ist

dialektisch, wie vor allem Augustinus zeigt[20], der, selbst hoch gebildet, durch den Weg zum Glauben einerseits die Relativität der paganen Bildung erkennt (und sie dadurch festigt, dass er sie kritisch
einordnet), anderseits aber die philologischen, historischen und hermeneutischen Standards, die im höheren Bildungswesen der Antike
verbreitet waren, für die christliche Katechese (*de doctrina christiana*
133,4), besonders für die Bibel, einklagt (z. B. *retractationes* I 3,2).
Aus der Gottesebenbildlichkeit aller Menschen und der Zugehörigkeit der Gläubigen zur katholischen Kirche leitet Augustinus ab,
dass alle Menschen Zugang zur – kirchlichen, biblischen – Bildung
erhalten müssen (*de civitate Dei* 8,10). Diese Öffnung ist konsequent
jesuanisch und paulinisch gedacht; sie ist die christliche Transponie-
rung jüdischer Erziehungstheologie – und ihrer Zeit weit voraus.

Auf allen Feldern wären eigene Abhandlungen nötig. Hier muss
es reichen, stichwortartig nur die jeweiligen Möglichkeiten zu markieren. Für die Nähe zu Platon steht paradigmatisch Clemens von
Alexandrien, der das Christentum als wahre Gnosis ansieht[21]. Für
die Nähe zu Aristoteles steht Thomas von Aquin, der reflektiert,
der Mensch sei nicht als Repräsentant einer Gattung, sondern nur
als er selbst recht verstanden, lebe aber als Mensch *in ratione* und
könne deshalb nur mit Hilfe der (angeleiteten, aber eigenen) Vernunft seiner Gottesebenbildlichkeit gewahr werden, die sein wahres
Selbst ausmache; darin folge er einem ureigenen Antrieb als *animal
rationale.*[22] Für die Nähe zum Humanismus tritt Erasmus von Rotterdam ein, der in seinem Fürstenspiegel auf die Stärkung der Tugend durch die Beschäftigung mit nützlichem Wissen setzt und auf
die Verbesserung der Politik durch die Bildung der Herrscher.[23] Auf

---

[20] Vgl. *Heinrich Dörrie,* Ziel der Bildung – Wege der Bildung. Kritische Erörterungen
von Cicero bis Augustinus, Innsbruck 1972. Kritisch weiterführend *Christian Tornau,*
Augustinus und das «hidden curriculum». Bemerkungen zum Verhältnis des Kir-
chenvaters zum Bildungswesen seiner Zeit, in: Hermes 130 (2002) 316–337.
[21] *Clemens von Alexandria,* Stromata I.VI. VII-VIII, in: Opera II. III (Die griechisch-
christlichen Schriftsteller der ersten drei Jahrhunderte 15.17), Leipzig [4]1985.
[22] *Thomas von Aquin,* Summa theologiae I-II 94,3.
[23] *Erasmus von Rotterdam,* Dialogus Iulius exclusus e coelis / Julius vor der verschlos-

andere Weise ist auch Philipp Melanchthon ein Brückenbauer zum
Humanismus, mitten in der Bewegung der Reformation, die dem
optimistischen Menschenbild der Renaissance widerspricht; Melanchthon setzt aber beim Bildungsinteresse der Religion selbst an, die
sich aller Kulturtechniken des Humanismus bedienen müsse, um
die Kenntnisse der Heiligen Schriften und auch der großen Zeugnisse der Tradition zu erschließen, weshalb Bildung für Pfarrer un-
erlässlich sei.[24] Für die Nähe zum Personalismus steht in der Gegenwart Robert Spaemann, der – in scharfer Kritik am herrschenden
Ideal der »Selbstverwirklichung«, dem er eine philosophische Un-
terbestimmung des »Selbst« vorwirft – die Freiheit der Person in
seinen Relationen verankert und damit die soziale, ethisch bestimmte Kommunikation, die theologisch orientiert ist, als Form
der Persönlichkeitsbildung beschreibt; wer gebildet ist, überwinde
bewusst einen Egoismus, der ihm nur scheinbar auf den Leib geschrieben sei, in Wahrheit aber durch Selbstisolation entfremde.[25]

Die Möglichkeiten philosophisch-theologischer Gespräche sind
damit bei weitem nicht erschöpft. Der biblische Ansatz verdient
eine Neuentdeckung; denn weil er vor dem hermeneutischen Primat der Metaphysik entwickelt worden ist, kann er auch in nach-
metaphysischen Zeiten wirken. Aus theologischer Sicht beschreibt
er einen Anfang, der unhintergehbar und deshalb je neu aktuell
ist. Nach dem Oxforder Kulturanthropologen Larry Siedentop ist
die »Erfindung des Individuums« untrennbar mit Paulus und seiner
religiösen Revolution verbunden, die überhaupt erst das »Ich« aller
Menschen – jenseits der Prägungen durch den Primat der Familie
oder der Polis – hat denken lassen können, und zwar nicht nur der

---

senen Himmelstür, ein Dialog. Institutio principis Christiani / Die Erziehung des
christlichen Fürsten. Querela pacis / Die Klage des Friedens. Übersetzt, eingeleitet u.
mit Anm. versehen von Gertraud Christian, Darmstadt ²1990.

[24] *Philipp Melanchthon,* Werke in Auswahl, 7 Bände, hg. v. Robert Stupperich, Gütersloh 1951–1975. Herausragend ist sein Wirken an der Universität Wittenberg und
bei Visitationen in reformierten Regionen; vgl. *Martin Greschat,* Philipp Melanchthon, Theologe, Pädagoge und Humanist, Gütersloh 2010.

[25] *Robert Spaemann,* Personen, Stuttgart 1998.

gesellschaftlich anerkannten Männer, die im Fokus der Griechen und Römer standen, sondern aller »Seelen«[26]. Aus diesem Grund sieht Siedentop Paulus auch am entscheidenden Anfang des Bildungsprojekts:

> »Nach Paulus erteilt Christus den Menschen den göttlichen Auftrag, ihr Selbstbild zu verändern und nach moralischer Universalität zu streben.«

Er vertieft den Bildungsgedanken, indem er nicht nur organische Entwicklungen, sondern auch Wenden und Widersprüche markiert, positiv aufgehoben in der Taufe als Wiedergeburt, die durch die Gabe des Heiligen Geistes ein neues, nämlich das wahre Ich hervorbringt und Gestalt finden lässt. Da aber Gott, in dessen Glaube ein Ich sich nach Paulus findet, der Schöpfer, der Erhalter und der Erlöser ist, führt die Transzendierung von Familie, Politik, Kultur und Gesellschaft, zwar zu deren Relativierung, aber nicht zu deren Marginalisierung, sondern zu deren Humanisierung, dem jesuanischen Motto gemäß, dass nicht der Mensch um des Sabbats, sondern der Sabbat um des Menschen willen geschaffen sei (Mk 2,27).

(2) Das Gespräch mit der Erziehungswissenschaft

In den Erziehungswissenschaften gibt es über die Religionspädagogik hinaus, die einer eigenen Darstellung bedürfte, eine Reihe von Positionen, die Verbindungen ermöglichen, ja nahelegen. Nur wenige Beispiele können genannt werden, die für andere stehen.[27]

Dietrich Benner sieht ein Nahverhältnis von Religion und Bildung darin begründet, dass Religion neben Politik, Kunst, Arbeit und Ethik wie die Pädagogik eine genuin menschliche Praxisform sei. Auf all diesen Feldern diene Bildung dazu, Menschen sprach-

---

[26] *Larry Siedentop,* Inventing the Individual. The Origins of Western Liberalism, London 2014. Das folgende Zitat findet sich in der deutschen Übersetzung (Die Erfindung des Individuums. Der Liberalismus und die westliche Welt, Stuttgart 2015) auf S. 81.

[27] Einen guten Überblick verschaffen *Christoph Wulf* und *Jörg Zirfas* (Hg.), Handbuch pädagogische Anthropologie, Wiesbaden 2014.

fähig zu machen, so dass sie ihrer geschichtlichen Situation inne-
werden und ihre Freiheit erkennen.[28] Bildung müsse für Religion
wichtig sein, weil »nur einem bildsamen Wesen Gott sich offenbaren konnte«[29]. Religion sei für Bildung wichtig, weil die Religion
die Illusion einer unendlichen Vervollkommnung durch Bildung
entlarve, während sie zugleich den menschlichen Sinn für das Absolute wecke, ohne den es auch nichts Relatives geben könne.[30] Für
die Bildung ist allerdings nie nur Religion wichtig, sondern bildet
immer lediglich einen Teilbereich neben anderen.

Helmut Peukert, gelernter Theologe[31], sieht die Bedeutung der
Bildung für die Religion darin, dass sie die Subjekte durch Wissens-
transfer und Kompetenzgewinn fördere, ihre Subjektivität zu entdecken, auf deren Konstituierung Religion, jedenfalls die christliche,
gerade ziele, während umgekehrt die Bedeutung der Religion für die
Bildung gerade darin liege, dass sie das Diktat des Rationalismus
durchbreche und eine Praxis universaler Solidarität entwickle.[32]
Der entscheidende Durchbruch für den Dialog der Pädagogik mit
der Theologie liegt darin, dass Peukert den Begriff des Selbst nicht
postuliert, sondern reflektiert. Dadurch werden mit pädagogischer
Notwendigkeit, die theologisch reflektiert werden kann, die Relationen aufgeklärt, in denen das Ich sich findet. Diese Beziehung nur

---

[28] *Dietrich Benner,* Allgemeine Pädagogik. Eine systematisch-problemgeschichtliche
Einführung in die Grundstruktur pädagogischen Denkens und Handelns, Weinheim
1987.

[29] *Dietrich Benner,* Erziehung – Religion, Pädagogik – Theologie, Erziehungswissenschaft – Religionswissenschaft. Systematische Analysen zu pädagogischen, theologischen und religionspädagogischen Reflexionsformen und Forschungsdesideraten, in:
E. Groß (Hg.), Erziehungswissenschaft, Religion und Religionspädagogik, Münster
2004, 9–50.

[30] Weniger ambitioniert, aber ähnlich argumentativ als Erschließung von wesentlichen Dimensionen der Lebenswelt begründet einen Zusammenhang von Religion
und Bildung *Jürgen Baumert,* Deutschland im internationalen Bildungsvergleich«,
in: Nelson Killius u. a. (Hg.), Die Zukunft der Bildung, Frankfurt/Main 2002,
100–150, bes. 107f.

[31] *Helmut Peukert,* Wissenschaftstheorie – Handlungstheorie – Fundamentale Theologie. Analysen zu Ansatz und Status theologischer Theoriebildung, Düsseldorf 1976.

[32] *Helmut Peukert,* Reflexionen über die Zukunft von Bildung, Weinheim 2000.

sozusagen horizontal zu bestimmen, scheint zwar vom Druck des Heiligen zu entlasten, schneidet aber die Wahrnehmungshorizonte aller religiös musikalischen Menschen ab und verspielt die Chance, die sozialen Bezüge als solche von religiösen zu unterscheiden und auf die Persönlichkeitsbildung zu beziehen.

Friedrich Schweitzer baut als Religionspädagoge eine Brücke zur allgemeinen Erziehungswissenschaft, indem er die gesellschaftlich gewollte »Wertevermittlung« – er selbst spricht lieber und besser von »Wertebildung« – in ein inneres Verhältnis zur religiösen Bildung setzt.[33] Er kennt die theologische Kritik an der Konzentration auf »Werte«, weil sie einer Ethisierung der Anthropologie Vorschub leisten könne. Er plädiert aber für eine – auch biblisch gut begründete – Verbindung von Soteriologie und Ethik. Deshalb geht religiöse Bildung nicht in Wertebildung auf, öffnet sich ihr aber und kann sie sich zu Eigen machen. Diese »Werte« brauchen nicht genuin oder exklusiv christliche sein; im Gegenteil öffnen sie gerade die Religion für die allgemeine Bildung, über eine relationale Anthropologie. In der katholischen Tradition wird die »natürliche Theologie«, die freilich in einer Reflexionskrise steckt, weil sie sich zu wenig dem kulturellen Wandel nicht nur des Naturbegriffs selbst, sondern auch der Natur des Menschen öffnet, als Basis einer solchen Verständigung genannt.[34] Auf eine andere Weise geschieht diese Öffnung bei Hans Küng in seinem »Projekt Weltethos«[35], dem allerdings vorgehalten wird, sublim nur die christliche Ethik als universale auszugeben, ohne deren theologischen Kontext mitzubedenken. Friedrich Schweitzer verzichtet in den Spuren evangelischer Theologie auf eine solche Metareflexion, macht aber mit Hans Joas[36] die Religion als Quelle für Wertebildung geltend.

Schweitzer verfolgt eine zweite Spur, indem er gegen die Konzen-

---

[33] *Friedrich Schweitzer*, Bildung, Neukirchen-Vluyn 2014, 158–170.

[34] *Commissio Theologica Internationalis*, A la recherche d'une éthique universelle. Nouveau regard sur la loi naturelle, Paris 2009.

[35] *Hans Küng*, Projekt Weltethos, München 1989.

[36] *Hans Joas*, Sakralität der Person. Eine neue Genealogie der Menschenrechte, Frankfurt/Main 2011.

tration der allgemeinen Bildungsdebatte auf die Fähigkeiten und Fertigkeiten der Weltbeherrschung die Bildung des »inneren Menschen« hervorhebt, eine paulinische Bildung, die von Plato inspiriert ist (Röm 7).[37] Er entwickelt diesen Ansatz – für evangelische Theologie bemerkenswert und ökumenisch aufschlussreich – zu einer Tugendlehre, die dann ihrerseits den Bogen zur Wertevermittlung schlagen kann. Freilich ist damit das Potential der paulinischen Anthropologie noch nicht ausgeschöpft. Denn nach Paulus ist der innere Mensch jener, der bei allem Einfluss der Sündenmacht doch seinen moralischen und religiösen Orientierungssinn nicht verloren hat, bleibt er doch immer Gottes Kind, wenngleich er bekennen muss, durch die Entscheidungen gegen sein Gewissen seiner selbst entfremdet zu sein, so dass Gott seine einzige Rettung sein kann. Hier wäre ein genuin christlicher Zugang zur Bildungstheorie geöffnet (nicht nur in der evangelischen, sondern auch in der katholischen Paulusinterpretation), der es erlaubt, die Härte der Kontingenzerfahrungen und die Brüche der Schuld nicht als Attacke auf das Menschsein, sondern als Ort einer Gotteserfahrung zu sehen, die durch eine tiefe Krise zur Gewinnung der eigenen, immer fragilen Identität führt – so wie umgekehrt das Glück der Tugend nur dann die Gefahr der Selbstentfremdung durch Selbstüberhebung bannt, wenn sie als Gabe eben desjenigen Heiligen Geistes verstanden wird, der allen Menschen verheißen ist, auf dass sie glauben (Gal 5).

(3) Der Beitrag der Exegese

Die neutestamentliche Exegese erschließt den »Anfang« (vgl. Mk 1,1) einer christlichen Theologie der Bildung, indem sie das, was im Lichte des Glaubens Bildung genannt werden kann, aufzeigt und andererseits den Glauben als Bildungsereignis verstehen lässt. Sie erschließt, was über Bibelkunde, Textkenntnis und Schriftauslegung immer ein wesentlicher Bestandteil christlicher Bildungsarbeit sein muss: den eigenen Zugang zur Quelle des Glaubens zu

---

[37] *Friedrich Schweitzer*, Bildung, Neukirchen-Vluyn 2014, 170–176.

öffnen; die Fähigkeit, ohne Anleitung anderer und mit anderen zusammen unter der Anleitung Berufener die Schrift zu studieren; die Motivation, aus der Bibel und mit ihr ein Leben im Glauben zu führen, das Gottes- und Nächstenliebe verbindet. Aber die Exegese geht in einer Theologie der Bildung weit über diese inhaltliche Bestimmung hinaus. Sie erschließt über die Anthropologie die Menschlichkeit, über die Eschatologie den Prozess und über die Ethik die Organisation der Bildung.

Der anthropologische Impuls: Die Menschlichkeit der Bildung

Das biblische Menschenbild steht an der Wiege des Bildungsgedankens. Nach biblischer Auffassung ist ein Mensch vom ersten bis zum letzten Atemzug entwicklungsfähig – ohne dass er gezwungen wäre, um seines Menschseins willen eine Höchstform von Bildung zu kreieren, und ohne dass er in seiner Menschenwürde von seinem Bildungsgrad abhängig wäre. Es ist aber auch seine Bestimmung, sich so zu entwickeln, wie es seinen Möglichkeiten in seiner Zeit und an seinem Platz in seinen Beziehungen entspricht, ohne dass er sich mit einem resignierten Pragmatismus bescheiden müsste, der nicht über den eigenen Tellerrand blickt. Beides zusammen ist eine entscheidende Voraussetzung, Bildung als Verantwortung in Freiheit zu sehen.

Der spezifisch neutestamentliche Beitrag ist die christologische Erhellung des Menschenbildes: Jesus ist auf der einen Seite menschliches Vorbild für ein gottgefälliges Leben, das Wissen und Weisheit, Frömmigkeit und Gerechtigkeit, Gebet und Caritas zur Einheit führt. Auf der anderen Seite ist er in eben dieser menschlichen Vorbildlichkeit der menschliche Retter (1Tim 2,5f.), der Anteil am Scheitern, an der Schuld und Not, wie am Gelingen, an der Freude und Hoffnung der Menschen nimmt, um sie in dieser Anteilnahme über ihre eigenen Grenzen hinaus und durch den Tod hindurch zu Gott zu führen, vor dessen Angesicht sie ewig sie selbst sein können, in vollendeter Gemeinschaft mit anderen.

Weil jeder Mensch von Gott geschaffen ist, unabhängig von Geschlecht und Stand, Familie und Sippe, Stärke und Schwäche, Religion und Ethos, und weil nach dem Neuen Testament Gott sich in Jesus mit jedem Menschen identifiziert, gibt es für jeden Menschen die Möglichkeit, aber auch die Notwendigkeit der Bildung. Zwar ist dieser Ansatz im Laufe der Geschichte vielfach verstellt worden, weil doch die traditionellen Differenzen zwischen den Geschlechtern, die Abwertung der Sklavinnen und Sklaven oder die Missachtung der »Neger« herrschten; bis heute ist Armut das höchste Bildungshindernis. Allerdings hat sich das biblische Menschenbild – nicht zuletzt in seiner säkularisierten Form – auch als Quelle der Kritik an diversen Formen der Diskriminierung bewährt. Die Theozentrik der biblischen Anthropologie begründet eine Direktheit der Gottesbeziehung jedes einzelnen (nicht jedoch vereinzelten) Menschen, die seine radikale Unabhängigkeit von allen menschlichen Vermittlungsinstanzen offenbart und in der biblischen Vision der Theodidaktik zum pointierten Ausdruck kommt. Bildungsinstitutionen werden dadurch nicht überflüssig, aber relativiert. Sie können nicht über den Lebenssinn und die Identitätsbildung entscheiden, sondern müssen im Gegenteil gerade die Unabhängigkeit des Individuums fördern.

Die theologische Anthropologie kann an dieser Stelle eine Koalition mit der säkularen eingehen, sofern sie die Individuen – gerade durch Bildungsarbeit – vor dem Zugriff des Staates schützen und gegenüber dem Druck der Masse stark machen.[38] Nur integriert sie die Religion der Menschen und verweist mit Gott auf ein Du, das jenseits geschichtlicher Varietäten und sozialer Konstruktionen das Ich bejaht, so gewiss jede Gottesvorstellung zeitlich bedingt und gesellschaftlich vermittelt ist.

Umgekehrt zeigt die Bildungsdebatte, dass die Gottesebenbildlichkeit eines jeden Menschen nicht im Irgendwo, sondern inmitten der biographischen und historischen Kontexte wahrgenommen wird, in der menschliches Leben stattfindet. Nach biblischer Lehre sind die Beziehungen, in denen sich menschliches Leben abspielt,

---

[38] Vgl. *Elias Canetti,* Masse und Macht (1960), Frankfurt/Main 1993.

keine vernachlässigbaren Begleitumstände, jenseits derer das wahre Leben beginnt, sondern wesentliche Momente, die das Ich zutiefst prägen: geboren worden zu sein und sterben zu müssen, Verwandte, Freundinnen und Freunde, aber auch Feinde zu haben, Teil dieser Welt zu sein. Diese Beziehungen werden in der Bildungsarbeit nicht nur angesprochen, sondern auch gestaltet. Durch Bildung wird der Mensch nicht zum Menschen, sondern entdeckt und formt sich als Mensch zusammen mit anderen.

Die Gottesbeziehung transzendiert alle sozialen Bezüge, erdet sie aber auch. Dadurch entsteht ein Humanismus, der einerseits dadurch konstituiert wird, dass er sich nicht selbst verabsolutiert, sondern als kontingente menschliche Vorstellung konstruiert, andererseits dadurch, dass Sozialität und Solidarität, also Liebe, als genuine Ausdrucksform des Menschseins affirmiert werden. Nachdem er die Endlichkeit jeder Erkenntnis, auf die Bildung oft reduziert wird, unterstrichen hat, schließt Paulus das Hohelied der Liebe:

> *»Nun aber bleibt: Glaube, Hoffnung, Liebe.*
> *Am größten aber ist die Liebe.«* (1 Kor 13,13)

Was Paulus futurisch-eschatologisch zuspitzt, gilt auch präsentisch-eschatologisch: in jedem Kairos einer Begegnung, die »mich« bereichert oder in der »ich« für andere ein Segen bin.

Der eschatologische Impuls: Die Prozesse der Bildung

Dem Neuen Testament zufolge ist jeder Mensch, wie er geschaffen wurde, unabhängig von seinen Lebensumständen, seiner Intelligenz, seiner Emotionalität, Rationalität und Moralität, zur vollendeten Gemeinschaft mit Gott berufen, die ihm durch Jesus Christus, selbst ein Mensch von Fleisch und Blut, im Heiligen Geist vermittelt wird, jenseits der kulturellen und ethischen Bilanzen seines Lebens. Dieser Ausblick auf die Ewigkeit macht das Leben in der Zeit nicht obsolet, sondern zeigt, wie unendlich wertvoll es in Gottes Augen ist – und deshalb auch in den Augen von Menschen sein soll. Gleichzeitig weist er auf die unhintergehbare Begrenztheit eines menschlichen Lebens hin, ohne den Sinn, den das Leben innerhalb dieser Grenzen haben kann, zu zerstören, aber auch ohne zu postulieren, dass jenseits der Grenzen das Nichts lauert.

Die Hoffnung auf das vollendete Reich Gottes, die Auferstehung der Toten und das ewige Leben ist im Alten Testament begründet: weil der Schöpfer seine Welt verleugnen müsste, wenn er sie dem Untergang weihte. Im Neuen Testament gewinnt die Eschatologie eine spezifische Prägung, weil Gott in Jesus – dem Glauben der Urgemeinde zufolge – den Menschen unendlich nahegekommen ist und dadurch auch die Vollendung nicht in die reine Transzendenz verlagert, sondern antizipatorisch in der Gegenwart lokalisiert hat. Deshalb gibt es jenseits aller Illusionen eine »Stunde der wahren Empfindung« (Peter Handke) schon hier und jetzt, wenngleich nicht unbegrenzt und unbeeinflusst, aber doch so, dass ein Zeichen auf Kommendes gestellt wird, das nicht mehr vergehen wird, dann allerdings auch nicht in den Weltbezügen zu lokalisieren ist. Selbstbildung ist im eschatologischen Kontext eine Selbstüberschreitung: ein Verlust, der Gewinn ist, eine Hingabe, die empfangen, eine Entäußerung, die verinnerlicht wird.

Der »eschatologische Vorbehalt« (Erik Peterson) begründet einen Realismus dessen, was in begrenzter Zeit möglich ist. Die Bildungsarbeit kann von dieser Nüchternheit nur profitieren, zumal sie oft genug einem Idealismus Tribut leistet, dessen hochfliegende Pläne hart auf dem Boden der Tatsache aufschlagen. Bildung wäre weder möglich noch nötig, wenn es den idealen Menschen in einer idealen Welt gäbe (ganz unabhängig von der Frage, wer definieren will und kann, was als ideal zu gelten hat). Bildung kann es immer nur in den engen Grenzen von Raum und Zeit geben, auch wenn sie darauf zielt, die Reflexions- und Handlungsspielräume zu erweitern. In der eschatologischen Perspektive des Neuen Testaments ist diese Begrenztheit kein Makel, sondern eine Konstitutionsbedingung des Menschseins wie jeder Gesellschaft – und deshalb ein Kriterium von Bildung: ob diese Grenzen gesehen und anerkannt werden, auch wenn sie verschoben und durchlässig für neue Einsichten gemacht werden. Genau diese Durchlässigkeit und Weitung ist die

Schnittstelle für die Theologie der Bildung, die sich nicht nur auf Katechese und Religionsunterricht, sondern auch auf Wissenserwerb und Kompetenzgewinnung überhaupt bezieht.

An den Grenzen werden zwei Phänomene als Bildungserfahrungen angesprochen, die anthropologisch prägend sind: einerseits Scheitern, andererseits Gelingen. Zur Bildung im Sinne der Selbstbildung muss die Annahme der eigenen Endlichkeit gehören. Sie kann existentialphilosophisch überhöht werden[39], wird dann aber wieder verabsolutiert. Die christliche Hoffnung bleibt eine Sache des Glaubens, der nicht indoktriniert werden kann; wer die Schwelle dieser Hoffnung überschreitet, ist nicht gezwungen, die Endlichkeit zu einer unendlichen Größe aufzublähen, sondern kann sie als eine endliche ansehen. Die Bildungsbemühungen können sich deshalb auf das konzentrieren, was einem jeden Menschen möglich und ihm zuträglich ist; die Gelassenheit, die daraus wächst, schafft Sicherheit. Dass sie Laissez-faire hervorrufe, ist ein alter Verdacht, gegen den bereits das Neue Testament (vermutlich nicht ganz ohne Grund) vorgeht. Weil die Zeit befristet ist, ist jeder Moment wichtig; weil die Kräfte begrenzt sind, zählt jeder Einsatz; weil das Gelingen nicht garantiert werden kann, ist jeder Versuch anerkennenswert.

Zur Bildung im Sinne der Selbstbildung gehört aber auch die Annahme der eigenen Leistungen, nicht zuletzt der Bildungserfolge. In theologischer Perspektive werden alle personalen, sozialen, kulturellen, politischen und historischen Bezüge, in denen diese Erfolge entstehen, als solche wahrgenommen. Aus der Theozentrik einer theologischen Bildungstheorie, wie sie im Neuen Testament angestoßen wird, ergibt sich erstens eine Verantwortung, die eigenen Kompetenzen und Kenntnisse nicht nur zum eigenen Vorteil, sondern zum Nutzen anderer zu verwenden (was in einer Sozialethik der Bildung gleichfalls gedacht wird); zweitens wird eine

---

[39] So bei *Jean-Paul Sartre*, Das Sein und das Nichts. Versuch einer phänomenologischen Ontologie. Übers. v. H. Schöneberg und T. König (Gesammelte Werke. Philosophische Schriften I), Reinbek bei Hamburg 1994.

Dankbarkeit freigesetzt, die weder die eigene Leistung schmälert noch falsche Bescheidenheit kaschiert, sondern die Freude artikuliert, persönlich etwas erreicht zu haben, das aber nicht im Isolationsraum, sondern in den Beziehungen entstanden ist und genutzt wird, in denen sich das Ich versteht und bewegt. Gott ist in theologischer Betrachtung derjenige, der diese Beziehungen stiftet und sie zugleich so überschreitet, dass die Menschlichkeit, die sich in ihnen zeitigt, nicht vergeblich ist, sondern als Vorgeschmack der Unendlichkeit genossen werden kann.

Im Horizont der Eschatologie kommt der Zeitfaktor der Bildung klar heraus. Einerseits ist sie auf die Lebenszeiten von Menschen abgestimmt, andererseits auf die Phasen diverser Kulturen, die unterschiedliche, teils widersprüchliche, teils konvergierende Bildungskonzepte hervorgebracht haben und immer noch hervorbringen, nicht selten in großer Ungleichzeitigkeit zwischen verschiedenen Gruppen und Regionen. Die Dynamiken von Bildungsprozessen können durchaus gut in teilnehmender Beobachtung beschrieben werden, brauchen aber auch einen Blick von außen, um in der Kohärenz oder Disparatheit ihrer Systeme analysiert werden zu können. Der Blickwinkel *sub specie Dei* ist zwar einer, der immer nur der von Menschen mit ihrer Optik zu ihrer Zeit an ihrem Ort sein kann, erlaubt aber, auch die Betrachterpositionen und -aktionen selbst in ihrer geschichtlichen Relativität nicht nur horizontal und diachronisch, sondern auch transzendental zu bestimmen, so dass die Zusammenhänge zwischen Perspektive, Methode und Ergebnis deutlicher werden.

Paulus formuliert die Dialektik der Eschatologie so, dass ihr Bildungspotential deutlich wird:

»*Im Glauben gehen wir, nicht im Schauen.*« (2Kor 5,7)

Das Gehen bringt die Dynamik der menschlichen Entwicklung zur Sprache; das »Glauben« ist nicht nur ein Meinen, sondern (analog zu Plato) ein Erkennen, das nicht auf Beobachtung, sondern auf Intuition oder Inspiration beruht; das Schauen wäre jenes Ziel, in dem es keine Bildung mehr gäbe, weil der Prozess an sein Ende gekommen wäre und die selige Anschauung Gottes alle menschlichen Anstrengungen überstiege.

Der ethische Impuls zur Organisation von Bildung

Für das Neue Testament ist Bildung in doppelter Hinsicht eine ethische Größe: Einerseits ist sie – personal – dadurch gekennzeichnet, dass sie Barmherzigkeit und Gerechtigkeitssinn, den Einsatz für andere und die Annahme der Hilfe durch andere, Empathie mit anderen und Anerkennung von anderen als menschlich und damit als authentisches Bildungsziel markiert. Andererseits muss Bildung – sozial – so organisiert sein, dass möglichst viele Menschen Anschluss an das Bildungssystem finden, von ihm aber nicht vereinnahmt, sondern freigesetzt werden; das ist eine politische Aufgabe erster Güte. Beides ist nicht exklusiv neutestamentlich, sondern alttestamentlich begründet und für die humanistischen Traditionen offen. Spezifisch neutestamentlich ist die gläubige Erfahrung Jesu, dessen Ethos der Nerv seines Heilsdienstes ist und dessen Menschlichkeit die Tür zu Gott und seinem Reich öffnet.

Durch ihren reflektierten Gottesbezug, der wissenschaftlich transparent gemacht wird, ist die Theologie (wenigstens prinzipiell) in der Lage, die Freiheit der Bildung argumentativ so zur Geltung zu bringen, dass jede soziale Systematik nicht geleugnet, aber überstiegen und jede Determination unterlaufen wird. Für die Menschen, die Bildungsprozesse gestalten (oder erleiden), geht von einer solchen Theologie keine Gefahr aus, wenn sie mit dem biblischen Menschenbild des zur Freiheit berufenen Gotteskindes einhergeht (zu dem es Analogien in anderen Religionen gibt). Die Beziehung zu Gott kann dann im Gegenteil dazu führen, Bildung durch Entmythologisierung kulturell zu verankern und pädagogisch zu optimieren, weil die Sachlogik besser zum Zuge kommt.

Die personalen Dimensionen der Bildung sind der Gegenstand der Pädagogik. Sie kann sich nicht jenseits, sondern nur inmitten der sozialen Bezüge einer bestimmten Zeit und eines bestimmten Ortes entwerfen und verantworten. Norbert Ricken hat die Machtförmigkeit aller Erziehungsprozesse aufgeklärt, auch derjenigen, die sich eine aufgeklärte Humanität, eine demokratische Partizipation, eine emanzipatorische Kompetenz auf die Fahnen geschrieben haben.[40] Diese Macht (der Politik) verlangt nach klassischer theologischer Lehre (die mit der philosophischen konvergiert) eine Legitimation, Kritik und Orientierung durch ihren Bezug zur Gerechtigkeit, der sich wiederum in den Machtkonstellationen einer Gesellschaft zu bewähren hat. Die Verbindung der Gerechtigkeit mit Bildung verhindert Gleichmacherei. Die Verbindung der Gerechtigkeit mit der Bildung sichert Chancen. Die Unterscheidung zwischen irdischer und himmlischer Gerechtigkeit öffnet den Versagern und Verweigerern Zukunftsperspektiven, ohne sie aus ihrer sozialethischen Verantwortung zu entlassen, alles, was in ihrer Macht steht, zu nutzen, um die eigene Bildung und die anderer zu fördern. Damit wird innerhalb eines politischen Bildungssystems die Ethik der Partizipation aus Freiheit und Verantwortung[41] zum Kriterium.

Bei Paulus wird der darin angelegte Bildungsgedanke im hochpolitischen Bild der Kirche als Leib Christi fassbar, dessen Einheit gerade durch die Vielfalt der miteinander kooperierenden und einander anerkennenden Glieder konstituiert wird – und umgekehrt: deren Vielfalt aus der Einheit Gottes folgt, dessen Güte unbegrenzt ist:

>*»Wenn ein Glied leidet, leiden alle Glieder mit;*
>*wenn ein Glied geehrt wird, freuen sich alle anderen mit.«* (1 Kor 12,25)

Paulus bezieht dieses Miteinander auf die Charismen: auf Kompetenzen, die in den Dienst am Nächsten gestellt werden. Das ist eine Perspektive nicht nur kirchlicher Bildungsarbeit, die durch den Glauben offengehalten wird.

---

[40] Vgl. *Norbert Ricken*, Die Ordnung der Bildung. Beiträge zu einer Genealogie der Bildung, Wiesbaden 2006; weiterführend: *ders.*, Bildung als Subjektivierung. Anmerkungen zur Macht der Bildung, in: Erich Ribolits und Eveline Christof (Hg.), Bildung und Macht. Wien 2015, 193–215; Die Macht des pädagogischen Blicks. Erkundungen im Register des Visuellen, in: Friederike Schmidt, Marc Schulz und Gunther Graßhoff (Hg.), Pädagogische Blicke, Weinheim / Basel: 2016, 40–53.
[41] Vgl. *Volker Gerhardt*, Partizipation. Das Prinzip der Politik, München 2014.

10. Ein Inbild: Der zwölfjährige Jesus im Tempel

Die kurze Szene vom zwölfjährigen Schüler Jesus mitten unter den Lehrern im Tempel gehört zu den Episoden des Neuen Testaments mit der stärksten Wirkung auf die christliche Didaktik. Wenn Jesus ein wissbegieriger und intelligenter Schüler war, von dem seine Lehrer noch etwas lernen konnten, haben Analphabetismus, Bildungsangst und Fundamentalismus keinen Platz im Christentum.[1]

Gleichwohl ist die Wirkung der Geschichte ambivalent. Denn ausgerechnet im 19. Jahrhundert, da Bildung langsam zum Massenphänomen wird, hat die Perikope erheblich an Kraft eingebüßt, weil sie von der historisch-kritischen Exegese ins Reich der Legende verwiesen wurde, als apokryphe Wucherung im Neuen Testament. Andere Aspekte traten in den Vordergrund, vor allem Ungehorsam und Gehorsam gegenüber den Eltern, das Verhältnis zu den jüdischen Bildungsinstitutionen, die durch das Christentum überholt seien, das Genie des Mannes aus Nazareth, das schon in seiner Jugend aufgeblitzt sei. In der modernen Bildungsdebatte spielt die Erzählung kaum eine Rolle – weil sie nicht mehr als Inspirationsquelle gebraucht wird? Oder weil sich die Voraussetzungen, von Bildung zu sprechen, so stark verschoben haben, dass eine religiöse Orientierung, und werde sie noch so pittoresk entwickelt, irritiert?

Die legitimatorische Funktion der Perikope ist nur noch dort notwendig, wo kein Bildungssystem etabliert ist. Wo es an einem christlich geprägten Umfeld mangelt, kann sie nach wie vor wirken; allerdings muss dann gezeigt werden, dass nicht nur Jungen, sondern auch Mädchen Zugang zum Bildungssystem erlangen sollen – wofür im Christentum klassisch Maria steht. Wo das Recht auf Bildung anerkannt ist, braucht es die legitimatorische Funktion nicht mehr. Damit wird die Geschichte selbst aus einer Funktionalisie-

---

[1] Vgl. *Klemens Stock,* Der zwölfjährige Jesus in der Schulbibelillustration, in: Katechetische Blätter 112 (1987) 385–387.

rung befreit, die sie verfremdet. Sie ist nicht geschrieben worden, um ein christliches Schulsystem aufzubauen oder christliche Kinder zum Lernen anzuhalten. Sie setzt tiefer an. Wenn man theologisch abstrahieren darf: bei einer Theologie des Kindes und einer Theologie der Bildung. Beides ist christologisch entwickelt – nicht als reine Idee oder politisches Programm, sondern als Erinnerung an Jesus, der, so wie Lukas ihn darstellt, nicht aus dem Nichts kommt, sondern aus einem frommen jüdischen Elternhaus, dem Bildung nicht fremd war, das sich aber auf einen Weg des Lernens machen musste, der vom Kind, vom Schüler Jesus vorgezeichnet wird. In theozentrischer Perspektive und christologischer Absicht werden die Rollen von Schülern und Lehrern, von Kindern und Eltern dialektisch neu bestimmt. Diese Dialektik inspiriert eine theoretische und praktische Aktualisierung, die kreativ ist, weil sie das Bildungspotential der Geschichte nutzt. Um dieses Ziel zu fördern, muss das Bild, das Lukas zeichnet, aus seinen eigenen Voraussetzungen rekonstruiert und in seiner eigenen Komposition beschrieben werden

Im Lukasevangelium hat die Erzählung eine Brückenfunktion. Sie leitet von der Kindheitsgeschichte zum Hauptteil des Evangeliums über, das der Verkündigung des erwachsenen Jesus gewidmet ist:

>*[41]Und es zogen seine Eltern jedes Jahr nach Jerusalem zum Paschafest. [42]Und es geschah: Auch als er zwölf Jahre alt war, zogen sie hinauf, gemäß dem Festbrauch.*

[43]Und nachdem die Tage beendet waren, kehrten sie zurück; der junge Jesus aber blieb in Jerusalem. Und seine Eltern bemerkten es nicht, [44]weil sie glaubten, er sei bei Reisegefährten. Nach einem Tagesmarsch suchten sie ihn bei Verwandten und Bekannten. [45]Und weil sie ihn nicht fanden, kehrten sie nach Jerusalem zurück, um ihn weiter zu suchen.

[46]Und es geschah nach drei Tagen, da fanden sie ihn im Heiligtum mitten unter den Lehrern sitzen, wie er sie hörte und befragte. [47]Alle, die ihn hörten, gerieten außer sich über seinen Verstand und seine Antworten.

[48]Und als sie ihn sahen, waren sie außer sich, und seine Mutter sagte zu ihm: ›Kind, weshalb hast Du uns das angetan? Siehe, dein Vater und ich haben dich voller Schmerz gesucht.‹

⁴⁹*Da sagte er zu ihnen: ›Was habt ihr mich gesucht? Wusstet ihr nicht, dass ich in dem sein muss, was meines Vaters ist?‹* ⁵⁰*Aber sie verstanden das Wort nicht, das er ihnen gesagt hatte.*
⁵¹*Da gingen sie mit ihm hinab und kamen nach Nazareth; und er war ihnen gehorsam.*
Und seine Mutter bewahrte alle Worte in ihrem Herzen.
⁵²*Und Jesus nahm zu an Weisheit und Alter und Wohlgefallen bei Gott und den Menschen.«* (Lk 2,41–52)

Dass die Szene am Tempel stattfindet, passt ins lukanische Bild eines lebendigen und frommen Judentums, in dem Jesus aufwächst. Auch wenn noch viele verborgene Jahre folgen (nach Lk 3,23 war Jesus »ungefähr dreißig Jahre alt«, als er die Öffentlichkeit zu suchen begann), wird schon klar, wohin die Reise gehen wird: nach Jerusalem, wo Jesus am Ende seines Lebens seine Lehre zusammenfassen und für alle Welt öffnen wird, auch wenn sie dann (anders als hier) auf entschiedenen Widerspruch stoßen wird.

Die Erzählung ist die einzige in allen Evangelien, die den jungen Jesus zeigt. Sie ist sicher keine historische Reportage, fängt aber wesentliche Momente ein, die für die Familie Jesu typisch gewesen sind: das Kind, die Mutter, der Vater, Jerusalem und der Tempel, die Tora. Es handelt sich um eine ideale Szene, die an Familientradition anknüpft und ein Schlaglicht auf die Identität Jesu vor seiner öffentlichen Wirksamkeit wirft. Die Erzählung vom zwölfjährigen Jesus im Tempel ist eine wahre Geschichte mit revolutionärem Inhalt.

a) Vertauschte Rollen

Die Geschichte spiegelt die Rollenmuster einer vergangenen Zeit – jener, in der das Evangelium geschrieben worden ist. Mit zwölf Jahren steht in der Antike ein Jugendlicher an der Schwelle zum Erwachsenwerden.[2] Aus späteren Zeiten ist im Judentum die Praxis der Bar Mitzwa bezeugt, einer rituellen Einführung junger Männer

---

[2] Vgl. *Josef N. Neumann – Marcus Sigismund*, Geburt, Kindheit und Jugendzeit, in:

in die Welt der Erwachsenen, die mit der Übernahme religiöser Rechte und Pflichten verbunden ist.[3] Anfänge wird es in neutestamentlicher Zeit gegeben haben. Die Perikope markiert also einen Übergang.

Das Griechische macht das Alter Jesu klar: Nach Lk 2,40, dem Schluss der Weihnachtsgeschichte, zu der auch die Darstellung Jesu im Tempel gehört, ist er *paidíon*, ein kleines Kind; nach Lk 2,43 aber ist er aber *pais*, ein groß gewordenes Kind, ein Jugendlicher. Es ist nicht leicht, diesen Eindruck in einer Übersetzung einzufangen. Nach der Lutherbibel von 1984 und der revidierten Einheitsübersetzung von 2016 wird Jesus in Vers 43 als »Knabe« vorgestellt. Das ist keine falsche Übersetzung. Aber sie bringt das Alter nicht zum Ausdruck, so wenig wie die lateinische Übersetzung der Vulgata *(puer)*. Besser scheint hier die – etwas freiere – Version der Einheitsübersetzung in der ursprünglichen Version von 1979: »der junge Jesus«. Die französischen Übersetzungen wählen »enfant«, die englischen hatten früher »child« (King James) und haben heute meistens »boy«. Im Italienischen steht gar »bambino«. Diese Verniedlichungen weisen in eine falsche Richtung. Jesus ist groß geworden. Er stellt sich auf eigene Füße. Für seine Mutter ist er freilich immer nur eines, ihr »Kind« (Lk 2,48: griechisch *téknon*).

Nach Lk 2,51 ordnet sich Jesus gehorsam in die traditionelle Familienstruktur ein. Das entspricht dem 4. Gebot (»Du sollst Vater und Mutter ehren«), das zwar ursprünglich die Erwachsenen anredet, dass sie ihren alt gewordenen Eltern beistehen, aber früh für Kinder adaptiert worden ist. So war Jesus ja mit seinen Eltern auf Pilgerreise und in den Tempel gegangen. Die Rollenkonformität rundet das Bild jüdischen Familienlebens ab, von dem die ganze lukanische Kindheitsgeschichte geprägt ist (Lk 1–2).

Allerdings werden diese Rollenmuster durch die Geschichte kräftig durcheinandergewirbelt.

Kurt Erlemann u. a. (Hg.), Neues Testament und antike Kultur II, Neukirchen-Vluyn 2005, 52–57.

[3] Ein früher Beleg ist Abot 5,1; vgl. *Karl Marti*, Abôt (Väter). Gießen 1927.

Erstens: Der Schüler Jesus ist ein Lehrer, weil er intelligent fragt und antwortet. Er bricht nicht aus seiner Rolle aus; sonst würde er nicht fragen und antworten. Aber er nimmt sie so an, dass er ihre Grenzen sprengt. Die Lehrer am Tempel werden ihrerseits zu Schülern, weil sie aufmerksam sind und den Verstand Jesu anerkennen. Der Tempel ist (auch) ein Lehrhaus, wie es in der theologischen Architektur des Judentums vorgesehen ist. Dafür dient die Stoa, die Halle Salomos am Eingang (Apg 3,11; 5,21.21.25). Die Lehrer im Jerusalemer Tempel sind exzellente Vertreter ihrer Zunft; sonst wären sie nicht dort. Sie nehmen auch ihre Aufgabe wahr, weil sie Fragen stellen und den Antworten zuhören, um sie sachgerecht zu bewerten. Genau das verändert aber ihre Rolle: Sie lassen sich von ihrem gelehrigen Schüler belehren, weil sie einen didaktischen Glücksmoment nicht ungenutzt verstreichen lassen: dass ein Schüler besser als seine Lehrer ist. Alle, die ihn hören, bewundern seinen »Verstand«. Das Wörterbuch bietet für das griechische Wort (*sýnesis*) »Auffassungsgabe«, »Urteilskraft« und »Scharfsinn« an[4]. Über Inhalte verlautet nichts; die Form ist wesentlich. Der Rahmen zeigt an, worum es gegangen sein muss: um das Gesetz Gottes im Heiligtum Gottes.

Zweitens: Die Eltern machen sich auf der Rückreise Sorgen, wo Jesus bleibt. Allein die Tatsache, dass sie ihm zutrauen, selbständig nicht mit ihnen, sondern mit Verwandten und Bekannten zurück nach Galiläa zu gehen, spiegelt das soziale Alter Jesu an der Schwelle zum jungen Mann. Aber Jesus ist doch ihr Kind; so ist es an ihnen, sich auf die Suche zu begeben, als sie bemerken, dass Jesus nicht mit auf dem Weg ist. Freilich verändert sich ihre Rolle, da sie ihn finden. Jesus erklärt sich gegenüber seiner Mutter zweifach (Lk 2,49): Einerseits »muss« er dort sein, wo er ist: im Heiligtum Gottes, weil er der Sohn Gottes ist. Andererseits ist für ihn der Tempel das, »was meines Vaters ist«. In diesem Sinn wird er später den Tempel als »Haus des Gebetes« erklären (Lk 19,45–48), wie es bei Jesaja vor-

---

[4] *Walter Bauer – Kurt Aland*, Wörterbuch zum Neuen Testament, Stuttgart 1988, 1572.

gegeben ist (Jes 56,7). Die Erklärung bezeugt ein ungewöhnliches Selbstbewusstsein des Gottessohnes gegenüber seiner Mutter. Das ist bei Lukas nicht psychologisch[5], sondern christologisch zu erklären. Die Eltern sind in der Szene nicht mehr Erzieher; sie müssen auf ihr Kind hören. Das Kind gibt seinen Eltern zu denken und bleibt bei ihnen, weil er sie mitnehmen will auf den Weg, zu dem er aufbrechen wird. Der Rollentausch antizipiert die Christologie: Der zwölfjährige Jesus im Tempel ist der jugendliche Messias.

b) Jugendliche Theologie

Aus der Geschichte folgen eine christologische Aufwertung der Jugend und eine theologische Begründung des Lehrens und Lernens, in dem die Neuentdeckungen von Schülerinnen und Schülern eine entscheidende Rolle spielen, weil das Beste immer erst noch kommt.

Der Schlussvers Lk 2,52 hat ähnlich stark das Bild Jesu im Sinne einer christlichen Humanität beeinflusst wie die Szene vom Schüler. Der Faden der Weihnachtsgeschichte wird weiter gesponnen. Ihr Abschluss steht unmittelbar vor der Szene des Zwölfjährigen:

>»Das Kind wuchs auf und kräftigte sich, erfüllt mit Weisheit, und Gottes Gnade war mit ihm.« (Lk 2,40)

Jesus ist ein Mensch, bei dem Gottes- und Menschenliebe eins sind. Das dies möglich und vorbildlich ist, hat die christliche Pädagogik zu allen Zeiten beflügelt. Es zeigt, dass diejenigen, die Gott über alles lieben, deshalb nicht zu Menschenfeinden werden, die isoliert ihr Dasein fristen und kreuzunglücklich sind, wie sie Unglück verbreiten, sondern in ihrer Theozentrik den Weg zu anderen finden, auch zu denen, denen Gott nicht ganz so viel bedeutet, und dass sie

---

[5] So aber *François Bovon*, Das Evangelium nach Lukas (EKK III), Neukirchen-Vluyn ²2012, I 159: »Wie oft in den Generationskonflikten verstehen die Eltern am Schluss der Auseinandersetzung den Sohn nicht, und wie oft in solchen Fällen bleibt der Vater stumm.«

auf eine Weise leben können, der diese anderen ihre Anerkennung nicht zu versagen brauchen.

Im Umgang Jesu mit Kindern bewahrheitet sich dieser Ansatz. Den Evangelien zufolge hatte Jesus ein ungewöhnlich offenes Herz für Kinder. Drei Szenen stechen hervor: Den Jüngern, die streiten, wer von ihnen der Größte sei, stellt Jesus ein Kind vor Augen, das er zum Vorbild erklärt (Mk 9,33–37 parr.); die Kinder, die ihm von ihren Eltern gebracht werden, dass er sie berühre, werden von den Jüngern zwar zurückgedrängt, von Jesus aber gesegnet (Mk 10,13–16 parr.); schließlich erzählt – nur – Matthäus von einer Kinderprozession im Tempel, die von den Hohenpriestern und Schriftgelehrten zwar unterbunden werden soll, von Jesus aber verteidigt wird, und zwar mit Verweis auf Ps 8, dass Gott sich Lob aus dem Mund der Kinder und Säuglinge verschafft (Mt 21,12–17).[6] Der Kinderfreund Jesus bricht den Widerstand auf, weil er sich auf die Seite der Kinder stellt und sie seinen Widersachern sogar als Vorbild hinstellt.

Die Beziehung Jesu zu Kindern ist auf allen Ebenen und in allen Varianten positiv. Er stellt Körperkontakt zu ihnen her – in aller Öffentlichkeit. Er verdrängt nicht die Eltern von der Bildfläche, sondern verbindet sie über ihre Kinder mit Gott. Er weist die Jünger nicht ab, sondern in ihre Rolle ein, indem er ihnen Kinder als Vorbild vor Augen stellt. Die Kinder sind aber nicht Mittel zum Zweck, sondern um ihrer selbst willen wichtig. Er segnet sie; er verbindet sie mit der Herrschaft Gottes; er macht sie zum Vorbild – nicht, weil sie unschuldig wären, sondern weil sie auf Gott vertrauen und auf die Zukunft setzen. Die Seligpreisung der Armen liegt auf derselben Linie.

Für die Kulturgeschichte der Kindheit sind die Szenen äußerst wichtig.[7] Sie werten Kinder so weit auf, wie es nur geht. Sie machen die Kinder nicht zu kleinen Erwachsenen, sondern lassen sie als

---

[6] Vgl. *Esther Brünenberg,* Der Mensch in Gottes Herrlichkeit. Psalm 8 und seine Rezeption im Neuen Testament (FzB 112), Würzburg 2009, 135–152.
[7] Vgl. *Hubertus Lutterbach,* Kinder und Christentum. Kulturgeschichtliche Perspektiven auf Schutz, Bildung und Partizipation von Kindern zwischen Antike und Gegenwart, Stuttgart 2010.

Kinder vor Gott stehen, dem sie ans Herz gewachsen sind. Auch die Missbrauchsthematik scheint auf (Mk 9,42): Jesus schreckt die potentiellen Täter ab, die den Glauben als Mittel der Annäherung und religiöse Macht zur Befriedigung eigener Bedürfnisse missbrauchen, indem er sie mit der härtesten Strafe Gottes bedroht.

In der Moderne war es nicht zuletzt Janusz Korczak, der die Frage, wie man ein Kind lieben soll[8], in den Mittelpunkt der Pädagogik gerückt hat. Dass man ein Kind lieben soll, und zwar nicht nur, wenn man sein Vater oder seine Mutter ist, sieht er als selbstverständlich an: weil jedes Kind voll und ganz Mensch ist. Das Wie steht im Vordergrund – und Anerkennung, Achtung, Förderung sind die wichtigsten Formen, nicht Laissez-faire, sondern Erziehung, die hilft, ein Selbstwertgefühl, einen Orientierungssinn, eine eigene Motivation zu entwickeln. Bei Korczak, der jüdische Waisenkinder, die ihm anvertraut waren, aus dem Warschauer Ghetto ins Vernichtungslager Treblinka begleitet hat und dort ermordet worden ist, findet sich keine explizit religiöse Begründung; aber seine Pädagogik, die von der Beobachtungsgabe des Mediziners geprägt ist, ist kompatibel mit theologischen Bildungskonzepten, sofern sie Gott nicht als die Über-Autorität kategorisieren, die menschliches Leben beherrschen will, wofür sich dann menschliche Agenten in Position bringen, sondern als den Schöpfer, der aus Liebe die Existenz eines jeden Menschen bejaht, um ihn als ein »Du« zu finden, und als Erlöser, der den Tod besiegt, damit kein Leben endgültig ausgelöscht wird, sondern jedes ewig wird.

Auf katholischer Seite steht der frühen Kinder-Pädagogik Maria Montessori zur Seite[9]. Sie setzt in einem ausgearbeiteten pädagogischen Konzept schon ausgangs des 19. und eingangs des 20. Jahrhunderts darauf, dass jedes Kind – auch eines mit körperlichem

---

[8] *Janusz Korczak*, Wie man ein Kind lieben soll (poln. 1919), hg. v. Elisabeth Heimpel und Hans Roos, Göttingen 1995.

[9] Vgl. *Maria Montessori*, Gesammelte Werke, hg. von Harald Ludwig in Zusammenarbeit mit Christian Fischer u. a. und in Verbindung mit der Association Montessori Internationale (AMI), bisl. 8 Bände, Freiburg i.Br. seit 2010. Das Gesamtwerk ist auf 21 Bände berechnet.

oder geistigem Handicap – »Baumeister seines Selbst« ist; im Schulalltag komme es darauf an, Kinder in dieser Selbstfindung zu unterstützen und freizugeben. Ihre Anthropologie, die auf die Lernfreude des Kindes fokussiert wird, hat tiefe theologische Wurzeln im biblischen Menschenbild. Die Integration der kosmischen Dimension in die Montessori-Pädagogik entspricht der biblischen Schöpfungsgeschichte (Gen 1–2) und der paulinischen Eschatologie (Röm 8). Die Freiheit, die den Kindern in ihrer Selbstbildung – gegen den Anpassungsdruck der staatlich reglementierten Erwachsenenwelt, die sich im öffentlichen Schulsystem konkretisiert – eingeräumt werden muss, ist nicht schrankenlos, weil die Freiheitsrechte anderer beachtet werden müssen, aber qualifiziert durch den gestärkten Willen, einen eigenen Weg des Lebens zu finden.[10]

Die neutestamentlichen Kinderszenen sind nicht didaktischen Zwecken unterworfen. Aber sie enthalten eine Lehre – und mehr als das. Das jesuanische Plädoyer für die Jugend, ihren Wert, ihre Freiheit, ihre Entwicklung – und im Rahmen dessen für ihre Bildung – ist keine Nostalgie, sondern eine Option für die Hoffnung. Sie gilt nicht nur für Jugendliche, sondern auch für Erwachsene. Seine spirituelle Tiefe erlangt es im Wort vom Verlieren und Gewinnen des Lebens:

> »[35]Wer sein Leben retten will, wird es verlieren. Wer aber sein Leben um meinet- und um des Evangeliums willen verliert, wird es retten. [36]Denn was hilft es dem Menschen, wenn er die ganze Welt gewinnt, aber an seiner Seele Schaden nimmt?« (Mk 8,35f. parr.)

In diesem Wort spiegeln sich aus theologischer Sicht Größe und Grenze der Bildung. Im Kontext geht es um Nachfolge, die das Kreuz nicht scheut (Mk 8,34 parr.), also um den äußersten Einsatz des Lebens – für eine Person, Jesus, und für eine Sache, das Evangelium, die Gute Nachricht, dass Gott den Tod besiegt und das

---

[10] Eine nicht geringe Nähe ergibt sich zu den Schriften des Gründers der Schönstatt-Bewegung, *Josef Kentenich*, Philosophie der Erziehung. Prinzipien zur Formung eines neuen Menschen- und Gemeinschaftstyps. Auf Grundlage der Bearb. von Herta Schlosser aktualisiert und erg. von Joachim Söder, Vallendar 2012.

ewige Leben bringt. Die Dialektik von Verlieren und Gewinnen ist die eines Lebens, das im Zeichen der Endlichkeit steht, aber unendlichen Wert hat – begründet durch Gott und deshalb aufgehoben im Ich. Die Verheißung ist: immer neu anfangen zu können, immer neu aufbrechen zu können – weil es immer Abbrüche gibt, die das Ende der Geschichte wären, wenn es Gott nicht gäbe.

Niemand wird gezwungen, alle sind eingeladen, diesen Weg zu gehen, den Jesus gebahnt hat. Wer der Einladung folgt, verliert und gewinnt sein Leben – in vielfacher Gestalt. Wenn im theologischen Sinn von Bildung zu sprechen ist, dann in diesem Sinn einer Hingabe, die empfängt, was sie schenkt: das eigene Leben – bereichert durch die Liebe Gottes, die nie gefehlt hat, aber der Seele Flügel verleiht, wenn sie entdeckt und beantwortet wird.

Nachweis der verarbeiteten Studien

Neues Denken. Das Urchristentum als Bildungsreligion (Universitätsreden 30), Bochum 2010.

Öffentliche Lehre. Orte der Theologie im Horizont des Johannesevangeliums, in: Norbert Mette – Matthias Sellmann (Hg.), Religionsunterricht als Ort der Theologie (QD 247), Freiburg 2012, 138–172.

Der Lehrer Gottes. Didaktische Portraits Jesu in den Evangelien, in: Mut zur Freiheit. 58. Jahrestagung der Vereinigung katholischer Schulen in Ordenstradition, Bonn 2014, 10–19.

Mit der Bibel unterwegs. Exegese und Religionspädagogik im Gespräch, in: Religion unterrichten (Januar 2014) 3–6.

Mündiger Glaube. Wege religiöser Bildung bei Paulus und in seiner Schule, in: Ulrich Kropač – Thomas Pitroff (Hg.), Bildung und Univers(al)ität, St. Ottilien 2015, 205–237.

Lehre in Gleichnissen. Die Didaktik Jesu im Spiegel der Evangelien, in: Kontexte (Januar 2016) 4–8.

Verzeichnis eingehend besprochener Stellen aus dem Neuen Testament

Namensregister